创新基层治理论丛

陈荣卓 袁方成 主编

治理政治学丛书

新时代农村社区治理：经验与效能

陈荣卓 陈 鹏◎著

華中師範大學出版社
CENTRAL CHINA NORMAL UNIVERSITY PRESS

新出图证(鄂)字 10 号

图书在版编目(CIP)数据

新时代农村社区治理:经验与效能/陈荣卓,陈鹏著.—武汉:华中师范大学出版社,2021.6

(创新基层治理论丛/陈荣卓,袁方成主编)

ISBN 978-7-5622-9438-2

Ⅰ.①新… Ⅱ.①陈…②陈… Ⅲ.①农村社区—社区管理—研究—中国 Ⅳ.① D669.3

中国版本图书馆 CIP 数据核字(2021)第 089666 号

新时代农村社区治理:经验与效能

责任编辑:谢 琴 杨一帆 责任校对:罗 艺 封面设计:胡 灿

编 辑 室:学术出版中心 电话:027-67867792

出版发行:华中师范大学出版社

社址:湖北省武汉市洪山区珞喻路 152 号 邮编:430079

电话:027-67863426(发行部)

传真:027-67863291

网址:http://press.ccnu.edu.cn 电子邮箱:press@mail.ccnu.edu.cn

印刷:湖北恒泰印务有限公司 督印:刘 敏

字数:261 千字

开本:710mm×1000mm 1/16 印张:16.5

版次:2021 年 6 月第 1 版 印次:2021 年 6 月第 1 次印刷

定价:65.00 元

欢迎上网查询、购书

序　言

“创新基层治理论丛”由袁方成教授和陈荣卓教授主编。我应约作序，很高兴先看了先期的4种，即《田野中国：新时代乡村治理现代化的地方探索》《新时代村庄选举观察：实践与表达》《厚植“两山”根基　共建共治共享——新时代农村社区治理现代化的安吉经验》《新时代农村社区治理：经验与效能》，论丛是关于浙江、湖北、江西、湖南等地农村基层治理的最新调研成果。当前，基层治理研究可谓繁花似锦，这套丛书称得上是其中耀眼的一束。

在2014年中央提出国家治理现代化之前十多年间，关于治理的研究已相当繁荣，“治理”名目下著述很多。若加考究，这种“繁荣”主要有两大源流：或者基于西方治理理论，或者基于乡村治理实践。前者注重引进西方治理理论，强调协同共治、多中心治理等理念方法，如世界银行、奥斯特洛姆的研究备受重视；后者注重考察世纪之交乡村现实困境，特别是广泛发生的农民问题和基层失序，致力于解决“三农”问题。这两种取向的研究，在方法、理论上有交织融合，时间上汇集新旧世纪之交，构成治理研究的壮观景象。但严格来说，这些都还不是现在的国家治理研究。

在我看来，国家治理的治理，是治国理政的治理，不是西方治理理论中的治理，也不是中国政治传统中的治理。在我的学术交往中，多位西方政治学家曾经谈到，国家治理并非学术概念，很难有相应的英文翻译。从这个意义上讲，国家治理是有中国政治特色的新概念。或者说，在当代中国的社会条件下，国家治理首先是政治概念，与中国特色政治制度的理论表达有内在联系。

乡村治理研究随着20世纪90年代中后期“三农”问题而兴起，也不是现在的国家治理研究，但这种研究比基于西方治理理论的研究更接近“国家治理”。如果追溯中央文件,最接近的概念表达是2006年1号文件提出的“乡村治理”。这个文件论述乡村治理,从党组织建设、村民自治建设和农村社会化服务组织建设三方面展开。我认为,这个文件中的“乡村治理”是政策概念,有比较清晰的政策内容,有比较明确的政策诠释。党的十八届三中全会《决定》中的“国家治理”则是政治概念,是党关于治国理政的纲领性表达。“国家治理现代化”,使我们更能产生联想的是1975年第四届全国人大上提出的“四个现代化”。“四个现代化”注重经济发展,而“国家治理现代化”注重制度体系和能力,都具有综合性和纲领性。考察中央文件的发展脉络,也许可以说,从作为政策概念的“乡村治理”,到作为政治概念的“国家治理”,有某种内在的相关性。

最近几年,国家治理研究聚集了政治学、社会学、公共管理以及相关学科的大量学者,著述汗牛充栋,谏言纷至沓来。盛况固然可喜,但也让人不无忧虑。出版发表的研究著述数量虽巨,也不乏鸿篇巨制,但水平提升并不显著。突出问题是,这些大都倾力于解读文件和阐发原则,倾心于描绘愿景、发表宏论,而不肯在扎扎实实的调研上下功夫。国家治理研究要出高质量成果,不能仅靠从政治高度讲原则,而要依靠深入现实生活。离开现实生活中的种种问题来讨论国家治理,立论可以高远,但很易陷入空洞。在当今社会和学术环境条件下,基层研究、微观研究比高层研究、宏观研究更容易成为实在而有深度的研究。

令人欣慰的是,近几年学界也有新气象,涌现出不少年轻学者,研究能够深入真实生活,贴近现实变化,而不是坐而论道。华中师范大学具有这方面的优良传统,大约30年前就对村民自治研究有重要开拓,进入21世纪以来,又有若干新贡献。在这个进程中,袁方成、陈荣卓作为学术新生代随着乡村治理研究的兴起脱颖而出,工作勤奋且成绩斐然。现在,他们领衔调研并主编这套“创新基层治理论丛”,为这个日渐兴盛的学术领域增添新成果,是对中国基层治理研究的重要推动。我对他们的努力深表赞赏并充满期待。

赵树凯(曾任国务院发展研究中心研究员,现为山东大学政治学与公共管理学院教授)

2021年5月1日

前　言

立足新时代,迈上新征程,展现新作为。党的十九大报告指出,中国特色社会主义进入新时代,我国社会主要矛盾已经由人民日益增长的物质文化需要同落后的社会生产之间的矛盾转化为人民日益增长的美好生活需要和不平衡不充分的发展之间的矛盾。同时提出,从 2020 年到 2035 年基本实现社会主义现代化的强国征程中,要基本形成现代社会治理格局,使"社会充满活力又和谐有序",并就"打造共建共治共享的社会治理格局"给出专门部署,这就使中国社会开启了社会治理迈向格局构建的新阶段。党的十九届四中全会进一步指出,要坚持和完善共建共治共享的社会治理制度,建设人人有责、人人尽责、人人享有的社会治理共同体,推动社会治理和服务重心向基层下移,把更多资源下沉到基层,提供更好的精准化、精细化服务。社会治理是国家治理的重要方面,良好的社会治理是社会和谐稳定、人民安居乐业的前提和保障。改革开放 40 年来,中国特色社会主义社会治理发生了广泛而深刻的变化,并取得了非凡的成就。值得注意的是,随着中国特色社会主义进入新时代,以及社会的快速转型和社会主要矛盾的转化,社会治理的社会基础发生了巨大变化。价值取向日趋多元,利益诉求更加多样,各类矛盾风险交织叠加,给社会治理体系构建和社会治理格局打造提出了更高要求。因此,打造新时代共建共治共享的社会治理格局,是适应形势变化、提升社会治理水平的必然要求,同时也是社会治理社会化、法治化、智能化、专业化发展的必然结果。

社会治理的重心在城乡社区。社区是社会的细胞,是人民群众安居乐业的家园,是创新社会治理的基础平台,是巩固党的执政基础的重要基石。习近平总书记在湖北武汉青和居社区考察时强调:"社区是基层基础。只有基础坚固，国家大厦才能稳固。共产党是为人民服务的政党，为民的事没有小事，要把群众大大小小的事办好。要改革创新，完善基层治理，加强社区服务能力建设，更好为群众提供精准化精细化服务。基层党组织担负着领导社区治理的重要职责，要把党的惠民政策宣传好，把社区居民和单位组织好，打造共建共治共享的社区治理格局。”创新新时代城乡社区治理，全面提升城乡社区治理法治化、科学化、精细化水平和组织化程度，促进城乡社区治理体系和治理能力现代化，事关党和国家大政方针贯彻落实，事关居民群众切身利益，事关城乡基层和谐稳定，已然成为当前城乡社区治理的重要要求，必须高度重视、努力践行。据此，时任民政部部长黄树贤强调：“要进一步推进社区治理改革创新，坚持问题导向，从居民群众最关心、最直接、最现实、最迫切需要解决的利益问题入手，着力破除制约社区治理的认识误区和制度障碍，形成社区治理理论创新、实践创新、制度创新的丰富成果。”城乡社区治理作为新时代我国社会建设的重要目标和主要抓手，是推动社会治理体系和治理能力现代化的重要内容和基本路径。党中央对社区治理的高度重视不仅为基层实践指明了方向，同时也为地方政府进行改革创新提供了有力支撑。

农村社区是我国最基本的治理单元。农村社区建设与社会治理不仅决定着农村社会的发展、繁荣和稳定，也体现国家治理的整体水平，在推进农村社会乃至整个国家现代化中起着十分重要的作用。尤其是党的十九大所提出的乡村振兴战略，对农村社区建设提出了新要求。一方面，要加强农村基层基础工作，健全自治、法治、德治相结合的农村社会治理体系；另一方面，要加强社区治理体系建设，推动社会治理重心向基层下移，发挥社会组织作用，实现政府治理和社会调节、居民自治良性互动。2021 年中央一号文件又提出，“全面推进乡村振乡，大力实施乡村建设行动”，同时强调“加强党的农村基层组织建设和乡村治理”。因此，推进农村社区建设不但具有重要的理论意义，而且具有重大的现实意义。当前，我国农村社区建设在央地政策引领和地方实践导向下，取得了长足进步。但也应看到，农村社区治理领域的基层基础工作还存在一些薄弱环节，如人口结构加剧变化、村庄“空心化”凸显、农村“三留守”群体持续扩大、农村利益主体日趋多元以及农村社会事业发展滞后等诸多问题，这些为我国农村社区建设及其治理带来了巨大挑战。

党的十八大以来，湖北省把乡村有效治理作为统筹城乡发展、实现乡村长效发展的抓手，以全面提高农村居民生产生活质量和文明素养为根本，着力创新社区治理和服务的体制机制，完善村民自治与多元主体参与有机结合的农村社区共建共享机制，健全村民自我服务与政府公共服务、社会公益服务有效衔接的农村基层综合服务体系，重点开展农村社区治理机制创新、流动人口参与农村社区管理、农村社区服务体系建立健全、农村社区公共服务水平提升、发展壮大村级集体经济、建立“三留守”人员关爱服务体系、推进“美丽乡村”建设等方面的实践创新，不断推进农村社区治理和服务能力现代化。因此，为全面了解湖北省农村社区建设整体情况，总结典型经验，找准现实问题，借助民政部政策研究中心开展的“社会治理动态监测平台及深度观察点网络建设”项目、湖北省民政厅关于开展农村社区建设试点和“难点村”治理检查验收评估、湖北省社区治理和服务创新实验区中期评估、湖北省综合减灾示范社区创建工作评估以及湖北省社科联“中国调查”项目，组建相应课题组，课题组先后多次奔赴湖北武汉、宜昌、咸宁、鄂州、仙桃、洪湖、天门等地91个农村社区开展实地调研和蹲点调查研究，通过入村察看、查阅资料、发放问卷、实地访谈等方式，收集了大量试点县（市、区）农村社区建设的有关实践材料、政策文件、统计数据，并在对国内外有关农村社区建设相关理论文献以及全国各地建设经验分析研究的基础上，围绕当前湖北农村社区试点村建设、农村社区党建、社会组织治理、社区居民参与、社区民主协商、网格服务管理、社区矛盾纠纷化解、社区防灾减灾以及社区公共服务体系建设等进行了现状分析、问题探讨、经验总结、趋势研判，并以居民实际需求为导向通过数据分析，真实反映不同性别、年龄、文化程度、政治面貌的农村社区居民对农村社区协商、公共事务参与、矛盾纠纷化解、公共服务提供、社区防灾减灾等的认知与评价，力求为提升湖北农村社区治理能力和治理水平提供可操作性的路径选择和政策建议。

当前，各地进行农村社区建设实践在央地政策指导下呈现出多元化的发展趋势。因受经济发展、资源禀赋、地理条件、政策观念等条件的影响，各地进行农村社区建设存在较大差异，呈现出多样性的实践、创新和非均衡的发展趋势，尤其是经济发达地区与经济欠发达地区存在较大差异，同一区域内的不同地区之间也存在一定的差距。由此，本书在对湖北省农村社区建设实践产生方向性引领作用的政策文件精神引领下，在进行农村社区建设总体调查的基础上，按照有实践分析、有数据支撑、有案例总结、有政策指导的整体要求，对农村社区建设的个案经验和政策指导进行了总结和整理，为各地因地制宜整合本土资源要素进行农村社区建设提供理论支撑和经验借鉴。

中国特色社会主义已进入新时代，社会主要矛盾发生新变化。总体而言，基层社会治理面临很多新课题、新挑战。乡村振兴是党的十九大提出的重大战略，习近平总书记多次强调要牢牢把握我国发展的阶段性特征，牢牢把握人民群众对美好生活的向往，提出新的思路、新的战略、新的举措，决胜全面建成小康社会，夺取中国特色社会主义伟大胜利，为实现中华民族伟大复兴的中国梦不懈奋斗。湖北省作为我国中部地区的重要省份，在农村社区建设过程中不断学习、贯彻落实习近平关于实施乡村振兴的重要指示精神，打造共建共治共享的精细化治理格局，走出了一条具有时代特征和湖北特色的城乡社区治理之路。但我们也应该注意到，湖北农村社区建设还有一些问题亟待解决，不仅要从根本上明确农村社区建设的目标和方向，理顺农村社区的组织关系，大力加强农村社区工作者队伍建设，推进农村社区体制创新，建立健全农村社区服务体系，同时也要进一步加强农村社区建设领导，立足农民群众需求，充分发挥农民群众的主体作用，重视并采取切实措施解决实践过程中存在的困难和问题，从而为全面推进农村社区建设、统筹城乡发展探索路径和积累经验，为谱写新时代湖北发展新篇章作出新贡献。

目 录

第一章　农村社区试点建设基本情况与问题

党的十六届六中全会通过的《中共中央关于构建社会主义和谐社会若干重大问题的决定》作出“积极推进农村社区建设”的战略部署。党的十七大报告进一步强调，要“把城乡社区建设成为管理有序、服务完善、文明祥和的社会生活共同体”。党的十九大明确提出，要“加强社会治理制度建设，完善党委领导、政府负责、社会协同、公众参与、法治保障的社会治理体制，提高社会治理社会化、法治化、智能化、专业化水平”。开展农村社区建设，是党中央着眼于加强城乡统筹、推动科学发展、促进社会和谐而作出的重大决策，具有重大的现实意义和深远的历史意义。所谓农村社区建设是指：在党和政府的领导下，依托村级组织，发挥农村居民主体作用，整合社区内外资源，健全社区管理和服务体系，提高农村居民生产生活水平，把农村社区建设成为管理有序、服务完善、文明祥和的社会生活共同体的过程。为了掌握湖北省农村社区建设工作情况，总结经验，找准问题，课题组实地考察了武汉、宜昌、鄂州、仙桃、洪湖、天门等地 91 个农村社区建设情况，总结湖北省农村社区建设的做法、经验及进展情况，分析存在的困难和问题，并对进一步推进农村社区建设提出了相关政策建议。

第一节　农村社区建设的基本概况

2000 年，咸宁市咸安区等一些地方开始探索乡镇机构及事业单位的改革，大力推进乡镇政权的民主化及事业单位的市场化、社会化和民营化。通过站所转制和人员分流，在实践中探索出“以钱养事”的新型农村公共服务机制。在新农村建设中，湖北秭归县杨林桥镇为解决税改后农村公益事业“无人管事、无钱办事、无章理事”的难题和困境，改革传统的村以下的村民小组建制，“撤组建社”，积极推进农村社区建设，探索建立“村委会—社区理事会—互助组—农户”的新型农村基层社会组织与管理体制。尤其是2006年国家民政部决定在全国范围内组织开展农村社区建设试点以来，湖北各级政府高度重视，认真组织和实施，全省共有13个实验县（市、区）成功申报“全国农村社区建设实验县（市、区）”。2011年，宜都市、秭归县被民政部命名为“全国农村社区建设实验全覆盖示范单位”。湖北省还确立了5个省级实验区以及3个省级农村社区建设研究联系点。2017年，湖北省深入贯彻落实中共中央办公厅、国务院办公厅《关于深入推进农村社区建设试点工作的指导意见》（中办发〔2015〕30号）文件精神，出台省委办公厅、省政府办公厅《关于深入推进农村社区建设试点工作的实施意见》（鄂办发〔2015〕54号），各市州根据文件精神以党委政府名义出台实施方案，具体落实农村社区建设试点工作。

据统计，2017年湖北省共有12个市、1个自治州、3个省直管市和1个林区，辖103个县（市、区，不含各类开发区）、307个街道办事处、927个乡镇、24,822个村民委员会、4417个社区居民委员会。目前已有1004个乡镇和街道办事处、2677个村开展了农村社区建设的试点、实验工作，试点乡镇（含街道办事处）占乡镇（含街道办事处）总数的81.4%，试点村占村总数的10.8%。试点范围涵盖了全省山区、丘陵、平原和湖区等不同地域类型，涉及集镇、建制村、中心村、城中村、自然村（湾）等不同社区。“十三五”期间，湖北省省级财政每年安排9000万元，采取“以奖代补”方式，对困难县（市、区）验收合格试点村给予支持，5年共计投入4.5亿元。2017年省级财政落实2016年“以奖代补”资金，对困难县（市、区）验收合格试点村奖励9000万元，共计奖励385个村（优秀试点村每村奖励30万元，合格村奖励20万元），市（州）、县（市、区）财政投入8808万元，共计投入17,808万元。（见表1-1）

表 1-1　2017 年湖北省农村社区建设情况统计表(部分)

单位	全省总计
已开展农村社区建设的县(市、区)(个、含开发区)	104
已开展农村社区建设的乡(镇)(个、含街道办事处)	1004
已开展农村社区建设的行政村(个)	2677
已建成的集中居住型农村社区(个)	685
在建的集中居住型农村社区(个)	145
农村社区服务中心(个)	985
农村社区服务站(个)	2687
农村社区服务点(个)	6910
农村社区社会组织(个)	9427
农村社区工作者(人)	20,301
农村社区专业社会工作者(人)	313
农村社区注册志愿者(人)	90,470
省、市(州)级财政投入农村社区建设专项资金(万元)	9000+8808=17,808

为全面掌握目前全省农村社区建设试点落实情况,湖北省民政厅下发《关于农村社区建设试点和“难点村”治理等检查验收工作的通知》(鄂民政函〔2017〕791 号),受湖北省民政厅委托,课题组于 2017 年 11 月底至 12 月上旬对全省各地申报的“以奖代补”试点村进行了检查验收。本次验收组共抽查 36 个县(市、区,每个市州 2—3 个县级单位)、87 个乡(镇)、91 个农村社区建设试点村(其中:优秀等次 49 个、合格等次 42 个)。检查验收采取实地走访、查阅资料、访谈交流、电话访问、听取汇报、召开座谈会、量化打分等方式进行(每村一张检查验收考核表)。验收标准统一使用《省人民政府办公厅关于印发湖北省“十三五”农村社区建设试点工作方案的通知》(鄂政办发〔2016〕57 号)确定的《湖北省农村社区建设试点村检查验收标准》,评分项目划分为三个部分,包括管理有序(占 25%)、服务完善(占 50%)、文明祥和(占 25%),总计 100 分。验收的主要内容是:试点工作机制是否全面建立,试点工作是否措施有力,村民自治制度是否健全并运作,村务监督委员会是否建立并挂牌,农

村社区综合服务站建筑面积是否不低于500平方米且功能完善，社区标识是否规范，网络信息平台是否建立，群众办事是否方便，社区是否建立“三留守”人员关爱服务体系，精准扶贫工作是否按计划落实，社区环境是否整洁，群众性精神文明创建活动是否开展等。

此次评估检查结果为：90分及以上有48个村，包括宜昌市茅坪场镇何家湾村、武汉市金口街道永胜村等，优秀率为52.7%；80—89分有随州市武胜关镇腊水河村、孝感市云梦县城关镇邱聂村等33个村，合格率为36.3%；80分以下有十堰市安阳镇李家营村、荆州市天鹅洲经济开发区三户街村等10个村，主要集中在十堰市、随州市、荆州市、襄阳市4个地市，不合格率为11.0%。本次验收通过率为89.0%，不通过率为11.0%。（见表1-2）

表1-2　湖北省2015—2017年新一轮“难点村”治理工作验收情况

单位：个，%

验收结果	评分等级	村个数	比例
通过	优秀（≥90）	48	52.7
	合格（80—89）	33	36.3
不通过	不合格（<80）	10	11.0
总计		91	100

总体来看，各级党委、政府普遍能够贯彻落实中央和省委、省政府关于深入推进农村社区建设试点工作的决策部署，按照村民自治、党政主导、分类施策、依法治理的原则，落实县（市、区）主体责任，结合精准扶贫、新农村和美丽乡村建设以及“绿满荆楚”行动等工作要求，统筹资源、精心组织，深入推进农村社区建设试点工作。从验收的实际情况来看，试点工作整体呈现出组织重视、上下联动、措施有效、进展有序、协调发展、进步显现的良好局面。

第二节　农村社区建设的设置模式

从湖北的实践来看，各地在试点村的选择及社区设置上，坚持因地制宜、量力而行的原则，注重从群众生产生活的实际需要出发，兼顾集镇、城乡接合部、建制村、自然村（湾、组）、国有农场、工业园区以及城中村等不同层次和地域。由于各地开展农村社区建设试点的起点和基础不同，在实践中农村社区的实验模式也必然多种多样。从试点的情况来看，主要包括四种模式。

一、“一村一社区”

“一村一社区”是在现行行政村的基础上，一个村只设立一个社区。在全省开展的农村社区建设实验村中实行“一村一社区”模式的有3437个，占总数的87.7%。采取“一村一社区”的设置模式主要出于两点考虑：一是可以利用现有的政治和组织资源优势。目前我国大多数农村普遍建立了村委会，村委会在农民生产生活中发挥着广泛而重要的作用。我国颁布实施《村民委员会组织法》已有20多年，农民在日常生活中习惯了“有事找支书、找村长”。在建制村设置社区，可以凭借既有的政治和组织资源，为农村社区的设置提供体制保障，有利于获得群众认同。二是可以发挥公共服务的规模效应。农村社区居住相对分散、人口密度相对较低，农村基础设施建设、农田水利、村庄整治改造及农村道路、饮水、教育、医疗、社会保障等均是资本密集型公共产品或服务，具有“人多效能大”的规模经济优势。从历史来看，建制村是由人民公社时期的生产大队转变而来，当初在建立生产队体制的时候，为了发挥集体生产的优势，充分考虑了人口规模等因素。因此，以村设置社区，可以提高资金和资源利用效益，提高公共管理和服务的效能。

二、“一村多社区”

“一村多社区”即在一个行政村设立两个或两个以上的社区。在实际操作中，一般以自然村或村民小组为单位成立社区。湖北省山区丘陵地带的远安、秭归、赤壁等地多采用“一村多社区”的模式。例如，远安县在洋坪镇双路村实行“撤组建社”，按照“一村多社区”的模式，把原来的7个村民小组撤销，重新按照以前的15个自然村落单位设立15个社区。秭归县杨林桥镇也实行“撤组建社”，按照“地域相近、产业趋同、利益共享、规模适度、群众自愿”的原则建立农村社区，社区成立理事会。每个社区由30个左右的农户组成，社区内再划分3—5个互助组。以自然村或村民小组设立社区，村级自治单元和内容更加具体化，尤其是在合村并组后规模较大的村，以自然村或小组为单位成立村落型社区既有利于组织群众开展活动，也更能满足农民群众生产和生活的实际需要。但“一村多社区”常常表现为建设规模小，仅仅顾及眼前的事务而无力进行全盘、长远的规划，因而在社区建设上需要加强统筹规划、加大资金投入。

三、“多村一社区”

“多村一社区”即在相邻的两个或两个以上的行政村中选择中心村或较大的村为单位设立社区。在实践中，这种模式较多存在于村组合并后又推行农村社区建设的地方，一般选择一个中心村设立社区服务中心。从各地来看，采用此种模式的试点较少。黄陂区武湖街高车中心村以前是国有农场，在农村社区建设过程中，按照“产业集聚、人口集中、村湾集并”的思路集中迁建，努力构建“政务超市”，做到“小事不出社区，大事不出村”，为居民提供全方位的服务，其服务范围包括高车、上畈、胜海、大桥 4 个村、13 个湾、5000 村民的涉农补贴、水库移民款发放、农村低保对象申报及其资金发放等。“多村一社区”在实现政府公共服务向农村延伸，节约公共资源以及提高公共资源使用效率等方面具有显著优势。然而，在实践中往往由于其服务范围过大，服务对象过多而造成公共服务的“拥挤”现象。另外，在中心村的选择上，往往容易引起各“边陲村”的争议和不满。

四、“一村一社区、社区设小区”

宜都在社区设置上实行“一村一社区、社区设小区”的模式。社区在村党组织和村委会的领导下，以村级组织阵地为基础，建立集服务、管理和活动于一体的社区中心，为村民提供公共服务。同时，按照“地域相近、人缘相亲、利益紧密、联系方便、村民自愿”的原则，在社区下设小区，村民在小区内实行自治，开展自我服务和互帮互助活动。钟祥和京山等地在农村社区建设中，除了在村一级成立由农村“五老”（老党员、老干部、老模范、老退伍军人、老知识分子）和农民志愿者组成的社区志愿者协会外，还在村以下以自然湾落为基本单元，组建了农村社区志愿者分会，分会实行“湾长”理事制，建立了“村委会—农村社区志愿者协会—湾长（分会）—基本农户”的新型农村社区自治组织机构。“社区设小区”的模式较好地解决了公共资源配置效率与群众意愿之间的矛盾问题，有利于寻找到公共服务效率和公平两者间的均衡点。

总体而言，大多数试点村采取的是“一村一社区”的设置模式，少数地方在规模较大的村以及自然村分散的边远山区推行“一村多社区”的试点，“多村一社区”的试点一般是在推行村组合并的地方实行，在实践中较少被采用。为提高公共服务的效能和水平，满足群众生产生活的实际需要，不少地方实行“一村一社区、社区设小区”的模式。

第三节　农村社区建设经验与成效

各级党委、政府高度重视城乡社区建设工作，坚持统筹城乡发展的思路，近年来出台了系列强农惠农、新农村建设及城乡社区建设的政策措施，有力推动了农村社区建设工作。

一、高位部署，上下联动

农村社区建设试点工作是一项内涵丰富、领域广阔、任务艰巨的系统性工程。针对试点工作，近年来，湖北省委、省政府相继出台《关于深入推进农村社区建设试点工作的实施意见》（鄂办发〔2015〕54 号）、《关于印发湖北省“十三五”农村社区建设试点工作方案的通知》（鄂政办发〔2016〕57 号）等一系列政策文件进行高位部署，统筹谋划湖北省农村社区建设试点工作。一是宏观布局，确定目标。省内各县（市、区）把农村社区建设试点工作纳入党委、政府重要议事日程及经济社会发展总体规划，列入绩效目标任务进行考核，并落实市（州）领导、县（市、区）主抓、乡镇（街道）具体指导的责任。二是成立工作专班，强化检查督导。各市（县、区）根据相关农村社区建设试点工作要求，把此项工作纳入目标管理，并成立工作专班，强化统筹安排。为进一步加强对试点农村社区建设，落实各级文件精神，确保各项工作能够平稳开展，取得良好成效，各地党委组织部、民政局提前进行调查摸底，地、市、州领导多次到各街乡、试点村开展督查与指导工作。各街乡也成立了试点村建设专班，主要领导亲自过问，抓好指导实施。三是出台方案,细化工作。从随机抽查的验收情况来看,抽查验收的大部分县(市、区)都以党委、政府名义出台了深入推进农村社区建设试点的工作方案、行动计划或实施意见,部分地方以协调小组或部门的名义印发了通知,部分未出台文件的地方也以其他方式对此项工作进行了相关的宣传,形成了上下联动的工作机制。如:检查组在宜昌市抽查的三个县(市)均出台了相关通知,其中,当阳市人民政府办公室出台《关于印发当阳市"十三五"农村社区建设试点工作方案的通知》(当政办发〔2016〕52 号);远安县委办公室、县政府办公室出台《关于印发〈远安县"十三五"农村社区建设试点工作方案〉的通知》(远办发〔2017〕18 号);秭归县农村社区建设领导小组出台《关于印发秭归县"十三五"农村社区建设试点工作方案的通知》(秭农社领〔2016〕1 号)、《关于按标准做好 2017 年度农村社区建设试点工作的通知》(秭农社领办〔2016〕2 号)。目前看来,全省农村社区建设试点工作在各级党委、政府的领导下,形成了上下联动、环环相扣的工作机制。

二、民生导向,强基固本

农村社区建设试点工作关乎社区群众的切身利益,是居民最关心的问题。各县(市、区)所有试点村普遍能够以群众利益与需求为工作出发点,优先选取群众最关心、最迫切的问题与需求开展社区工作。一是筹措资金,完善基础设施建设。社区党群服务中心与公共基础设施是社区开展服务的阵地,各试点村基本能够在召开村民代表大会、听取村民意见的基础上,结合本村实际加大对社区基础设施建设的投入,重点加强社区服务用房、文体场所等设施建设,整治社区服务环境。大部分试点村基本实现了道路硬化、路灯亮化、沟渠和河道洁化、环境绿化,加快供排水及生活污水处理设施、垃圾处理站等基础设施建设。如:宜昌市远安县在农村社区建设过程中坚持把加强基础设施建设作为重要突破口,实施"六大工程"即户户增收工程、扶贫安居工程、安全饮水工程、基本生产生活条件改善工程、基本生活水准提升工程、家庭子女成长培养和就业培训工程,全方位优化农村社区人居环境。二是大力发展村集体经济,提高经济实力。雄厚的农村集体经济是农村社区建设长远发展的重要基础和资金来源。验收抽查的一部分试点村能够立足当地资源优势,以发展特色产业、农业专业合作社、引进外来企业等方式激发农村社区经济活力。试点村积极引导村民大力发展种植业、养殖业和农副产品加工业，培育新型农民合作组织，推进农产品品牌建设，发展村集体经济，促进农民增收。如：襄阳市、咸宁市各县（市）、乡镇加大对村办集体经济的扶持力度，挖掘当地特色资源，以产业规划激发农村社区经济活力，发展一批经济林木与花卉苗圃种植、农副产品加工、乡村农家乐、生态休闲旅游等现代化新农村产业，通过政府协调、企业运作、农户参与的方法，引入人才、资金，不断拓宽村级集体经济发展渠道。三是结合精准扶贫，进行资源整合。部分试点村能够抓住精准扶贫的机遇，依靠各项支农惠农、结对帮扶政策，积极向上争取扶贫资金，集中使用各项支农资金，重点支持示范村湾建设及农业综合开发，在帮助贫困户的同时提升整体建设实力。如：神农架林区以及十堰市农村社区建设试点村因地制宜，积极发展适合本村的特色产业，帮助贫困户脱贫致富，精准扶贫脱贫成效显著。神农架林区利用本地丰富的旅游资源，兴办各色农家乐，利用原有的山地，发展柑橘、药材等产业，帮助农民致富；丹江口市饶祖铺村通过土地流转，调整产业结构，发展有机蔬菜种植，改种经济价值较高的药材、食用菌、草莓等产品，并形成适度规模化经营。

三、健全制度，规范建设

农村社区建设试点工作的正常运转需要体制约束与人民监督。目前，大部分试点社区已经建立起较为完善的社区管理和服务制度，通过制度上墙、展板宣传、公开栏展示等方式不断提升社区的规范化运行。一是社区服务制度基本建立。大部分试点村普遍建立网格化服务管理制度、全日值班和节假日轮班制度等基本服务制度。如：宜昌市和恩施州普遍实行周一到周五村“两委”全员坐班，周末两天轮流值班的制度，有的社区或因下辖村庄较多、或因扶贫攻坚任务严峻、或因其他紧急待办事项而实行全员无休坐班制，积极响应社区居民需求。二是保障村民自治与民主管理。各地试点村普遍修订并完善农村社区村民自治章程和村规民约，落实村务监督委员会制度、村民代表大会制度、村民参与协商制度、村务公开制度，将各类强农惠农政策、社会各界支持农村社区建设的项目、项目资金使用情况、集体“三资”管理及处置情况通过社区议事平台和民主协商平台对外公开，自觉接受群众的评议和监督。如:松滋市斯家场镇姜家岭社区坚持做好村务监督委员会台账,将包括政务、村务、财务、事务在内的社区大小事务都纳入村务监督委员会的监督中,重大事项的决定或收支做到有监督、有存档,同时通过固定和流动公开栏及时、全面对外公开,做到一切重大事务不仅干部明了,而且居民明了,在保障社区居民权益的同时提升社区居民对社区治理的参与度。三是加强农村精神文明建设。各地区以社会主义核心价值观为根本,大力发展农村社区文化,丰富农村居民文化生活,增强农村居民的认同感和归属感。各个试点村开展了"十佳婆婆"、"十佳媳妇"、"十星级文明户"、"文明家庭"等各具特色评选活动,弘扬了公序良俗,树立了良好的社会风尚,文明和谐的社会环境得以营造。如:宜昌市秭归县以村落为组织单元,既能将国家公共文化服务体系建设下沉到最底层,落到最实处,切实保障农民的文化权利与文化福利,又能够较好地挖掘、传承民间山歌、民间艺术和民间故事等文化资源,繁荣村落公共文化,丰富村民精神文化生活,增强村民归属感与村庄内聚力。

四、完善服务,扩大参与

服务与造福农村居民是农村社区建设试点的根本目标,也是农村社区建设试点工作的重点与难点。各地试点社区大力推进农村社区服务。一是壮大社区服务队伍。部分试点村发展了有关种养殖业服务、村民道德建设、红白理事、公益设施管护、环境卫生管护等的一批与当地群众生产生活息息相关、联系紧密的社区组织,为社区居民提供便捷化的公共服务。二是推行"一站式"服务模式。部分较为先进的试点单位实现社区管理信息化,初步形成以综合服务设施为主体、专项服务设施为配套、服务网点为补充的社区服务设施网络。综合服务设施布局合理、功能整合、使用方便、利用率高,能够为农村居民提供安全、方便、快捷的生产生活服务。三是积极开展社区服务活动。各地普遍建立了由村党组织领导、村委会牵头、各类经济组织和社会组织补充、驻村单位和居民广泛参与的农村社区组织架构。部分试点村通过专业指导及相关培训,建立并完善"三社"联动机制,提升社区自治和服务功能,以农村综合服务站为基础平台,开展以社区党建、环境整治、文化教育、医疗卫生、"三留守"人员服务等为主要内容的服务活动,提升居民的归属感、参与感和幸福感。如：黄石和随州两市建立健全“三留守”特色服务体系，开展“三留守”特色关爱服务项目；大冶市陈贵镇堰畈桥村于2017年暑假期间开设“希望家园”暑假辅导班，吸引5名大学生志愿者参与，为24名留守儿童提供了为期15天的暑期辅导；农村社区日间照料中心为留守老人提供膳食供应、保健康复和休闲娱乐服务，基本上满足了留守老人多样化需求。

第四节　农村社区建设问题及其原因

湖北省农村社区建设及试验的时间不长，目前还处于试验探索阶段，各地农村社区建设发展不平衡，面临不少困难和问题，有待进一步研究解决。从湖北省试验县（市、区）反映的情况来看，目前农村社区建设最突出的问题集中在如下方面。

一、整体效果呈现梯度差异

从检查验收的整体情况来看，农村社区建设试点工作呈现梯度差异，各试点单位的建设水平及发展能力参差不齐，地区与地区之间存在发展不平衡问题，尤其是县（市、区）之间的差异较为明显，每个县的实施方案与工作进度各不相同。尽管全省农村社区建设标准已下发，但各个县（市、区）对于建设标准的理解各不相同。一是认识模糊，试点工作并不深入。个别县（市、区）依然存在少数干部对农村社区是什么、怎么建、建什么认识不清，部分试点村的社区干部队伍年龄偏大、专业水平不高，把试点工作停留于只抓基础设施建设或只抓产业发展的单向努力上，导致试点建设工作浮于表面甚至偏离正确轨道，使试点工作的开展后劲乏力并且无法深入。二是干部队伍频繁更换，影响试点工作的连续性与稳定性。部分地区的民政领导更换过于频繁、社区干部人员变动大，新上任的领导对此项工作内容和具体安排往往并不熟悉，不仅降低了工作效率，而且导致试点工作的延续性无法保障，许多试点项目工程无法全面完成。三是社区居民缺乏自主性，试点工作缺乏内生动力。个别试点村由于缺乏相关的理念宣传，社区居民缺乏对社区内涵的真正认识，群众难以发挥主体积极性，试点工作依然处于被动管理状态。

二、经费缺口仍需多方填补

社区建设的各个方面都需要建设资金的保障。现阶段,除了少部分地方将试点纳入财政预算外,大部分试点村的建设经费主要靠资源整合与村级自筹,缺口较大,仍需多方填补。一是经济基础薄弱,内生资源不足。个别县(市、区)试点村的村集体经济处于待开发、待发展状态,试点单位的建设主要依赖政府项目支持,社会资源参与社区建设仍有待挖掘。经济发展的自主性较低,村集体经济缺乏发展的长效机制,导致农村社区建设过程中村级组织陷入了普遍的财政困境之中,不仅难以为农村居民提供必要的公共服务,也难以保证村干部的稳定,严重影响了试点建设的工作进度。二是缺乏规模效应,资金来源小而分散。部分地区在“精准扶贫”政策的引导下建立了村集体经济和生产合作社,但往往局限于本村发展,产业单一、合作力量贫乏,导致试点村的经济发展区域化、规模化效应远远不够,难以激发试点村集体经济组织的发展活力。部分试点村往往需要经历较长一段时间后才能从各方整合零散资金,才有能力完成社区内的基础建设,一些社区则是分散地使用零散资金,导致农村社区建设试点的整体进度较慢,社区发展水平较低,试点成效不突出。三是缺乏合理规划,资金投入缺乏长效机制。个别地区由于没有专门的发展规划和整合机制,市县两级并没有固定的资金、资源投入及相关的调查核实,阶段性的投入周期和分散的投入模式导致资金资源投入总量、投入的对口程度和配置合理性难以保证,投入的作用也难以长效发挥。

三、相关制度仍待落实完善

本次验收的各试点单位普遍建立了一系列社区治理制度。制度成文成册、悬挂上墙成为试点工作的基本要求。随着试点工作的开展与深入,制度的落实与完善成为试点工作更深层次的要求。通过检查验收可以看出,部分地区依然存在制度落实不到位问题,社区治理制度化、法治化程度差异凸显。一是民主协商相关制度尚未实现常态化。以民主评议村干部为例,虽然各试点村均制定了民主评议村干部制度,但是本次检查的个别试点村缺乏民主评议村干部的活动记录，即尚未做到每半年民主评议一次村干部且有记录。部分试点村在财务公开方面也缺乏主动性，一般存在两种情况：一部分试点村长期不更换村务公开栏中的重大事项和“三资”管理情况，往往是在抽查临检时才对村务公开栏进行内容更新；另一部分试点村对公开内容进行了选择性处理，导致村民与村干部之间存在信息不对称的情况，不利于村民进行有效监督。二是法律顾问制度仍待落实。虽然有些社区建立了法律顾问制度，但具体做法停留于村法律顾问公示牌的悬挂，大部分试点村并没有常驻法律顾问值班制度，难以为居民提供及时、有效的法律服务。从总体上看，覆盖农村居民的公共法律服务体系和农村社区司法行政工作室还没有建设起来，法律顾问等制度也没有得到全面推进。三是社区服务站的建设标准及工作机制亟待落实规范。走访中发现，大部分农村试点社区已建立总面积达标的综合服务站和室外活动场所，但部分试点单位依然存在社区标识未悬挂或设置不规范、服务大厅面积过小、服务窗口设置不规范、服务设备简陋、功能室大门紧闭或“一室多用”、闲置面积较大、群众活动场地较小等实际问题。这些问题不仅限制了党群服务中心的功能，也间接降低了居民群众到服务大厅办理相关业务、参与社区活动的积极性。

四、管理服务质量亟须优化提升

社区的管理与服务质量直接影响社区试点工作的实效性。通过实地走访、询问当地居民、查看资料的方式能够大体把握各个抽查单位的管理与服务质量。尽管各个试点村都在管理与服务方面下了大功夫、花了大力气，但是依然存在水平差异，这些细节差异成为影响群众获得归属感与幸福感的关键因素。一是社区台账资料整理不规范，信息化服务平台尚未全面搭建。部分试点村档案建立不全面，主要体现在党务、村务、事务、财务这“四务”档案数量和质量非常不均衡，档案管理水平差距较大；大多数社区档案都采取集中收纳、统一放置在一个档案柜里的形式，但这种方式非常不利于纸质档案的保管；部分社区还未实现档案电子化操作，社区工作人员缺乏基本的电子化作业技能；信息化的服务平台还未全面搭建，居民的办事服务流程和操作还未全面网络化、信息化。二是“三留守”关爱服务体系并未全面建立。个别试点村还未健全“三留守”关爱服务体系，各个县（市、区）的试点村普遍设置了“三留守”活动室,但是活动室往往闲置或未见居民前来使用,几乎没有真正起到作用,对于社区举办的往期相关活动和项目的资料也无记录或无留存。三是社会组织培育不足,社区活动形式内容过于单一。部分县(市、区)通过开展公益创投示范培训、实施项目牵引、探索项目第三方评估等工作加强社区社会组织孵化与落地,但在走访中发现目前仍有部分社区还未成立真正意义上的社会组织,社区内部形成的民间团体缺乏专业组织和指导,社会组织在农村社区中发挥的作用仍十分有限,社区组织活动的形式较单一、内容缺乏吸引力,导致居民参与的主动性与积极性不足。

第五节　农村社区建设优化及完善

从上述农村社区建设存在的困难和问题来看,有认识上的问题,也有实践上的问题;有体制上的问题,也有经济发展水平的问题;有法律政策上的问题,也有具体操作上的问题。这些问题的存在不仅直接影响试点工作的开展,而且也直接制约新型农村社区管理和服务体制的构建。进一步推进农村社区建设,不仅要从根本上明确农村社区建设的目标和方向,而且要采取相应措施解决实践过程中存在的困难和问题。

一、提升认知水平,提供建设专业指导

当前我国进入社会治理重心下移与基层治理创新的关键阶段,农村社区建设试点工作的深入推进有着重要的现实意义。为推动此项工作的开展,首先需要解决基层干部和群众对农村社区建设试点工作认识模糊的问题。一是进一步加大对农村社区干部的培训和指导力度。对农村干部就农村社区建设的理念、标准、相关政策、发展方向和未来趋势等内容进行有针对性的培训,提高干部对农村社区建设的认知,提升干部队伍的履职能力,强化社区管理和服务意识。二是优化农村干部结构。随着大数据时代的到来,社区服务专业化、网络化、组织化趋势越发明显,社区建设越来越需要具有创新意识和服务精神的青年才俊。针对部分地区干部队伍普遍高龄化的情况,相关试点单位要顺应时代的发展趋势,积极吸收高学历的年轻干部进入村“两委”班子,积极优化村干部队伍的知识、年龄结构。三是积极引进

社工人才与专家学者。农村社区建设必须要有常态化的技术驱动和专业支撑，除了政务服务，社区范围内的市场化服务和公益服务都应依赖于专业治理技术的指导和督导。有条件的试点村要积极引进专业社工，由专业社工引导社区组织开展相关的社区服务及社区活动。与高校建立合作项目的试点村要主动邀请相关专家学者进行实地考察评估，从而获得专业性的工作指导和更长远的建设规划，保障社区建设试点工作具有专业技术支撑。

二、打造多元主体，激发治理内生动力

农村社区建设不能单靠行政力量的推动，试点单位要不断激发社区治理主体的内生动力，坚持党政主导、社会协同的基本原则，打造多元主体的农村社区治理格局。一是党建引领，发挥基层党组织的核心作用。村党(总)支部是党在农村的基层组织，是党在农村全部工作和战斗力的基础，是村级各种组织和各项工作的领导核心。要逐步推行“公推直选”的选举方式产生农村基层党组织，将德才兼备、公正清廉、年富力强、群众拥护的优秀党员和能带领群众致富的经济能人选进领导班子，建设一支高素质的党务工作者队伍。积极推进社区中介组织、民办非经济组织和社会团体中党的建设工作，动员退休回乡定居的老党员，引导其在农村社区建设中发挥积极作用。另外，为加强基层党组织与基层自治组织的有机衔接，各县(市、区)要抓好各试点村的基层党建工作，严格落实“两学一做”和党员培训等相关活动，在试点工作中发挥党员的先锋模范作用。二是宣传造势，引导居民参与社区建设。通过新闻媒体、横幅、版报专栏、印发宣传手册等多种形式，深入宣传、广泛发动，耐心细致地做好思想工作和宣传教育工作。组织动员广大群众，聚合多方力量，上下齐心，团结合作，让社区居民共同参与到社区建设中来，充分调动居民的参与积极性，真正提高居民的参与热情。三是培育社会组织，倡导政社互动。积极发展乡贤理事会、公益事业促进会、环境卫生协会、党员志愿者协会等社会组织，发挥其联系群众、提供服务等作用，做好三社联动工作。大力发展农村专业合作经济组织，提高农民群众的组织化程度和参与市场竞争、抵御市场风险的能力。不断推进政府向社会组织转移职能，加大基层政府购买社会组织服务的力度，提升社会组织在农村社区建设试点工作中的活力。

三、完善联动机制,提高试点工作效率

湖北省内各地要积极贯彻中央、国务院和省委、省政府关于深入推进农村社区建设试点工作的指导意见,因地制宜地结合试点村实际情况规划具体实施方案。为提高湖北省农村社区建设试点工作的整体进度和工作效率,要完善环环相扣、层层相接的联动机制。一是增强考核力度,强化各级机关的重视程度。真正落实"各级党委、政府要把农村社区建设试点工作纳入重要议事日程,纳入经济社会发展的总体规划,纳入政府履行社会管理与公共服务职能的重要内容"的具体要求,建立农村社区统筹协调的绩效考核评估机制,不断提高相关部门及社区工作者的责任感。二是实行目标管理,量化考核。把农村社区建设试点工作纳入目标管理,层层签订目标责任状,实行量化考核,并建立奖罚制度,对落实好的先进单位和个人给予表彰,对落实不力的有关单位和人员给予通报批评和督促整改。三是选取示范典型,"以点带面"展开试点工作。"推动—联动—互动"是当前农村社区治理从试点实验走向全面推进的基本逻辑路径,选取优秀的试点村作为示范典型进行推广,是推动全省试点工作的有效方法及激励方式。当前试点工作的开展有利于甄别出做法优秀、具有创新治理模式的典型村,通过联合推广与学习典型经验,营造良好的整体建设氛围,全面推进全省的农村社区建设试点工作。

四、统筹资源配置,保障试点建设资金

合理配置各方资源是全省农村社区建设试点工作开展的基础保障。要把投入资金细化到不同领域的农村社区建设过程中,强化对农村社区建设的资金、资源保障。一是具体落实"以奖代补"政策。省级政府采取"以奖代补"方式,通过一般性转移支付对验收合格的困难县(市、区)给予支持,但对于目前的评估方式来说,短时间的检查验收不足以全面检测各个试点村的工作质量,验收结果具有一定的主观片面性和短期性。因此,需要综合考量各方意见,结合试点村的经济实力,最终做出综合评判并拟定农村社区建设试点验收合格"以奖代补"项目方案,呈报省政府批准后实施具体拨款。二是合理配置试点村建设资金。资金的安排应根据社区的大小、居民

的需求、居民构成和服务活动开展的规模等因素，向规模较大、创建任务重的社区适度倾斜。各有关部门将项目和资金集中投入农村社区试点工作年度创建中，研究制定激励政策，引导各类企业参与，组织党政机关、企事业单位、社会团体捐助援建，动员多元主体参与农村社区共建共治共享治理。三是激活试点村自身经济活力。县（市、区）、乡镇要加大对村办集体经济的扶持力度，挖掘当地特色资源，以产业规划激发农村社区经济活力，发展一批经济林木、花卉苗圃种植、农副产品加工、乡村农家乐、生态休闲旅游等现代化新农村产业发展体系，通过政府协调、企业运作、农户参与的方法，引入人才、资金，不断拓宽村级集体经济发展渠道，提升试点村自身的经济实力。

附件一

2017年湖北省农村社区建设情况统计表

单位	已开展农村社区建设的县①(个)	已开展农村社区建设的乡②(个)	已开展农村社区建设的行政村(个)	已建成的集中居住型农村社区(个)	在建的集中居住型农村社区(个)	农村社区服务中心(个)	农村社区服务站(个)	农村社区服务点(个)	农村社区社会组织(个)	农村社区工作者(人)	农村社区专业社会工作者(人)	农村社区注册志愿者(人)	省、市(州)级财政投入农村社区建设专项资金(万元)
全省	104	1004	2677	685	145	985	2687	6910	9427	20,301	313	90,470	17,808
武汉市	6	56	100	16	0	56	100	38	120	788	21	1438	1500
黄石市	3	29	45	40	5	32	45	383	62	754	0	879	0
襄阳市	11	89	205	16	1	4	227	511	511	1800	6	2200	900
荆州市	9	89	187	46	32	66	140	226	143	2317	14	1417	3205
宜昌市	14	98	584	20	8	98	584	2088	4774	4469	30	73,789	1500
十堰市	10	110	163	59	13	72	163	0	725	758	19	489	0
孝感市	8	113	299	9	28	113	297	234	983	1611	1	205	0
荆门市	6	44	73	17	18	34	150	79	322	572	14	546	0
鄂州市	3	12	152	123	5	141	98	34	144	2045	68	691	0
黄冈市	10	122	285	105	3	69	268	349	461	1141	20	287	55
咸宁市	7	46	121	110	11	10	121	490	318	667	12	697	400
随州市	5	41	101	25	0	79	104	46	87	605	21	1530	0
恩施州	8	82	178	0	0	82	178	1937	403	1051	9	216	0
仙桃市	1	19	61	45	16	43	81	87	218	999	8	1117	538
潜江市	1	23	59	4	1	59	59	93	124	236	63	4200	200
天门市	1	23	40	40	0	19	40	315	32	187	7	769	300
神农架	1	8	24	10	4	8	32	0	0	301	0	0	210

注: ①含市、区,并包含开发区。

②含镇,并包含街道办事处。

附件二

2017 年湖北省农村社区建设试点工作验收数据

序号	市(区)/个	县/个	村/个	平均分	验收情况		
					优秀率/%	合格率/%	不合格率/%
1	宜昌市	3	7	89.4	57.1	42.9	0
2	恩施州	2	6	90.3	66.7	33.3	0
3	神农架林区	1	2	930	50	50	0
4	十堰市	3	6	80.0	33.3	33.3	33.4
5	武汉市	3	6	94.2	66.7	33.3	0
6	鄂州市	2	4	93.5	75.0	25.0	0
7	荆州市	4	8	82.4	12.5	37.5	50
8	襄阳市	3	6	83.2	16.7	33.3	50
9	咸宁市	3	6	94.0	83.3	16.7	0
10	黄石市	3	8	90.0	75.0	12.5	12.5
11	随州市	2	6	87.8	33.3	50	16.7
12	荆门市	2	4	87.5	25.0	75.0	0
13	孝感市	3	9	90.0	66.7	33.3	0
14	黄冈市	3	9	88.3	44.4	55.6	0
15	潜江市	1	2	90.0	50	50	0
16	天门市	1	2	93.00	0	100	0

第二章　农村社区党建实践创新发展与趋势

农村社区建设与发展离不开党的领导。社区是党执政的重要基础，也是党联系广大人民群众的主要平台。创新基层社会治理，根本在于通过加强基层党的建设，把党的领导深深植根于人民群众之中，实现党领导人民群众、依靠人民群众加强社会治理的战略目标。2015 年，湖北省委办公厅、省政府办公厅印发《〈关于深入推进农村社区建设试点工作的实施意见〉的通知》（鄂办发〔2015〕54 号），明确提出，要“落实党委和政府的组织领导、统筹协调、规划建设、政策引导、资源投入等职责，发挥农村基层党组织核心作用和自治组织基础作用”。当前，农村社区已成为各种社会矛盾和焦点问题汇聚的核心区域，巩固党在社区的执政基础，是贯穿社会治理和基层建设的一条红线，只有把社区党组织建好建强，才能为社会治理和基层建设提供坚强有力的组织保证。如何充分发挥社区党组织的领导核心作用，如何有效调动多元主体参与的积极性，成为培育社区共同体意识和提高社区治理成效的重要问题。

据此，本章通过对湖北省 55 个农村社区样本调研资料的分析，梳理近年来湖北省农村社区党建的基本概况，总结当前农村社区党建创新过程中所取得的成绩和面临的重难点问题，探讨未来湖北省社区党建发展的趋势和方向，并就今后如何推进农村社区党建工作提出了一些政策性建议。

第一节　农村社区党建的基本概况

基层党组织执政效益评价体系是一个系统工程，既要看基层党组织自身建设情况,也要看群众对基层党组织的满意度。项目调查涉及社区党建的模块有党组织设置、党员管理、党组织活动、居民满意度与居民参与程度等。本研究主要从社区党组织和社区居民两个维度对数据资料进行分析和处理。

一、农村社区党组织类型

在被访的农村社区中,90.9%的党组织类型是党支部,7.3%的党组织类型是党总支,仅有1.8%的党组织类型是党委(见表2-1)。可见,党支部是农村社区党组织的主要类型。

表2-1　农村社区党组织类型

单位:个,%

类别	样本数	百分比
党委	1	1.8
党总支	4	7.3
党支部	50	90.9
总计	55	100.0

二、村党组织成员的数量和产生情况

在被访的55个湖北省农村社区中,党员数量平均为61人,直管党员数量(组织关系在本村的党员)平均为43人,在职党员平均为8人,离退休党员平均为6人(见表2-2)。党组织成员中,书记和副书记人数平均都为1人,委员人数平均为3人。

表2-2　55个农村社区党员数量

单位:人

类别	人数	最小值	最大值	平均值	标准差
党员数量	3135	23	115	61	24.5
直管党员数量	2365	0	98	43	26.2
在职党员数量	440	0	115	8	17.3
离退休党员数量	330	0	82	6	13.1

农村社区党组织的产生方式包括上级组织委派和党员大会(或代表大会)选举产生等。被访的农村社区党组织成员主要由党员大会(或代表大会)选举产生,这在一定程度上反映了党组织成员产生的民主性。其中村党组织最近一次选举方式由党员大会直接选举的占81.8%,由党员代表大会选举的占18.2%(见表2-3)。

表2-3　村党组织选举方式

单位:个,%

类别	样本数	百分比
党员大会直接选举	45	81.8
党员代表大会选举	10	18.2
总计	55	100.0

三、村党组织成员性别、年龄及学历构成

在村党组织成员的构成情况方面,从村党组织成员的性别结构来看,男性成员平均为48名,女性成员平均为9名,可见,男性成员占多数(见表2-4);从村党组织成员的年龄结构来看,35岁及以下成员数量平均为12人,36—49岁成员数量平均为18人,50岁及以上成员数量平均为26人;从村党组织成员的文化程度结构来看,初中及以下成员数量平均为26人,高中/中专成员数量平均为18人,大专成员数量平均为6人,本科及以上成员数量平均为3人(见表2-5)。可见,目前村党组织成员文化程度普遍偏低。

表2-4　村党组织成员分性别人数

单位:人

类别	人数	最小值	最大值	平均值	标准差
男性成员数	2640	2	94	48	22.7
女性成员数	495	1	28	9	6.9

表 2-5　村党组织成员年龄及学历构成

单位:人

	年龄			学历			
	35 岁及以下人数	36—49 岁人数	50 岁及以上人数	初中及以下人数	高中/中专人数	大专人数	本科及以上
样本数	55						
最小值	0	0	0	0	1	0	0
最大值	32	51	78	72	80	35	13
平均值	12	18	26	26	18	6	3
标准差	8.6	13.2	15.5	18.9	14.8	6.5	3.3

四、农村社区党组织活动情况

农村社区党组织活动形式多样,包括政治学习、讲座培训、文体娱乐、建言献策等。调查发现,43.7%的农村社区开展政治学习次数在 11—20 次,32.7%的在 1—5 次,这说明湖北省农村社区党组织政治学习活动开展情况良好;除此之外,其他活动开展次数主要集中在 1—5 次。其中,参与调查的农村社区均开展了对领导班子民主评议的活动,但没有开展文体娱乐活动和召开党代表会议的农村社区分别占 23.6%和 18.2%(见表 2-6)。

表 2-6　村党组织活动举办情况

单位:%

活动类别	0 次	1—5 次	6—10 次	11—15 次	16—20 次	20 次以上	总计
政治学习	0	32.7	14.5	20.1	23.6	9.1	100
讲座培训活动	5.5	69.1	18.2	3.6	1.8	1.8	100
文体娱乐活动	23.6	41.8	16.4	7.3	1.8	9.1	100
建言献策活动	3.6	65.5	14.5	12.7	1.9	1.8	100
党群议事会	1.8	58.2	20.0	18.2	0	1.8	100
党代表会议	18.2	49.1	10.9	18.2	0	3.6	100
对领导班子进行民主评议	0	96.4	3.6	0	0	0	100
重大事项征求群众意见	3.6	74.5	16.4	3.6	1.9	0	100

五、农村驻村第一书记

调查数据显示,湖北省农村社区有第一书记的比例为45.5%,其中80.0%的第一书记是在2010—2016年被选派到村里的,任期长短不一。第一书记每周在村里办公1—7天不等,56.3%的第一书记每周在村里办公1—3天,而一周7天都在村里办公的第一书记占12.5%。第一书记以男性居多,比例高达87.5%。他们的文化程度参差不齐,高中及以下学历占18.8%,大专学历占50.0%,本科学历占31.2%。第一书记基本上以选派为主,工作内容涉及经济发展、资金筹措、技术引进、知识培训等多个方面。

另外,在有驻村第一书记任职的社区中,关于驻村第一书记能为农村发展做出贡献的能力问题上,认为驻村第一书记在农村发展的各个方面可以有一定贡献的社区占比是最高的,基本都在60%左右;认为驻村第一书记在农村发展的各个方面可以有很大贡献的社区占比次之;认为驻村第一书记在农村发展的各个方面很难有贡献的社区占比相对较低(见表2-7)。

关于村"两委"是否曾建议驻村第一书记为农村发展各个方面做工作的问题,认为村"两委"在各个方面建议过的社区占比是最高的,基本为60%左右;认为村"两委"在各个方面没有建议过的社区占比和认为村"两委"在各个方面强烈建议过的社区占比相对较低。可见,多数农村社区的村"两委"对驻村第一书记在农村发展各个方面的工作做过建议,但并非强烈建议(见表2-7)。

表2-7 有关驻村第一书记为农村发展做贡献方面的调查表

单位:%

事项	可以有很大贡献	可以有一定贡献	很难有贡献	贡献很大	做过一定工作	没有做过相关工作	强烈建议	建议过	没有建议
创办结合本村特色的经济发展项目	36.0	60.0	4.0	20.0	72.0	8.0	20.0	76.0	4.0
为本村引进资金	44.0	52.0	4.0	32.0	60.0	8.0	24.0	76.0	0.0
为本村农业引进先进的农业技术,促进生产	32.0	56.0	12.0	16.0	76.0	8.0	8.0	88.0	4.0

续表

事项	可以有很大贡献	可以有一定贡献	很难有贡献	贡献很大	做过一定工作	没有做过相关工作	强烈建议	建议过	没有建议
为村民的外出务工提供有价值的建议	32.0	64.0	4.0	16.0	80.0	4.0	12.0	84.0	4.0
为村民提供农产品供求信息并建立稳定的销售渠道	20.0	76.0	4.0	16.0	76.0	8.0	16.0	76.0	8.0
创办图书馆	32.0	56.0	12.0	12.0	72.0	16.0	12.0	72.0	16.0
开展各类培训班	36.0	60.0	4.0	20.0	64.0	16.0	12.0	68.0	20.0
电脑知识培训	24.0	72.0	4.0	12.0	76.0	12.0	8.0	76.0	16.0
提高村“两委”决策水平	32.0	64.0	4.0	24.0	76.0	0.0	12.0	72.0	16.0
提高民主管理水平、选举透明度	44.0	56.0	0.0	28.0	64.0	8.0	16.0	68.0	16.0
提高办事效率	16.0	68.0	16.0	28.0	68.0	4.0	20.0	68.0	12.0
解决村民纠纷、村民矛盾	28.0	72.0	0.0	16.0	72.0	12.0	20.0	60.0	20.0
帮助建设自来水供给系统	24.0	64.0	12.0	20.0	60.0	20.0	20.0	64.0	16.0
推广农村合作医疗、保险	16.0	72.0	12.0	20.0	64.0	16.0	20.0	64.0	16.0
帮助村民申请贷款或者进行其他理财决策	24.0	56.0	20.0	16.0	68.0	16.0	24.0	56.0	20.0
普及社会保障知识，让更多贫困人口获得国家福利	32.0	60.0	8.0	32.0	60.0	8.0	24.0	60.0	16.0

第二节　农村社区党建的创新困境

尽管湖北省各地在农村社区党建实践创新上进行了很多有益的探索,形成了各具特色的做法,但随着社会管理体制改革的发展和城乡一体化进程的推进,农村社区服务对象、工作内容、组织形式等发生了深刻的变化,农村社区党建工作也出现了诸多亟待解决的新问题。

一、社区党组织职能定位与权责划分不明确

农村社区担负着直接联系群众、宣传群众、组织群众、团结群众,把党的路线方针政策落实到基层,巩固党的执政基础的重要职责。这决定了我们必须将社区党建放在基层党建工作体系中更加突出的位置来认识。随着社会的发展,居民参与农村社区自治的需求日益高涨,自治能力不断提高,这必将推动农村社区自治向更高层次递进。如何明晰农村社区党组织职责,厘清社区党建与社区自治之间的关系成为当下亟须思考的重要问题。从目前湖北省各地的实践来看,社区党建的权责划分机制还难以满足实际需求:

一是社区党组织工作职能难划分。社区党组织既要领导村民自治,又要发展社区文化、创建社区环境、搞好社区服务。那么,如何建立职责明确、分工合理、管理有序、运作协调的工作机制,各地都不同程度上面临较为复杂的情况和问题。比如,一些地方在大力推进"村改居"过程中,行政村改为社区后,社区党组织还要继续担负发展经济的职能,壮大集体经济实力,为村民利益的实现提供保障;同时,还要继续承担原村委会移交的一些管理和服务职能,如社会福利、治安保洁等,并支持和帮助新成立的居委会独立负责地开展活动;此外,社区党组织还要将主要精力用于对社区发展方向的把握、对社区组织建设的指导,以及对各类组织之间关系的协调以及自身建设等方面。

二是社区"两委"权责关系不明确。一直以来,农村社区党组织对村民自治承担"支持和保障"的职责,但具体范围及履责方式并无明确规定,由此造成一些地区的社区党组织行政化、事务化倾向。特别是有的社区党组织和村委会工作混为一体,担负起原本属于村委会职责范围的工作,以至于

忽视了农村社区党建的本职工作。在被访的农村社区中，村党组织成员与村委会成员交叉任职人数平均为 3 人。另外，村党组织书记兼任村委会主任的社区占比为 98.2%，村党组织书记兼任村集体经济组织负责人的社区占比为 69.1%（见表 2-8）。可见，在多数农村社区中，村党组织书记同时兼任村委会主任或村集体经济组织负责人。

表 2-8　村党组织书记是否兼任其他职位

单位：个，%

类别	是/否	样本数	百分比
兼任村委会主任	是	54	98.2
	否	1	1.8
	总计	55	100
兼任村集体经济组织负责人	是	38	69.1
	否	17	30.9
	总计	55	100

三是社区党务工作者权责不协调。当前社区党务工作者的实际工作量较大、权责不协调的问题尤为突出。近年来，社区党务工作者的职责愈趋复杂和多样，不仅要将流动党员纳入社区，还要吸收下岗失业党员，而且在职党员与离退休党员也须接受单位与社区的双重管理。因此从这个意义上讲，社区党务工作者已不再是单纯处理党务的工作人员，而是承担着配合相关职能部门开展各项行政、党务“一肩挑”的工作职责。此外，村委会事务社会化已是社区治理的必然趋势，但各地政府依然不断给社区下任务、定指标、重考核，社区党务工作者难以凭借自身职能权限完成上级任务，这也在一定程度上加剧了问题的严重性。

二、驻区单位党组织覆盖和工作覆盖不到位

党的基层组织是党执政的重要载体，我们党历来重视抓基层、打基础的工作，不断加强基层组织建设。新形势下如何适应党的执政能力建设需要，创新基层党组织设置，巩固党执政的组织基础，需要我们从理论和实践出发进行研究和探索。当前，实行区域化党建是湖北省农村社区党建工作的重点和创新点，灵活的组织设置有助于扩大党组织覆盖面，推动区域化党建互

联互动。近年来,不少农村社区不断创新社区党组织设置方式,但是就整体而言,目前社区党组织设置方式仍较为单一,组织覆盖与工作覆盖“缺位”的问题比较明显。

一是驻村企业党建联动不足。在参与调查的农村社区中,高达87.3%的农村社区没有开展村企联建,仅有10.9%的农村社区开展了村企联建(见表2-9)。这表明以行政区域为单位设置党组织的做法仍普遍存在,很大程度上造成农村社区土地、劳动力、生产工具等生产要素的自我封闭和人为分割状态,跨行政区域、跨行业、跨所有制资源尚未优化配置,由此难以实现社区党组织与驻辖区单位党组织的优势互补、资源整合、共同发展。

表2-9 农村社区是否开展村企联建的情况

单位:个,%

类别	数量	百分比
不知道	1	1.8
是	6	10.9
否	48	87.3
总计	55	100

二是驻区社会组织党建空白。近年来,农村社区开始涌现出大量新型社会组织,这些组织性质上具有社会性,运行上具有独立性,组织中党员比例较小,党建工作还未起步,存有空白。在本次被调查的农村社区中,其党组织更多的是同驻社区行政、事业单位党组织进行区域化党建工作,而与辖区社会组织、党组织联系相对较少。值得注意的是,在对1016份社区社会组织调查问卷中,有高达91.3%的社会组织中存在党员,但仅有16.0%的社会组织成立了党支部。

三是社区党组织设置不合适。目前,参与调查的农村社区党员数量1—49人的占49.1%,50—99人的占43.6%(见表2-10)。但表2-1显示,农村社区党总支和党委的比例分别为7.3%和1.8%,由此可见社区党组织设置类型与党员结构不匹配的问题十分突出,特别是一些农村社区未根据社区党员结构、党员流向等方面的特点做出相应调整,依然单一地以属地为依据建立党组织,导致部分党员特别是外来务工群体中的流动党员难以获得党组织的关怀而成为社区“隐身党员”。

表 2-10　农村社区党员数量统计表

单位:个,%

	分类	0	1—49	50—99	100 及以上
农村社区样本数（n =55）	党员数量	0.0	49.1	43.6	7.3
	直管党员	7.3	61.8	30.9	0.0
	在职党员	20.0	76.4	3.6	0.0
	离退休党员	52.7	45.5	1.8	0.0

三、社区党员教育管理与党员结构不匹配

党员队伍建设的好坏直接关系到全面从严治党责任能否得到有效落实。尽管当前我国不少农村社区在党员队伍建设方面已取得初步成效,党员队伍素质有了一定的提高,但在党员结构与党员管理机制上仍存在着一些突出的问题。

一是社区党员队伍年龄老化。从前文数据分析可知,农村社区党员的年龄大多在 50 岁以上(见表 2-5)。由于社区大部分党员的年龄偏大,且多属于离退休人员,常常因身体状况等各种主客观原因无法参与社区党建活动,党员培训和学习也不积极,甚至召开党员大会时因出席人数无法达到规定人数而难以形成会议决议,这严重影响了社区党建各项工作的有效开展。此外,统计表明,部分社区党员的文化素质较低,绝大多数学历在初中及以下,这使得社区组织在实际工作中适应新形势、处理新问题的能力有限。

二是社区在职党员管理措施匮乏。近年来,农村社区党组织尚未建立起行之有效的约束和激励机制,在职党员没有参与社区建设的动力和压力。从问卷中“到 2015 年底为止,共有多少名在职党员向本社区党组织报到”这一题目可知,在职党员数量超过 100 人的 11 个农村社区中,向本社区党组织报到的党员人数统计为 0,这进一步表明,当前农村社区党组织已无法借助原来的利益机制和行政机制实施对在职党员的教育管理,因此社区党员的先锋模范作用难以发挥。

三是社区流动党员管理效果不佳。当前农村社区党员队伍日益壮大，党员基数大、流动性强。据调查统计(见表2-10)，农村社区中30.9%的社区直管党员人数在50—99人，这给农村社区党建的队伍建设带来了巨大的挑战。首先，流动党员经常跨地区跨领域地频繁流动，社区党组织难以摸清流动党员的数量；其次，流动党员不积极参加社区党组织活动，部分流动党员脱离党组织的管理教育，农村社区党组织对他们履行党员权利和义务的情况无法进行有效监督，这些给农村社区党员队伍建设带来不良影响。

四、社区党建投入机制和运行机制不健全

基层组织建设的科学化是党建科学化的重要基石，科学严密、切实可行的运行机制是统筹社区内各行业、各单位、各部门做好党建工作的重要保障。这要求当前农村社区党建要把握推动信息化技术在基层党建中的广泛运用这一重点，建立健全上下联动的党建运行机制。从地方实践创新和问卷数据分析中发现，目前湖北省社区党建在运行机制上仍存在着以下问题：

一是社区党建经费不足。随着社会主义市场经济的发展，社会事务由政府逐步下放给社区，但原先承担职能的政府部门和单位在剥离职能时没有让渡出原先支撑其职能履行的财力和物力，使得社区党建在物质基础上捉襟见肘。目前社区党建的活动经费大多来源于政府的临时性拨款，但工作任务却随着社区范围的扩大越来越重，原本有限的经费难以支撑各项工作的开展，这大大限制了社区党建工作的深入发展。从表2-11可以看出，有89.1%的村干部认为目前基层党建工作中存在的主要困难是党建工作缺少资金。

表2-11　农村社区党建工作的主要困难(多选)

单位：人，%

类别	人数	占选择人次百分比	占样本百分比
党建工作缺少资金	49	44.2	89.1
党员队伍整体素质不高、能力不强	29	26.1	52.7
开展组织活动缺乏设施或平台	24	21.6	43.6
党组织缺少吸引力和凝聚力	5	4.5	9.1
其他	4	3.6	7.3
选择人次总计	111	100.0	—

二是社区党建运行封闭化。一方面,统计数据显示(见表2-12),农村社区党组织开展活动次数最多的是文体娱乐活动,一年举办的次数平均为19.9次;其次是政治学习,平均举办9.6次;但对涉及民主决策、民主监督的活动,如重大事项征求群众意见等则甚少举办。这说明目前农村社区党建活动的开展更多地集中在党组织内部。另一方面,统计数据发现80%左右的村民在过去一年未曾参加过广场舞、书法、摄影比赛等农村社区党组织举办的文体活动。由此可见,农村社区党组织举办文体活动的频繁程度与居民参与的积极性形成强烈反差,这在一定程度上反映了农村社区党组织运行封闭化的问题。

表2-12　农村社区党组织活动举办情况描述统计表

单位:次

类别	政治学习	讲座培训活动	文体娱乐活动	建言献策活动	党群议事会	党代表会议	重大事项征求群众意见
样本数	55						
平均值	9.6	4.8	19.9	6.2	6.7	6.2	2.2
标准差	6.1	4.9	61.4	8.6	8.3	10.6	1.8

三是社区党建信息化水平不高。目前大部分农村社区使用计算机网络信息管理平台进行社保、低保、人口信息等综合事项的管理,信息化技术在社区党建网格化管理的工作中已取得初步成效。但当前农村社区党建信息化发展仍不平衡,比如缺乏统一的规范标准,与电子政务发展不相协调,信息化平台管理不到位,更新不及时,内容较单一,特别是交互性差,无法实现信息、资源共享等问题尤为突出。因此,有效整合农村社区党建的合作资源,构建平等协商的合作关系,推动形成社区大党建的新格局,成为当前推动农村社区党建有序运行的难题。

第三节　农村社区党建的实践趋势

农村社区建设与农村社区党建是相辅相成的。从本质上看,农村社区建设是一个强化社区功能、凝聚社区多元力量、优化社区服务的动态过程和阶段。这也决定了农村社区党建是一个动态的、需要不断完善的过程。目前湖北省农村社区党建在实践中仍存在着诸多新问题,因此有必要结合顶层设计和基层实践进一步探寻湖北省农村社区党建工作的未来发展趋势,明确当前的阶段性特征,便于谋划下一发展阶段的核心任务。总的来说,当前湖北省农村社区的党建工作表现出如下阶段性特征。

一、服务居民是社区党建的出发点和落脚点

"功能是组织生存的依据。基层党组织只有找到适当的功能定位,并采用恰当的方式去实现它,才能获得生命力并站稳脚跟。"①基层党组织的功能受外界环境的影响而改变,二者之间存在一种互动关系,因此在社会的转型期,要提高农村社区党组织的合法性与有效性,应改变以往单一的行政管理模式,增强社区党建的服务功能。农村社区党组织面临的社会环境已经发生了深刻的变化,依靠以往自上而下的行政管理难以适应农村社区多元化主体的需求,因此,"在基层党组织利用行政权力发挥作用的空间日益缩小的背景下,要实现党组织的政治功能,就必须转变理念,从管理转向服务,通过增强党组织的服务功能来凝聚人心,增强凝聚力、影响力和控制力"②。2016 年 8 月 9 日,湖北省人民政府办公厅印发《湖北省"十三五"农村社区建设试点工作方案的通知》,明确要求,"推进农村基层服务型党组织建设,增强乡镇、村党组织服务功能",以服务型党组织建设引领基层党建工作,使服务成为基层党组织建设的鲜明主题,推动基层党组织在强化服务中更好地发挥领导核心和政治核心作用。由此可见,服务功能是执政党不可或缺的基本功能,也是执政党建设的重要组成部分。

目前湖北省多地农村社区开展以多元化服务为导向的社区党建工作创新。例如,武汉市全面推广"百步亭经验",加强和创新基层党建工作,强化"红色引领",培育"红色头雁",激活"红色细胞",建设"红色阵地",打造"红色物业",繁荣"红色文化",掀起"红色旋风",用好"红色基金",提高基层党组织的政治功能和服务功能,为加快建设现代化、国际化、生态化大武汉提供坚强组织保证;潜江市在全市推广园林办事处"67-12980"(一按就

---

① 马西恒:《社区发展中的执政党建设:时代意涵与推进路径》,《毛泽东邓小平理论研究》2006 年第 7 期。

② 夏朝丰:《区域化党建:增强基层党组织服务功能的新视角》,《领导科学》2012 年第 3 期。

帮您)党群服务热线做法,构建群众问题征集、基层党组织问题反馈、党员认领解决的工作机制,实行"群众点单、支部下单、党员接单",健全党员直接联系群众机制,等等。这表明当前湖北省农村社区党建工作牢牢把握社区多元服务的功能定位,将服务党员与群众作为其工作的出发点和落脚点,通过服务,逐步培养群众的主体意识和"共同体意识",促进服务向"相互服务"、"群众互助"方向转化和发展,使服务促进更大的人际互动①。这也充分体现了农村社区党组织从管理到服务的理念转变,蕴含着农村社区党建工作的转型。从表2-13中可以发现,当前农村社区已提供了农村扶贫、养老服务、弱势群体保护等多种公共服务,居民对社区公共服务总体还满意,其中满意度最高的是"弱势群体保护"(52.9%),但在低保、农村扶贫等方面仍存在不足。由此可见,社区党组织要通过构建服务党员、服务群众的多元服务载体与平台,将由单一管理转变为多元服务的理念落实到实际工作中,借此提高社区党组织的凝聚力和向心力。

表2-13　农村居民对社区公共服务的满意度

单位:%

公共服务种类	非常满意	比较满意	一般	不太满意	很不满意	未表态
农村扶贫	16.0	17.9	28.3	19.8	12.3	5.7
养老服务	17.0	17.9	27.4	8.5	3.8	25.4
弱势群体保护	25.5	27.4	22.6	6.6	2.8	15.1
法律服务	19.8	18.9	38.7	5.7	4.7	12.2
社区卫生	16.0	11.3	39.6	14.2	17.0	1.9
低保	7.5	7.5	7.5	7.5	7.5	62.5
流动人口管理	17.0	22.6	30.2	2.8	2.8	24.6
社区培训	20.8	21.7	37.7	5.7	5.7	8.4
社区道路	13.2	25.5	20.8	14.2	25.5	0.8
社区治安	18.9	29.2	40.6	6.6	3.8	0.9

① 孙会岩:《国家治理体系和治理能力现代化的政党回应——基于服务型政党的探讨》,《理论月刊》2014年第7期。

二、区域化大党建格局从封闭走向开放

列宁曾指出,“我们党的一切组织和团体每天经常进行的全部工作,即宣传、鼓动和组织工作,都是为了加强和扩大同群众的联系”①。这充分说明政党在执政建设中要密切与群众的联系,坚持从群众中来到群众中去的工作方法。在计划体制下,社会结构以纵向联结的条线体系为主,横向联结的纽带很弱,党的核心地位可以体现在单位组织的内部;市场体制下,社会结构以平等交换、相互依赖等横向联结的关系为主,党的核心地位必须要在社会关系中去体现。对于农村社区这一特定领域,其党建工作具有地区性、群众性与公益性的特点,更需要打破以往依靠行政命令强制完成任务的局面,以引导、协商等手段推动农村社区党建工作的发展。当前新型城镇化、工业化不断推进,封闭单一的传统社区逐渐解体,农村社区的流动性、开放性与异质性增强,农村社区党建工作如何由原本的固化封闭状态转变为兼容开放状态成为社区党务工作者亟须探索的问题。

在实践中,宜昌市将网格化管理与村民自治有效衔接起来,坚持“因地制宜、规模适度、无缝覆盖、方便群众、便于管理”的网格划分原则,建立社区党建网格动态优化调整机制,围绕农村主导产业发展和群众生产生活需求,大力发展各类合作社、理事会、协会等公益性、服务性、互助性组织,把农民群众组织起来,形成社区党组织领导下的以村委会为主体的“1+N”自治组织体系;荆门市健全党组织领导的充满活力的农村社区居民自治制度,坚持和完善村级民主选举制度,推进村务公开和民主管理在农村社区全覆盖,深化以居民会议、议事协商、“五议五公开”为主要形式的民主决策和民主监督实践,增强农村居民群众自我教育、自我管理、自我服务的能力,等等。地方实践创新有力地回应了社区党建与社区自治二者的关系,探索出实现农村社区党建工作兼容开放的新路子。然而在调查中我们发现,仅有8.5%的居民参与过社区事务的管理和监督(见表2-14),参与管理与监督的事务更多的是集中在村务公开情况(77.8%)以及最低生活保障的审核情况(66.7%)上,而对于体现群众民主权利的村民会议、村民代表大会以

① 列宁:《列宁全集》第11卷,人民出版社1987年版,第2页。

及村庄议事协商会，超过一半的村民未曾参与。因此，农村社区党组织要寻求更加广阔的平台和载体，将农村社区党建工作向社区内的居民区、经济组织与社会组织辐射；同时各类经济组织与居民区的党组织也需主动走出自身狭隘的空间，实现两者之间的相互对接，集点成网，扩大农村社区党建工作的覆盖面。而在与群众的联系上，农村社区党组织应着眼于全体社区成员，充分保障社区成员的知情权与参与权，接受社区成员的监督。

表 2-14 农村社区居民参与社区事务管理和监督的情况

单位：人，%

类别	人数	百分比
参与过	9	8.5
没有参与过	97	91.5
总计	106	100.0

三、更加注重党的领导与社会力量协同有机衔接

新中国成立后，我国逐渐形成了以单位制为主、街居制为辅的社会结构。依托这种社会结构，党的工作范围延伸到街道、企业、学校等社会领域，以党代政、党政一体化的行政领导方式也存留于行政单位之中。随着社会主义市场经济的发展，传统的党组织结构的建设基础和活动空间日趋式微，社区党建的重要性凸显。但由于目前湖北省农村社区党建工作仍处于探索阶段，其模式经验尚未成熟，所以在运行过程中往往沿袭着传统单位制党建模式中的行政领导方式。在现有体制下，政府的行政事务更多地采用科层制的行政命令方式，依托农村社区党组织这一渠道来保证落实。

然而，“政党的活动总是处于一定的社会生态环境之中，其基层组织设置、工作方式和活动方式必须考虑政党所运作空间的变化，必须考虑其他主体的现实诉求”①。一方面，伴随着经济结构的变化，高度同质化的社会结构正发生改变，社区主体日益增多，利益诉求渐趋多样，传统的行政化领导方式难以满足多元化的利益与服务需求，社区党组织亟须开辟出新的活动

① 胡序杭：《融入社会：社区党建工作的创新——以服务党员服务群众为视角》，《长白学刊》2011 年第 2 期。

载体与平台;另一方面,“两新”组织在社区事务管理中扮演着越来越重要的角色。各类社会组织开始参与本社区居民文化娱乐(88.8%)、社会服务事业(76.9%)、居民自我管理与服务(66.5%)以及公益慈善事业(66.4%)等与群众密切相关的社区事务(见表2-15)。但是这些组织具有相对独立性,在管理上与政府并无直接的隶属关系,单纯依靠垂直的行政化领导方式难以有效开展党建工作。针对这种情况,湖北省多地在社区治理实践中积极探索党的领导与社会组织协同有效衔接的途径。武汉市发挥党建引领优势,整合行政主导资源,加强社区治理平台建设,全市以区域化党建为引领,重点完善街道“大工委”、社区“大党委”下的“三社联动”机制;仙桃市完善党建带工建、团建、妇建工作机制,充分发挥基层工会、共青团、妇联等群团组织在农村社区建设中的生力军作用,加强农村社区党组织对社会组织的政治领导,引领社区社会组织保持正确的政治方向,激发社会组织活力,促进社区和谐稳定。由此可见,当前湖北省农村社区党建应“强化党建工作的社会职能,重视党的组织和党员的公益职能要求,以先进的价值取向引导不同社会群体参与对社会的管理和服务,通过以党建凝聚人心来带动和谐社会建设”①,推动农村社区党组织的领导与社会力量协同的有机衔接。

表2-15 社会组织参与社区事务的类型(多选)

单位:人,%

社区事务类型	人数	占选择人数百分比	占样本百分比
社区发展规划	397	10.1	36.9
社会服务事业	827	21.1	76.9
公益慈善事业	714	18.2	66.4
经济发展与居民就业	289	7.4	26.9
居民文化娱乐	955	24.3	88.8
居民自我管理与服务	716	18.3	66.5
其他	25	0.6	2.3
选择人次总计	3923	100.0	—

① 韩晓燕:《社区党建工作社会化的实践与思考——以上海市闵行区为例》,《上海党史与党建》2012年第1期。

四、社区党建融合共治的形式趋向多样化

"社区管理体制是指社区管理的组织体系及管理制度的结合。"①长期以来,我国农村社区党建管理体制一直呈现"条块分割"状态。条块关系是指垂直管理部门与地方政府的关系,历来是中央与地方、上级与下级关系的重要内容。其中"条"指的是自上而下垂直管理的指挥体制,"块"是指地方行政平行管理某一区域,因此所谓条块分割则是指整个行政运行体系被分割成两个不同领域的管理体制。具体到社区党建,则是指社区党组织内部通常按职能与属地进行划分,两个系统之间各自封闭、互不联系。随着事权的不断下放,农村社区党组织的工作负担越来越重,"条块分割"使得农村社区各职能部门之间工作重复性强,农村社区党建事务处理效率低下。

要改变条块分割的社区党建管理体制,必须通过农村社区组织整合、功能整合与资源整合来实现适应农村社区现代化建设的新型管理体制。黄冈市以基层党建"整市推进"为契机,进一步加强社区"大党委"建设,建立以社区党建工作为基础、以驻区单位党建工作为依托、以共驻共建为纽带的社区党建工作模式,改变社区与驻区单位党组织互不隶属、行政互不关联、管理条块分割的现状,推进社区党建工作从垂直管理向区域整合,形成"条块结合、资源共享、优势互补、共驻共建"的社区党建新格局;襄阳市以"五强创示范"为引领,深化社区党组织建设,建立健全以社区党组织为领导核心、村委会为主导,村务监督委员会、集体经济、社会组织、群团组织共同参与农村社区治理的"1+5"农村社区组织体系。这些社区党建创新案例生动形象地表明了当前农村社区党组织要发挥领导作用,必须以农村社区党支部为基础,"从'地区性、群众性、公益性、社会性'工作入手,以社区的共同目标、共同利益、共同需要为纽带,充分运用社会资源,率领社区党员干部和群众完成党在社区的各项任务"②。换言之,农村社区党建要整合各种社会力量,协调好与单位党组织、"两新"组织等的关系,实现社区党建融合共治的新格局。85. 4%的农村社区已经推行了网格化管理(见表 2-16),且

① 胡洁:《我国城市社区管理体制建设实践与思考》,《西藏发展论坛》2010 年第 1 期。

② 冉志、牛秀英:《当前城市社区党建工作中的问题及对策思考》,《西南师范大学学报(人文社会科学版)》2003 年第 7 期。

92.7%的农村社区参与调查者认为网格化管理能促进农村社区治理体系的完善(见表2-17)。然而当前已经实现“社区党组织和驻村企业党组织协同开展工作”和“社区党组织和驻村企业党组织互不联系”均占5.5%,农村社区融合共治的发展势头亟待提高(见表2-18)。

表2-16 农村社区实行网格化管理的情况

单位:个,%

类别	样本数	百分比
已经实施	47	85.4
正在建设	5	9.1
没有实施	3	5.5
总计	55	100

表2-17 网格化管理能否促进农村社区治理体系的完善调查情况

单位:个,%

类别	样本数	百分比
完全能够	25	45.4
基本能够	26	47.3
不能够	1	1.8
说不清	3	5.5
总计	55	100

表2-18 农村社区党组织与驻村企业党组织之间的关系

单位:个,%

类别	样本数	百分比
没有驻村企业	33	60.0
驻村企业都没有党组织	9	16.4
村党组织领导驻村企业党组织	1	1.8
村党组织和驻村企业党组织协同开展党务工作	3	5.5
村党组织与驻村企业党组织联系很少	2	3.6

续表

类别	样本数	百分比
村党组织与驻村企业党组织互不联系	3	5.5
其他	4	7.2
总计	55	100

第四节　农村社区党建的路径选择

作为创新性和实践性都很强的系统工程，当前农村社区党建要从区域视角出发，牢牢把握工作的重点和难点，通过全面统筹基层党建工作，整合区域内的各类社会基础单元和党建资源，推动社区党建与社会治理相衔接、社区党建与社区自治相契合、党群关系紧密融洽的社区治理大格局的实现。具体而言，要着重对农村社区党建的组织网络、工作方式、服务体系、党员管理等方面进行深化完善。

一、明晰党建职责定位，构建一核多元治理体系

基层社会越是多样化，越需要发挥党组织的领导核心作用，增强对社会各种力量的统筹、整合与引导。坚持农村社区多元合作共治，促进农村社区自我管理、自我教育和自我服务，是农村社区标准化建设的要求和目标。因此，推动农村社区建设要在坚持党的领导的前提下，改革农村社区管理体制，实现农村社区多元主体共同治理的良好局面。在这一过程中，农村社区党组织要明确自身职能定位与职责分工，对党建工作制度、程序等进行优化设计，不断加强和改进社区党组织建设，从而优化农村社区一核多元治理体系。

一是深化社区管理体制改革。要进一步明责、赋权与增能，精简现有的科、室、站、所，优化社区内设机构，引导农村社区党组织把工作重心转移到抓党建、抓治理、抓服务上来。同时，加强党群（政务）服务中心建设；下放县（市、区）部门能放、应放的审批事项，回收社区不该办、办不好的政务服务，增强社区直接服务群众的功能。另外，推行农村社区公共事务准入制

度，取消给农村社区下达的不合理任务，清理各类达标评比活动；制定农村社区公共服务事项清单，将农村社区职能精简为党的建设、就业服务、社会保障等，明确规定职能部门不得随意将工作职责转嫁给社区，对确需农村社区协助办理的事项，做到人随事走、费随事转。

二是明确社区党组织职责职权。农村社区治理要充分发挥社区党组织的领导核心作用，然而为了避免社区党组织一元化的传统领导思维模式的影响，有必要明确农村社区党组织的权力范围，即明确农村社区党支部的领导权限。根据《中国共产党章程》的原则精神和有关法律法规的规定，结合湖北省各地实际做法，农村社区党支部的领导应该是政治原则、政治方向、重大方针政策贯彻落实的引领者。对于辖区内的具体事务，如发展生产、教育卫生、居民的矛盾纠纷等事项，党支部应全面退出，交由村委会办理。党支部要使自己真正成为农村社区组织的核心，应该避免行政化倾向，从大量日常事务中解脱出来，将主要精力用于对社区的发展方向的把握，对社区经济和社会组织建设的指导，对各类组织之间关系的协调以及自身建设等方面。对于居民能够自己处理好的事情，应引导居民依法依规自行处理，对社区自治组织独立负责开展工作予以支持和帮助，引导多元主体参与农村社区管理与服务。总的原则是，要确保农村社区党组织权责对等，有职权、有能力协调各方、服务群众。

三是完善社区党建工作制度。首先，建立农村社区党建的决策议事制度，明确社区党建的决策议事功能。农村社区党组织既要发挥核心作用，又要支持村委会发挥自主性，依法开展工作。其次，建立农村社区党务公开机制，明确社区党建将最广大人民的利益放在首位的工作原则。社区党建工作公开化、透明化，有利于群众对社区党组织的工作进行监督，减少社区党组织中腐败贪污、忽视人民真正需求的行为发生。再次，建立农村社区党建工作协调机制，充分发挥农村社区党组织在辖区内社会性、群众性工作中的主导作用。农村社区党组织要通过重大事项通报等配套制度，与辖区内的多元主体进行协商交流，使社区的各项事务能够有序运作。最后，通过建立农村社区党建广泛参与机制明确社区党建服务群众、凝聚人心的功能，农村社区党组织的有效建设需要村民共同参与，社区党建广泛参与机制有助于社区党员、人民群众广泛参与农村社区的党建工作，为党建工作献言献策。

二、扩大党组织覆盖面，促进社区治理共建共享

在城乡经济社会一体化发展的时代背景下，农村社区党建要以区域统筹为理念，以增强党建工作有效性为主线，不断扩大党组织覆盖面，构建单位党建、区域党建以及行业党建联建共建的新格局，推动社区治理创新。因此，农村社区党建要通过政企统筹、村企统筹等模式，主动地参与、融入社会管理创新的广泛统筹中去，创新基层党组织对社会的管理，形成多层次、全覆盖、广吸纳的农村社区党建共同体。

一是优化党组织设置方式。及时跟进农村社区经济社会发展新变化，针对农村社区出现的新经济社会组织中党组织“空白点”、组织设置与党员结构不相适应等情况，在全面覆盖和有效覆盖上下功夫，加大在村企、村合作社、农村社会化服务组织等建立党组织的力度，加大在农民工聚居地建立党组织的力度，合理调整党组织设置，理顺隶属关系。

二是健全社区党建管理方式。突破以往单位党建管理的思维定式，针对流动党员、非公企业党组织管理难点，实行党员管理与教育区域统筹，全面开放区域党建资源，运用信息化手段将党员管理工作扩展到全区域范围内。而对于政策性、专业性较强的“两新”组织，则由业务主管单位党组织直接管理其党员的组织关系。

三是推动开放性共联互动。要凝聚共驻共建、共联互动的共识，促使各领域党组织打破行政隶属壁垒，破除各自为政的障碍，推动农村社区党建联建共建。要以兼容开放的视野和胸怀推动各领域党组织开展组织共建、活动共联、资源共享。各领域党组织首先通过签订共建共联协议、领导干部交叉任职、人才结对培养等多种方式推动党组织共建；其次，通过合作开展党建活动、党员教育活动，实现党建活动共联；再者，实现多领域党建信息共享、阵地共享、文化共享和服务共享，促进党建资源共享共用。要推行双向压实责任，建立健全党组织双向沟通协商、双向考核激励、双向管理重点企业、双向评价干部的工作机制，推动各领域党组织在融合中共赢共发展。

三、健全党员培养机制，激发社区管理内在动力

党员作为党组织活动的主体，是农村社区党组织开展各项工作的重要

基础,农村社区党建工作的扎实推进,最终取决于广大党员内生动力的支撑。因此,激发党员内在动力,充分调动党员的积极性,既是社区党建工作取得成效的突破点,也是提升农村社区党组织战斗力和凝聚力的内在要求。农村社区党组织要建立健全党员管理机制,引导教育党员积极参与社区管理和服务,激发社区活力,营造农村社区和谐融洽的氛围。

一是完善社区党员发展机制。要制定党员发展的具体规划,采取措施把回乡创业的青年、高中毕业生、农村致富能人、科技人才等作为入党积极分子培养,不断壮大青年党员队伍;还要在基层团组织中积极培养入党积极分子,着重培养有理想、有文化、德才兼备的团员加入党组织,为党组织注入新鲜血液;同时建立困难党员帮扶、支部培养党员、党员培养入党积极分子等党员帮扶制度,让有为青年能够找到党组织,紧密地团结在党组织周围,从而切实解决当前社区党员队伍老龄化问题。

二是建立流动党员“协管”机制。针对流动党员分散、流动性大以及工作场所变换频繁等特点,实行形式多样的动态管理模式。在农村社区设立流动党员管理站、联络站,保持对流动党员教育管理的连续性;在外出流动党员比较集中的地方建立流动党支部或是党小组,加强与流入地党组织的联系,督促流动党员积极参加当地党组织活动;建立外来流动党员登记制度,实施有组织的动态管理。

三是建立“两新”组织党员“联管”机制。在农村社区设立“两新”组织党建办公室和联络站,选派专职干部负责日常党建运行工作,加强党组织之间、党员之间的交流与沟通。在有利于党内生活、党员管理和企业发展的前提下,研究采取市场联合党支部、楼寓党支部等组织设置形式,针对不同类型的“两新”组织党员的特点,创设不同的活动载体,推动“两新”组织党员管理日常化、规范化。

四是建立其他党员“接管”机制。对农村社区存在的离退休党员、未就业的大中专毕业生党员等人员,要与民政部门、教育部门、直属机关的党组织进行积极的沟通,摸清这一部分党员的数量,在转接组织关系时将其纳入社区党员教育管理的总体规划之中,通过建立联合党支部,采取登记制度等形式实施管理。尤其是对于离退休党员,可通过区域化党建,整合片区党建资源,推行党组织和党员积分制,推动这部分党员积极参与社区服务,开展志愿服务等活动,发挥自身的先锋模范作用。这样既可增强离退休党员的归属感、使命感,又能达到寓教育管理于服务的目的。

四、完善信息化运行平台,推动社区发展互联互动

随着信息技术的迅猛发展,网络交流成为农村社区居民关注社会、表达诉求的重要渠道,网络舆论的社会影响力越来越大。信息网络的发展与普及为社区党建工作开辟了一个崭新的空间,拓展了农村社区党建工作的新平台和新手段。因此,农村社区党建应顺应网络时代的发展,完善“数字社区”建设,提高农村社区运用信息化技术的水平,推动农村社区运行机制上下联动。

一是搭建社区信息化管理平台。依托网格化管理模式,通过数据库等信息化方式对村内居民数量、党员数量等基础数据进行汇总,实现农村社区区域居民信息全覆盖。此外,建立不定时排查机制,深入了解农村社区党员的基本情况,“在党员个人管理方面,逐步实现党员管理从‘现场’到‘线场’,把全部党组织和党员基本信息录入服务系统,发挥党员组织关系网上转接、党内生活预警管理和实时查询统计功能”①,实现农村社区党员动态管理。

二是打造社区信息化服务平台。一方面,农村社区居民服务需求可通过社区信息化平台汇聚起来,并运用农村社区服务热线的联动效应进行落实,提供优质服务,从而增强农村社区党组织的凝聚力。另一方面,农村社区党组织要提高社区服务水平,除了通过传统的途径和方式了解居民实际的生产和生活需求外,还需建立网络沟通机制,与农村社区居民通过电子邮件、在线交流等方式进行联系,倾听民意,或是在网上开设“留言板”等栏目,为群众答疑解惑,提供优质便民的农村社区服务。通过这种高效便捷的信息化平台,实现农村社区党组织与社区居民的双向互动,保证农村社区党建服务工作更具有针对性、规范性。

三是构建社区信息化党建平台。首先,推动农村社区党建舆论导向主流化。加强对农村社区网站、论坛等的管理,及时实施正确的政治导向,主

---

① 张波:《基于新媒体的城市社区党建创新研究》,《中共福建省委党校学报》2016 年第 8 期。

动利用网络这一新媒介、新资源宣传党的理论、政策、方针,使之成为农村社区党组织开展思想政治教育工作的新阵地,宣传党的路线方针的新渠道,形成积极健康的社区党建舆论主流。其次,推进社区事务公开化。从前文数据分析可知,在农村地区,社区村务公开和监督工作仍有很大的改进空间。因此要利用好信息化技术健全村务监督委员会的工作机制,通过农村社区村务公开化管理系统及时公开村务监督内容、程序等,实现社区村务工作流程全程信息化监控。此外,建立农村社区服务评价体系,社区居民可通过信息化平台对社区服务内容、服务态度等方面进行全方位查询和整体性的评价。最后,促进农村社区党建活动载体灵活化,通过QQ群、微信等网络交流平台,扩展社区网站功能,增强社区党员、居民交流学习的趣味性。

五、加强服务型党组织建设,提升社区服务群众能力

农村社区党建应以服务型党组织建设为抓手,强化便民网络服务建设。这要求农村社区党建工作要以社会组织和社会成员之间的横向联系为依托,采用非强制性的协商、合作等方式开展工作,把服务群众作为主要任务和基本职责,将领导和管理寓于服务之中,进一步提升农村社区服务能力和水平。

一是加强基层基础保障。当前我国农村社区党建工作存在经费不足、阵地建设不规范等问题,社区服务型党组织建设难以得到保障。因此,在建设经费方面,要适当增加农村社区党建工作经费,满足农村社区党建办公的基本需求。进一步规范服务专项经费管理,简化经费使用审批程序,提高农村社区党建经费的使用效率。要以县为单位,将服务居民的各种政策、项目进行捆绑打包,集中下沉到农村社区,使农村社区有更多更优质的资源开展服务工作。在阵地建设方面,要加大对没有达标的社区党建服务场所的建设,使其尽快达到标准。对管理不规范的,要统一进行功能设置,规范标牌标识,严格落实值班考核等制度,确保农村社区党建阵地功能完备、运行规范。特别是党群服务中心和党群服务站,要尽可能地利用各种设施和活动器材,面向党员和群众开展活动,使其真正成为团结群众、宣传教育群众、联系服务群众的阵地。

二是拓展社区服务工作内容。当前农村社区的服务工作主要集中在为

各类弱势群体、优抚对象等提供服务，这些常规化的工作还不能实现社区服务的全覆盖。农村社区党组织要着眼于群众多层次、多方面的利益诉求，积极探索开展面向普通群众的日常生活服务和面向辖区企事业单位和机关团体的“后勤”服务，在强化农村社区文化、教育、治安等职能的基础上，大力推进民生工程，大力推进农村社区“一站式”服务，以此拓宽农村社区服务领域，促进农村社区服务体系的良性运行。

三是健全社区服务工作网络。充分调动社会资源和党组织自身组织资源，利用共建共享机制，吸纳辖区内教育、民政等单位，设立社区服务平台，采用市场化运作与党员志愿者、社会组织服务相结合的方式，针对城乡社区建设和居民娱乐、子女教育等方面的需求，积极开展形式多样的便民利民服务。在这一过程中，要加大对农村社区社会组织的扶持和培育，充分发挥社会组织提供专业化、精细化服务的优势。农村社区党组织根据社区社会组织的规模、性质、功能、服务对象等的不同，逐步建立起规模适度、布局合理、运作规范的社区社会组织结构。重点培育和扶持管理型和服务型社会组织，为农村社区居民参与社区事务、为实现农村社区自治功能搭建平台，促进农村社区实行自我教育、自我管理、自我服务、自我监督。

第三章　农村社区社会组织治理困境与管理优化

当前,我国城乡发展不平衡,差距较大,相对于城市,农村的基础较为薄弱,农村空心化、农业边缘化问题较为严重,无法达到城乡互促互进、融合发展的状态。不断加强和创新社会治理,不仅是基层治理的最终目标,也是“五位一体”理论的必然要求。近年来,社会组织在对基层社会的治理上发挥了巨大作用。因此,必须建构一个独立自治的社会组织体系,通过社会组织的嵌入与融入转变国家与社会的关系困境,通过发展社会组织提供更多的服务。政府不断出台相关政策文件,大力支持、积极引导社区社会组织健康有序发展,充分发挥社区社会组织在提供公共服务、引导居民有序进行政治参与、维护社区和谐稳定等方面的积极作用,使其成为创新社会治理体系的有力支撑。

湖北省大力支持社区社会组织的培育工作,鼓励社区积极开展公益创投活动,是完善社区服务体系、回应居民服务需求的重要途径。基于社区社会组织的比较优势、把握城乡统筹的核心要义,本章通过对湖北省 174 个社会组织参与社区治理的现状进行分析,梳理当前湖北省农村社区社会组织参与社区治理取得的成效及存在的困难,进而对如何更好地优化农村社区社会组织参与社区治理的路径提出一些建议。

第一节　农村社区社会组织治理现状

一、社会组织负责人任职情况

在本调查中,居委会主任或社区党支部书记等自治、共治、议事机构成员担任社会组织负责人的人数占到了一定比例(29.3%),而不担任任何社会组织职务的负责人有115个,在174个调查样本中占66.1%(见表3-1)。

表3-1　自治、共治、议事机构成员任职社会组织负责人或骨干成员情况(多选)

单位:人,%

类别	人数	占选择人次百分比	占样本百分比
居委会主任或社区党支部书记	51	26.7	29.3
街镇层面组建的共治议事机构、党建联建机构成员	7	3.7	4.0
街道办事处等政府机构组建的顾问委员会成员	6	3.1	3.4
党代表	7	3.7	4.0
人大代表	5	2.6	2.9
不担任以上任何角色	115	60.2	66.1
选择人次总计	191	100.0	—

二、社会组织与其他组织的关系

社区社会组织作为参与社区治理的重要主体,与社区其他组织的关系影响着社会组织参与社区治理的效率和效果。在本调查中主要着眼于社会组织与街道党政机关、政府职能部门、居委会/社区党支部和其他组织的关系。从表3-2中可见,67.2%的社会组织与居委会/社区党支部的关系非常密切,42.0%的社会组织与其他组织的关系比较密切,48.9%的社会组织与街道党政机关、49.4%的社会组织与政府职能部门的联系不多。

表3-2　社会组织与其他组织的关系

单位:%

类别	非常密切	比较密切	联系不多	较为疏远
街道党政机关	16.7	26.9	48.9	7.5
政府职能部门	11.5	25.3	49.4	13.8
居委会/社区党支部	67.2	25.9	5.7	1.2
其他组织	11.5	42.0	37.9	8.6

三、社会组织的管理形式

目前,枢纽型社会组织在理论上尚无明确界定,但它被视为政府职能转变与转移的主要承载平台,其地位与功能区别于政府与一般社会组织。枢纽型社会组织最主要的职能是承接原先由政府各部门承担的政治引导、管理服务的职能,按照“权随责走”、“费随事转”的基本原则,政府通过购买服务的方式为这些职能的转移支付相应的费用。根据调查结果显示,37.4%的社会组织运用了枢纽式管理,47.7%的社会组织则没有运用。在这些承担枢纽式管理角色的社会组织中,接近三分之一的社会组织是基层党组织成立的各类党建服务机构,其次是基层政府成立的社会服务中心。(见表3-3、表3-4)

表3-3 社会组织是否有枢纽式管理

单位:个,%

类别	样本数	百分比
是	65	37.4
否	83	47.7
不清楚	26	14.9
总计	174	100.0

表3-4 承担枢纽角色的情况

单位:个,%

类别	样本数	百分比
不适用	109	62.6
基层政府成立的社会服务中心	15	8.6
基层党组织成立的各类党建服务机构	19	10.9
各类社会组织联合会	1	0.6
社会组织孵化中心	16	9.2
其他	14	8.1
总计	174	100.0

四、政府对社会组织的支持力度

针对来自基层或职能部门的支持的调查,受访对象中有144个社会组织得到了来自基层或职能部门的帮助,占到了受访社会组织的82.8%以上(见表3-5),可见大部分社区社会组织都得到了来自基层或职能部门的支持。来自基层或职能部门的支持主要有资金的支持、活动或办公场地的支持、作为业务主管单位帮助登记、成立社会组织孵化机构帮助社会组织成长和人力资源培训。其中资金扶持不仅包括直接发放的补贴,还包括社会组织从赞助和购买服务中得到的资金支持。从表3-6可知:105个社会组织得到了活动或办公场地的支持,92个社会组织得到了政府帮助登记或备案,88个社会组织得到了资金扶持,这三个数据均超过了受访组织的50%。28.5%的社会组织得到了来自社会组织孵化机构的帮助,得到人力资源培训的社会组织也有33.3%。

表3-5 社会组织得到的政府职能部门支持的情况

单位:个,%

类别	样本数	百分比
是	144	82.8
否	30	17.2
总计	174	100.0

表3-6 政府职能部门对社会组织的支持情况(多选)

单位:人,%

类别	人数	占选择人次百分比	占样本百分比
资金扶持(包括给予补贴、赞助或购买服务)	88	22.9	61.1
活动或办公场地的支持	105	27.3	72.9
帮助登记或备案	92	24.0	63.9
成立社会组织培育孵化机构,帮助社会组织成长	41	10.7	28.5
提供人力资源培训支持	48	12.5	33.3
其他	10	2.6	6.9
选择人数总计	384	100.0	—

第二节 农村社区社会组织治理成效

在当前社会治理转型的大背景下,引导和创新社会组织参与基层治理越来越受重视。创新社会组织参与基层社会治理的路径,创新社会组织治理和基层社会治理的互嵌互融方式,有利于提升基层社会治理的能力。党的十八大以后,我国的社会治理已逐渐转变为全社会共同参与的治理,对社会组织参与基层社会治理提出了更新更高的要求。但是,在发展过程中,社区社会组织在不同历史时期体现着不同的发展特点和多样化的划分类型,在不同阶段发挥着不同的作用。在新时代背景下,其价值逐渐得到政府、社会、居民的认同,社区社会组织发展也逐渐兴起。社会组织参与基层社会治理取得了显著成效,主要体现在以下几个方面。

一、基础设施全面升级

依托国家大力推进城乡社区建设的契机,社区社会组织迎来发展良机。借此机会,社区也升级了与之配套的基础设施建设。社区社会组织的发展不仅依赖于专业的社工参与,更需要专业的活动场所与设施。所以,社区专门留出一部分场地资源与资金,作为打造社区社会组织活动的基地,改善社区的基础设施建设,其中包括:将一部分空间作为办公场所,用于存放器材与办公;升级室内活动中心和舞蹈队的排练厅;改造图书馆;专门新建一个集娱乐、教育、亲子等功能于一体的儿童之家;打造全新的棋牌活动室;配合社区诊所,打造老年人健康检查、康复室,并配备了专业医生与设施;利用专业社区社工组织,打造更加温馨的妇女之家;新增购一批文体活动器材。与此同时完善各功能室与活动场地的管理制度,做到合理利用,妥善管理。通过对社区社会组织活动场地的打造、升级,使得社区居民能享受到更专业、更温馨的社区服务,更好地感受到集体的温暖。

二、服务全面升级

随着我国社会经济的发展,人们的需求发生了很大的变化,从追求物质生活的满足渐渐地向追求精神上的满足转变。社区社会组织的发展,带来的不仅是物质层面的改变，即基础设施的完善，更多的是带来服务的升级。社区社会组织作为基层社区中重要的组成部分，是基层社区组织体系中的重要成员，也是基层社区公共服务供给的主体之一。伴随着社区社会组织向专业化的方向发展，其服务性、公益性、草根性、灵活性等特点日益显现。社区社会组织的类型根据其发展的不同阶段、不同的划分标准，呈现不同的结果。类型的多种多样，使其在促进社区民主自治、增加基层公共服务主体、推动基层政府转型、维护基层社区和谐稳定等方面发挥着重要作用。社区社会组织贴近群众，了解民众需求，具有很高的独立自主性、很强的专业自主能力，并拥有先进的管理技术，能在一定程度上满足社区居民多元化、多样化、多层次的服务需求。调查数据显示（见表3-7），54.6%的社会组织在提供服务时，主要是以社区居民的需要为出发点，即社会组织提供社会服务是以社区的居民需求为标准的；37.9%的社区社会组织提供的服务是以居委会或社区党支部的建议为主；2.3%的社区社会组织是参照其他组织的做法来提供社会服务；不到1%的社区社会组织是以政府购买服务的清单与指南为标准来提供社会服务的；4.6%的社区社会组织以其他的依据来提供服务。由此可见，社区社会组织在基层社会的公共服务的提供中，占据了很大的比重，并且其提供的社会服务是以居民的需求为主要出发点，这在一定程度上满足了社区居民精细化和多样化的服务需求。

表3-7　社会组织提供社会服务的依据

单位：个，%

类别	样本数	百分比
政府购买服务的清单与指南	1	0.6
居民需要	95	54.6
参照其他组织做法	4	2.3
居委会或社区党支部建议	66	37.9
其他	8	4.6
总计	174	100.0

三、人才全面升级

社区各项工作的开展离不开社会组织的帮助与支持。在对湖北省174

个社区的问卷调查中,我们可以清晰地看到,一半以上居委会/社区党支部在动员社区居民时,经常会借助社会组织来开展工作;41.4%的居委会/社区党支部偶尔会借助社区社会组织来开展工作;仅有6.3%的居委会/社区党支部在动员社区居民时,从未借助社区中的社会组织来开展工作(见表3-8)。由此可见,社会组织在社区治理中扮演着重要的角色。社区治理不仅需要社会组织的参与和支持,更需要专业的社区社会工作者和优秀的社区社会组织管理者。湖北省各地的农村社区在各项工作的开展中,不仅锻炼了社区工作人才,也向社区居民宣传了新的社区理念,吸引社区中"有爱心、有责任心、有能力"的居民参与其中,让社区社会工作者得到锻炼成长,社区工作人员特别是村委会与基层政府也能更好地理解社区社会组织的功能,更好地了解社区建设。在社区社会组织培育中,应吸引社区中"有爱心、有责任心、有能力"的社区能人,并通过社区社会组织活动的开展,专业社区社会工作者的指导帮助,使社区能人不仅接受到专业技术培训,也积累实际活动策划等经验。通过社区社会组织开展社区活动,在社区中宣传了"共建共治共享"的社区建设理念,形成了较大影响力,培育了社区居民参与意识,为社区社会组织发展打下较好的群众基础。通过社区社会组织培育,很多社区的管理者、组织成员、居民都得到了锻炼,为其培育与发展打下良好的人才基础。

表3-8 社区是否借助社会组织开展工作

单位:个,%

类别	样本数	百分比
经常	91	52.3
偶尔有这样的情况	72	41.4
从不这样做	11	6.3
总计	174	100.0

第三节 农村社区社会组织治理困境

近年来,中央政府、地方政府在基层治理方面作出了一系列努力:政治上,全面深化政治体制改革,通过强化居民自治权力而对基层治理秩序进行重新建构；经济上，通过激发居民的活力以及资源的优化配置，提高人们的收入；治理上，通过下发一系列政策文件，激发和引导基层进行创新改革实践，大大改善基层治理现状。为贯彻落实中央对基层治理的要求，各地纷纷开始探索创新基层治理的新路径。社会组织参与基层治理，是近年来地方实践创新的一个探索，社会组织在健全基层治理体系、建立多元治理机制、完善基础设施建设等方面发挥了一定的作用，但在运行过程中也遇到了一些治理困境，如行政化与自治的冲突、组织机制设置悬浮以及治理资源供给不足等都会对社区治理产生很大的影响。

一、行政化色彩浓厚

新中国成立以后，计划经济体制开始确立，国家统领整个经济社会的发展，农村基层建立起人民公社体制，政治与经济高度集中的管理体制使得国家成为整个社会的中心，一切发展需按照国家计划来。在此期间，农村地区成立了供销合作社，出现赤脚医生、电影放映队等。国家的主导，给予社会组织强大的发展推动力，使其发展较快，但主要以国家计划为主。社会组织完全受国家掌控，其成立与发展受国家计划安排，不过也得益于国家支持，使其能在全国范围内普及，初步建立了从国家到地区的基本公共服务体系。但由于完全受国家掌控，其发展的自主性与独立发展能力较弱，组织类型较为单一。这个时期的社会组织是党和政府领导的，属于党政引领型社会组织。在社区中，党和政府为完善乡村治理体系和搭建基本公共服务体系，设立了一系列的社区社会组织协助政府管理城乡事务，使之成为政府与居民之间沟通与联系的桥梁。政府主导了整个社会组织的发展，并重视对社区社会组织的监管，控制着整个社区社会组织资源的供给和分配。这类社区社会组织主要受政府领导，对政府依赖程度较高，主要是指传统的党组织及在社区建立的相应协会，如各类准政府组织。

从实践上看，我国社区社会组织培育的起步较晚，发展条件与国外社区相比差距较大。中央和地方政府不断出台相关政策支持其培育和发展，使得社区社会组织发展较快。由政府主导推动的社区社会组织培育，是一种完全由政府直接或间接对社区社会组织进行培育的形式，这类社区社会组织主要是一些协会组织等，与政府关系密切。这种社区社会组织的规模较大,发展较规范,但由于完全是政府扶持起来的,所以其对政府完全依赖,且实际上接受政府管理,也常被人们认为是"准政府"组织。这类社区社会组织的独立自主发展能力较弱,在发展过程中,离不开政府支持。社区社会组织在相关部门进行登记备案是其取得合法性身份的唯一途径。这类组织在与政府沟通时具有自身优势,较容易获得政府支持,在政府指导帮助下建立了完善的、规范的组织制度,并较容易取得合法性身份。政府会拿出专门资金来支持其发展,并为其提供硬件和软件方面的支持。如湖北省的公益创投项目,为促进初创社区社会组织的发展,政府帮助其解决资金以及技术等方面的问题,这种模式主要致力于整合调动政府、社会和个人的力量,呼吁其支持社区社会组织发展,最终实现公益性组织的科学发展。社区社会组织早期对政府依赖程度较高,而且政府在资助社区社会组织时会有自己的偏好,这就导致社区社会组织的培育受政府影响很大。在社区社会组织培育中,其实际上是受制于政府,加上自身发展缓慢,发展的自主性相对来说比较弱。

二、社会组织结构失衡

社区社会组织在满足居民日益增长的精神文化需求上具有巨大优势,引导社区社会组织参与基层公共服务供给,可以增加基层公共服务供给的总量和质量,提高服务效率与水平。数量繁多、种类多样的社区社会组织不仅能为社区居民提供丰富的公共产品,也能增强基层政府的基本公共服务的能力,推动基层公共服务水平的提升。社区社会组织活动涵盖了社区居民的方方面面,其实际意义远远超出了活动本身,不仅增强了社区的凝聚力,满足了居民日益增长的物质文化需求,而且促进了居民之间的交往与沟通①。当前,我国社会正处在转型过程中,社会结构发生巨大变化,社会矛盾也在不断发展变化,各种社会矛盾日益突出②。社区社会组织作为社区居民参与社区事务的一个平台,其贴近居民社区生活,居民参与度高、门槛低的特点,吸引了大批居民参与其中,渐渐成为居民表达利益诉求的重要渠

---

① 孙迪亮:《农村社区社会组织参与提供社区公共服务的理据与价值》,《天津行政学院学报》2015 年第 17 期。

② 王名:《社会组织论纲》,社会科学文献出版社 2013 年版,第 188 页。

道。社区社会组织可以接受政府委托,处理社区之间的矛盾纠纷,社区专业的维权组织也可以为社区居民提供专业服务,这样社区社会组织在社区就起到“缓冲剂”的作用。总之这类社区社会组织在收集民情、反馈民意、调解纠纷等方面比政府更具有优势,积极引导和重视社区社会组织的作用,对于社区的和谐稳定发展具有重要意义。

但是,在实际过程中,部分农村基层组织因上级部门的要求而设立村(居)委会,但因经济发展落后或缺乏服务意识等会导致机构悬浮,未能发挥其应有的服务与管理职能。依据居民生活需求而建立起来的社会自治组织,其本质也是依托政府或党组织的,它们或是行政机关批准设立的,或是挂靠于行政机关。根据以奖代补政策,发展好的社区会因此获得更多快速发展的资源,而未能开展工作的社区由此将陷入僵局,社会组织自治成效的差距会加大,同时社区社会组织的机构发展也越来越不科学。从社区社会组织的类型来看,登记的社区社会组织主要是教育培训类,备案的社区社会组织主要是文体活动类,整体上缺乏公益慈善类与志愿服务类社区社会组织。除此之外,社会组织治理内容也呈现不均衡的现状,基层治理服务体系建设的内容与人们对治理服务的需求相比,是远不够的。社区为了完成上级交办的工作或者是按上级要求来开展工作,所承担的职责或者开展的活动更多倾向于基础设施建设,更多的资金用于建立统一的基础设施,忽视了群众的精神需求和心理感受。社会组织建设因城乡差距悬殊、地区发展悬殊而处于不均衡的发展状态。

三、资金投入不足

社区社会组织的发展离不开强有力的资金支持。在实践中,有很多地方采用“以奖代补”的政策,这一政策需要社区社会组织先行垫付,“乡财镇管”使得基层社区向上级申请使用资金比较麻烦,手续繁多,而上级政府又顾虑先行拨付款项会促使下级消极应付。资金使用缺乏管理保障制度,一定程度上打击了双方的积极性,不利于工作的开展。且上级担心社区社会组织太过依赖政府拨款,而不去增强自身造血能力。随着党和国家对社区社会组织培育的支持,在《关于改革社会制度管理制度促进社会组织健康有序发展的意见》中明确提出要大力培育发展社区社会组织,对社区社会组织要降低准入门槛,建立社区社会组织综合培育平台,为社区社会组织提供全方位的支持。全国各地也相继投入资金支持社区社会组织建设,其中,湖北省主要是以开展公益创投的模式来支持社区社会组织发展。2014—2018 年期间,湖北省指导创意策划社区公益服务项目 2000 多个,安排专项资金 2400 万元,对近 1000 个项目进行了资助。但是,全省社会组织的发展仍存在很大的困难,尤其是在承接社区服务项目的过程中体现得更为明显。

如表 3-9 所示,在对 174 个样本所做的“关于社会组织承接社区服务项目主要面临哪些困难?”的问卷调查中,可以清楚地发现,影响社会组织开展服务存在的困难因素很多,比如,社区专业化水平不够、资金投入不足、缺乏活动场地等。在这些影响因素中,73.8%的人认为资金投入不足是影响社会组织发展的最大原因,在承接社区项目的过程中,由于缺乏资金的支持,很多项目不得不中断或停滞不前。此外,还有 50.6%的社区居民认为社区社会组织提供社会服务存在的困难主要是由场地不足引起的。同样,在对 174 个样本所做“当前社会组织参与社区管理面临的最大困难来自哪些?”的问卷调查中,46.0%的社区居民认为社会组织参与社区管理最大的困难是资金的匮乏(见表 3-10)。由此可见,社会组织在参与社区服务和社区管理上存在着严重的资金来源不足的问题。一个社会组织要想独立运转或者是有效地参与社区治理,必须有充足的资金来源,社区社会组织能在多大程度上提供更为精细的社区服务,很大程度取决于是否有充足的资金作为支撑。资金越充裕,则提供的服务就越广泛,也就越能满足个性化的服务需求。

表 3-9　社会组织参与社区服务的困难(多选)

单位:人,%

类别	人数	占选择人次百分比	占样本百分比
专业水平不够	77	20.0	47.0
无法获得服务对象的需求认知	20	5.2	12.2
资金不足	121	31.4	73.8
缺乏场地	83	21.6	50.6
居委会或基层政府配合不足	7	1.8	4.3
群众不太信任社会组织	17	4.4	10.4

续表

类别	人数	占选择人次百分比	占样本百分比
人手不足	47	12.2	28.7
其他	13	3.4	7.9
选择人次总计	385	100.0	—

表 3-10　社会组织参与社会管理的最大困难

单位：个，%

类别	样本数	百分比
不知道	1	0.6
政府部门支持不够	11	6.3
社会不认同	13	7.4
缺乏专业力量支持	57	32.8
缺乏资金	80	46.0
其他	12	6.9
总计	174	100.0

四、专业人才缺乏

社区社会组织作为基层政府的协助者，在基层治理中发挥着重要作用。由于社区社会组织具有草根性、灵活性、自治性、互益性的特点，使得其在调解社区纠纷、消除社会矛盾方面具有独特的作用。社区社会组织的发展离不开专业的社工人才队伍，而在当前阶段，专业的社工人才在市场上供不应求，社区内更显得紧缺。如前所述，表 3-9 中 20% 的社区居民认为社区社会组织提供社会服务存在的困难主要是社会组织自身缺乏专业化水平，无法提供专业化服务。表 3-10 中 32.8% 的社区居民认为社会组织参与社区管理缺乏专业力量的支持，其中最主要的是社区专业人才的缺乏。社区社会组织要想得到长久发展，除了一套完善的制度规范，还需要一支专业的社工队伍人才的支撑。此外，社区社会组织还需要懂管理、懂财务、有才艺的社会工作人员的参与，这样才能更好地为社区居民提供服务，满足社区居民多层次、多元化的服务需求。

现实情况是，几乎每一个农村社区都面临这样一个现象，即社区缺青壮年，留守的主要是老人和儿童。一方面是大多数青壮年都外出打工，只有过年过节才回家，对社区事务很少参与。例如，咸宁市通山县长滩村的社区建设是极好的，相对于其他的地方来说，社会组织的培育也是很好的，但是，这里的社区内除了工作人员，主要是老人和孩子，很难见到青壮年。另一方面是社区内不多的青年也几乎不在社区里活动，居民对社区事务的参与率较低。

第四节　农村社区社会组织治理路径

社区社会组织是参与社区治理不可或缺的主体。党的十九大报告指出，要加强社区治理体系建设，推动社会治理重心向基层下移，发挥社会组织作用，实现政府治理和社会调节、居民自治良性互动。国家民政部出台了《关于大力培育发展社区社会组织的意见》，将社区社会组织的培育与发展提高到了新高度。发展壮大社区社会组织，不仅有利于社会治理重心真正下沉到基层，让广大社区居民参与社区建设，破解基层治理难题，而且有助于推动共建共治共享社会治理格局的形成，提升国家治理现代化水平。当前，我省社区特别是农村社区社会组织的培育和发展还面临诸多问题，还需进一步提高发展质量，使其真正融入社区治理，发挥更大作用。

一、搭建多方参与培育平台

改革开放初期，我国经济社会发展刚步入正轨，社会事务简单、社会利益均衡、社会矛盾较少，一元化的治理主体尚能满足社会管理需要。随着社会、经济的不断发展和改革的不断深入，城乡二元体制逐步解体，经济政治体制改革逐渐深化，社会中出现的新问题与挑战增多，社会事务日益繁杂，社会利益更为多元，社会矛盾显现出复杂化和多样化的形态。此时，单靠政府一方的力量显得力不从心，难以应付繁杂的社会事务，更遑论达到良好的治理效果。城乡之间发展差距加大，基层地区的基本公共服务体系发展落后于人们的需要，一是大批乡村人口流入城市，乡村社会出现衰败现象；二是城市社区人口拥挤，脏乱差明显。为了改善这种情况，国家不断出台政策支持基层地区的社会组织的发展，基层地区的公益性社会服务组织发展势头迅猛。

社会治理强调治理主体多元化，治理方法多样化。目前，我国农村社区治理依然以政府为主体。组织理论家认为，社会组织的存在与发展离不开对其生存环境的资源依赖，两者的关系在发展中呈现复杂状态。通过搭建多主体参与的培育平台，不仅为利益主体提供了参与途径，也有利于为社区社会组织发展开辟多种资源渠道。随着经济社会发展、社会居民财富的增加，民间公益慈善力量也在不断发展。通过多元主体参与的培育平台，能有效调动社会慈善组织、个人等的资源，吸引多方主体参与到社区社会组织的共建中来，为其发展提供强大的资源支撑。号召多方主体参与，也能吸引多方主体的关注。作为一个容纳多方主体参与的培育平台，其意义远远超出培育社区社会组织本身，该平台也是一个民主协商、资源分配、多元化监督的平台。社区社会组织参与社区活动，离不开社区、社工、社会的参与，其存在的价值在于为社区居民提供公共服务，推动社区发展，促进社区的和谐稳定。社区社会组织的培育也关乎社区、社工、社会的利益，在其发展中，保持其独立性才会赢得社会认同。通过搭建涵盖多方利益相关者共同参与社区社会组织培育的平台，既可以避免任何一方的独大，保持其发展的独立自主性，也可以通过公共服务提供者与接收者之间的沟通交流，实现更好地服务社区居民，这有利于促进政府、社工、居民等多方主体共同参与，促进政府转变观念。将政府没有能力管好或者不擅长的领域交给社区社会组织，不仅能将基层政府从繁杂的琐事中解脱出来，推动政府由“大”政府向“小”政府转变，而且有利于实现从政府统管一切到“政府搭台，居民唱戏”的良性政社互动，促进政府、社会、市场三者各归其位，各司其职。这类社区社会组织利用自身优势，不断整合多方资源，联合多方参与，有助于打造基层共建共治共享的治理格局。

二、完善政策制度资源

首先，降低准入门槛，完善相关法律法规。针对社区社会组织的实际发展情况，党和国家应实事求是地制定符合当前社区社会组织发展的政策，降低社区社会组织注册申请条件。降低准入门槛不应过分降低其标准，而应配套政府购买服务，科学规划社区社会组织发展，使其具有合法性地位。应理清社区社会组织与基层政府之间的关系,并以相关制度予以保障,维护好其发展的相对独立性。

其次,完善专门法律法规和配套政策措施,促进社区社会组织科学合理发展。美国和日本等发达国家都制定了具体的社会组织管理办法,如美国的联邦法律与州法律对社会组织的管理进行了十分详细的规定,并对社会组织实行免税政策。日本专门出台《特定非营利获得促进法》,该法明确规定了17个领域的非营利性活动,还规定了非营利组织法人需要符合的条件:一是不以营利为目的;二是拿薪酬的职员数要低于职员总数的三分之一;三是不以宗教、政治活动为目的;四是不从事选举活动①。我国也应完善相关法律法规,制定具体可操作的政策措施,保证社区社会组织功能作用的最大限度发挥。

再次,完善监督机制。针对当前社区社会组织的监督形式单一的特点,政府应完善对其监督的机制,搭建政府监督、社会监督、居民监督等多元化监督平台。

最后,完善社区社会组织信息公开制度,建设社区社会组织运行透明机制。加强内部监督,构建完善的社区社会组织内部监督体系,把控好社区社会组织监督第一道关口。通过完善社区社会组织内外部监督制度,保证社区社会组织做到"全民参与、全民监督",维护社区社会组织的公信力和权威。

此外,完善基层政府购买服务与考核机制。完善政府购买服务机制体制,搭建社区社会组织"公开、公平"参与竞争购买服务平台,完善相关预算体制。加强对基层政府官员的考核力度,将社区社会组织发展纳入考核指标,加大政府扶持力度等。《民政部关于大力培育发展社区社会组织的意见》中指出,到2020年,社区社会组织培育发展取得初步成效,农村社区社会组织数量平均不少于5个。国家投入大量资源支持其发展,这也会极大促使农村社区社会组织进一步向规范化、专业化、多元化的方向发展。

三、转变基层政府观念

政府以资源输入的手段来发展社区社会组织,其本质仍然是政府主导

① 余宏:《关于社区社会组织的国内外研究现状及实践经验》,《湖北经济学院学报(人文社会科学版)》2015年第12期。

其发展。作为政府购买服务的对象,政府就在一定程度上对社区社会组织产生了控制,由此导致政府实际在社区社会组织培育中扮演着关键角色。政府应当积极转变观念,给予社区社会组织自主发展空间,而不应干预社区社会组织的独立自主发展,只应做公共服务的规划者、引导者与监管者。社区社会组织提供社区服务是承接政府一部分职能转移,政府仍然是公共服务供给的核心主体。政府将一些专业性强或者自身不擅长的事务交由社会组织处理,既可以利用社会组织的专业优势,又能保证公共服务的有效供给,促进政社互动的良性循环。政府应转变观念,改变以往统管一切的行政工作作风,保持社区社会组织发展的独立性。

一方面要构筑社区党建大格局。在推动社区社会组织发展过程中坚持和加强党的全面领导,保证社区社会组织沿着正确方向发展。要以基层党建引领社区治理,将社区社会组织作为重要主体吸纳进来,构筑社区党建大格局,促进多方治理主体的有机联系和良性互动,从而厘清社区社会组织的角色、功能和作用。另一方面要规范社区社会组织运行管理。地方政府要紧紧抓住管理、决策、监督等关键环节,规范其工作流程,健全各项规章制度,完善管理监督办法。在保证社区社会组织独立自主发展的同时,要加大监管和考核,对优秀的社区社会组织给予专项奖励;对不合格的社区社会组织加强指导,促进其功能和作用的发挥。

四、夯实专业人力资源

人才是最重要的资源,政府应注重相关人才的培养。第一,多途径加强人才引进、人员培训与平台建设。通过政校合作,加强专门人才引进与人员培训;通过外部引进与本地化发展战略,引进发展专门的社区社会组织工作人员;搭建专业培育平台,由专业社工引领,培育本土化专业社工人才,同时发掘、培育一批"组织领袖",引领社区社会组织发展完善。第二,加强对基层政府官员的理论培训,转变基层政府观念。基层政府的管理者对社区社会组织的角色的理解,关乎其发展命运。通过对基层官员的相关基础理论知识培训,提升他们对社区社会组织在基层治理中扮演的角色功能认同,这样能更好地促进政社互动,促进基层治理主体的多元化。第三,加大宣传,提高社区居民对社区社会组织建设的认识。社区建设离不开居民的参与,其作为社区居民参与社区事务的新渠道,许多社区居民对此并不了解,他们认同的仍然是传统的政府。加大对社区社会组织的宣传,使社区居民对社区建设有全新的认识,有利于调动其参与社区社会组织的积极性,培养社区居民的志愿精神,营造良好的社区建设氛围,为社区社会组织建设打下良好的群众基础,使共建共治共享的社区建设理念深入人心。

五、加强社会组织自身建设

规范的组织制度是社区社会组织长远发展的关键,也是其自身能力的重要体现。当前社区社会组织内部还没有健全符合现代法人治理结构要求的管理机制、自律机制和监管机制,在实际履行的程序和细节上常常出现不规范和不专业行为,使其社会影响力和公信力受损①。社区社会组织作为容纳专业资金与人力资源的平台,科学合理的制度有利于科学合理地整合内外部资源,调动组织发展的内在潜力,提高其服务能力与自我发展能力,最大程度发挥自身的作用。社区社会组织的发展关键在于建立现代组织管理制度,保障其发展的科学性,提高其自我发展能力。当前社区社会组织发展存在组织种类单一、人员结构不合理、资金不足的问题,很大程度上源于社区社会组织自我发展能力弱,制度不规范,缺乏专业人才。在对社区社会组织培育的过程中,要注重其自我组织能力的建设,加强对社区社会组织管理人才、专业社工人才、专业财务人才等的引进,加强对其成员能力的培训,培养组织后备力量,拓展社区社会组织的多元化资金来源渠道,引导其建立规范的制度体系,做到内部管理机制、监督机制的规范透明,做到行动程序的规范化,在社会上树立良好的公信力,打造社区社会组织的特色品牌,鼓励其参与市场竞争,增强其自主发展能力,实现科学长远的发展。

政府资源仍然是社区社会组织发展的关键资源。社区社会组织处于刚刚起步阶段,政府对其资金投入仍然显得相对不足。政府应加大对社区社会组织发展的财政倾斜,加大对其扶持力度,设立激励制度,鼓励社会资本进入社区建设。加大"公益创投"在社区中的比例,加快政府购买社区服务的进程,保证其能获得强有力的财力支持。社区社会组织也应当借此机会,

---

① 张康之:《合作治理是社会治理变革的归宿》,《社会科学研究》2012年第3期。

积极争取政府资源。此外还要拓宽社区社会组织资金来源渠道,除政府拨款外,应加大引进社会慈善基金、爱心人士和公益团体的力度。要盘活社区集体资源,利用好社区场地大、租金低等特点,完善社区基础设施,为社区社会组织提供场地、办公用房等,促进社区社会组织的发展完善。建设社区社会组织资金来源的制度性保障,不仅要加大资金投入,也要加大资金投入制度性保障,保证社区社会组织能拿到资金,完善资金的获得、使用、监督的保障机制,使资金真正用于民。鼓励社区社会组织参与市场竞争,主动开展公益服务活动,增强社区社会组织的“自我造血”功能。

第四章　农村社区居民公共参与特征与实效

党的十九大报告提出,要加强社区治理体系建设,推动社会治理重心向基层下移,发挥社会组织作用,实现政府治理和社会调节、居民自治良性互动。加快社区治理步伐,提高社区居民参与水平已成为推动社会治理能力现代化和提升社会自治水平的基础和关键。中央明确提出要加强和完善城乡社区治理,扩大居民有序参与,实现党领导下的政府治理和社会调节、居民自治良性互动,全面提升城乡社区治理法治化、科学化、精细化水平和组织化程度,促进城乡社区治理体系和治理能力现代化。由此可见,为了更好地促进我国城乡社区治理实践的发展,社区治理主体应从理念上实现由管理到服务的转变,以社区居民为服务对象,以满足居民诉求为目标,全方位完善社区管理制度和居民自治体系。居民参与社区治理,有利于促使社区更好地应对新形势下社会治理创新所带来的一系列挑战,不断推动基层民主政治有效发展。

本章通过对湖北省 190 个农村社区居民样本进行分析,总结湖北省社区居民参与社区治理的主要特征,并对农村居民参与社区换届选举、事务监督、社区协商、社区活动、社会组织的情况以及对社区的认同感和归属感等方面进行系统的分析,在此基础上归纳湖北省农村居民参与社区治理存在的主要问题以及对如何推进农村社区居民参与社区治理提供对策建议。

第一节　农村社区居民公共参与的特征

社区治理、社会治理和国家治理三者之间存在着紧密的内在联系。城乡社区是社会治理的基本单元,也是国家治理体系中的基础环节。加强城乡社区治理是创新社会治理体制机制的重要内容,是推进国家治理体系现代化的基本着力点。党的十八大以来,社会治理真正得以确立和发展,社会治理的体制机制创新被放在突出重要的地位。各地认真贯彻落实中央的政策文件,在创新社会治理体制机制方面取得了一系列成效和经验。我国在探索中逐步确定了"党委领导、政府主导、社会协同、公众参与、法治保障"的社会治理体制。党的十九大报告将"加强和创新社会治理"作为新时代中国特色社会主义的主要内容,并从社会治理制度建设、预防和化解社会矛盾机制建设、社会心理服务体系建设和社区治理体系建设四个维度对"打造共建共治共享的社会治理格局"做出了新的部署。就社区建设体系维度而言,报告明确强调"加强社区治理体系建设,推动社会治理重心向基层下移,发挥社会组织作用,实现政府治理和社会调节、居民自治良性互动"。因此,当前我国城乡社区治理是基层党组织、政府、群众自治组织和社会力量共建共治共享的过程。

一、居民基本特征

2017 年湖北省农村社区居民参与社区治理的调查样本中(见表 4-1),从性别上来看,男性 137 人,占比 72.1%;女性 53 人,占比 27.9%,男性是女性的 2.58 倍,总体来看,男性居民参与率要比女性高出很多。

从年龄结构看,受访对象年龄最小为 20 岁,最大为 71 岁,按 18 岁以下、18—28 岁、29—40 岁、41—65 岁、65 岁以上的标准将年龄结构分为 5 个层次,统计得出 41—65 岁这一年龄段参与人数最多,为 146 人,占样本总数的 76.8%;其次是 29—40 岁年龄段,为 18 人,占样本总数的 9.5%;而 18—28 岁年龄段的参与率最低,只有 9 人,占样本总数的 4.7%,总体来看中年群体参与率较高。

从民族分布情况来看,大部分为汉族(98.4%);有 3 位为土家族的受访者,占样本总数的 1.6%。

从文化程度来看,按初中及以下、高中/中专、大专、本科及以上的标准将样本的文化程度分为 4 个层次,各层次样本数与文化程度层次从低到高呈负相关。文化程度为初中及以下的受访者最多,共计 141 人,占样本总数的 74.2%;而本科及以上只有 1 人,占样本总数的 0.5%。这说明湖北省农村社区居民的受教育程度尚处于较低水平。

从婚姻状况看,根据未婚、已婚、离异、丧偶、其他标准将样本分为 5 个类型,其中离异样本为 0,整体来看受访者中已婚人数最多,约占样本总数的 92.1%,远远高出其他几类。

从居住时间看,按照在本社区居住时间长短将社区居民参与样本分为 1 年及以下、2—5 年、6—9 年、10 年及以上四类,其中居住 10 年及以上的样本数量共 184 个,占样本总数的 96.8%,居于第一位。

表 4-1 2017 年农村社区居民参与社区治理的调查样本基本特征分析

单位:人,%

类别	变量	样本数	百分比
性别	男性	137	72.1
	女性	53	27.9
	总计	190	100
年龄	18 岁以下	0	0
	18—28 岁	9	4.7
	29—40 岁	18	9.5
	41—65 岁	146	76.8
	65 岁以上	17	9.0
	总计	190	100
民族	汉族	187	98.4
	土家族	3	1.6
	总计	190	100
文化程度	初中及以下	141	74.2
	高中/中专	41	21.6
	大专	7	3.7
	本科及以上	1	0.5
	总计	190	100

续表

类别	变量	样本数	百分比
婚姻状况	未婚	11	5.8
	已婚	175	92.1
	离异	0	0
	丧偶	3	1.6
	其他	1	0.5
	总计	190	100
居住时间	1年及以下	1	0.5
	2—5年	3	1.6
	6—9年	2	1.1
	10年及以上	184	96.8
	总计	190	100

二、居民地域分布

2017年湖北省农村社区居民参与社区治理的调查样本中，地域分布涉及武汉市、襄阳市、荆门市、荆州市和黄冈市，分别占到样本总数的33.1%、6.3%、35.3%、13.7%、11.6%，通过分析可知，荆门市和武汉市占比较高（见表4-2）。在抽样调查中，武汉、荆门等人口较多、地理位置相对优越的城市被调查概率较大，而像恩施这样的边远山区被调查的概率极低，甚至没有。这也从另一个方面说明下一步的调研应该将范围进一步扩大，才能更好地了解不同地区农村居民对社区参与和社区治理的需求，更好地服务居民，发展农村社区。

表4-2　2017年参与农村社区治理的居民地域分布

单位：人，%

类别	变量	样本数	百分比
城市	武汉市	63	33.1
	襄阳市	12	6.3
	荆门市	67	35.3
	荆州市	26	13.7
	黄冈市	22	11.6
	总计	190	100

三、居民社会特征

2017年湖北省农村社区居民参与社区治理的调查样本(见表4-3),将其政治面貌分为中共党员、共青团员、民主党派成员、普通群众、其他五个类型,各类占比分别是:普通群众占73.2%,中共党员占23.7%,共青团员占2.6%,民主党派成员占0.5%。总体来看,居民政治面貌样本以普通群众为主,其次是中共党员。

从收入阶层来看,将收入阶层划分为10个阶层,1代表最低,10代表最高,而从统计结果来看收入水平分布较不合理,表现为中等偏下(1—5阶层)居民占比较高,占79.4%。

从宗教信仰来看,无宗教信仰的居民居多,为171人,占样本总数的90%;其次是信奉佛教的居民为17人,占样本总数的9.0%;信奉道教和基督教的居民分别只有1人;信奉其他宗教的居民则为0人。

表4-3 2017年参与农村社区治理的居民的社会特征

单位:人,%

类别	变量	样本数	百分比
政治面貌	中共党员	45	23.7
	共青团员	5	2.6
	民主党派成员	1	0.5
	普通群众	139	73.2
	其他	0	0
	总计	190	100
收入阶层	1	29	15.3
	2	8	4.2
	3	20	10.5
	4	24	12.6
	5	70	36.8
	6	21	11.1
	7	10	5.3
	8	7	3.7
	10	1	0.5
	总计	190	100

续表

类别	变量	样本数	百分比
信仰宗教	佛教	17	9.0
	道教	1	0.5
	伊斯兰教	0	0
	基督教	1	0.5
	天主教	0	0
	无宗教信仰	171	90
	总计	190	100

众所周知，当前随着农村生产力的发展和生产关系的不断进步，我国农村社区居民有了更多的时间和机会发展除了农业之外的第二职业，湖北省也是一样。从湖北省的190个样本可知，有71位农村居民从事非农职业，根据不同职业类型可以将样本分为6类（见图4-1）。其中，不便分类的其他从业人员共42人，占样本总数的59.1%，居于第一位；个体工商户共9人，占样本总数的12.7%，居于第二位；乡镇干部或村“两委”成员共8人，占样本总数的11.3%，居于第三位；生产、运输设备操作人员及有关人员共7人，占样本总数的9.9%，居于第四位；服务人员共4人，占样本总数的5.6%，居于第五位；专业技术人员1人，占样本总数的1.4%，居于第六位。统计可见，2017年农村社区居民参与社区治理调查样本中，非农职业除不便分类的其他从业人员最多之外，其他5类职业人数基本均匀分布。

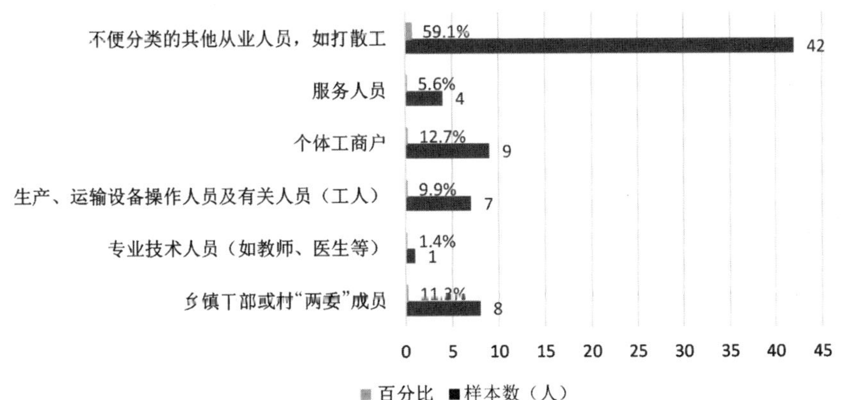

图4-1　2017年参与农村社区治理的居民从事非农职业情况

在2017年农村社区居民参与社区治理调查样本中,根据家庭收入来源不同分为6个类型(见图4-2)。显而易见的是,以农业为收入来源的居民占大多数(128人,67.4%),打工收入位于其次(79人,41.6%),排在第三位的是个体经营收入(14人,7.4%),而子女供养(5人,2.6%)和资产性收入(4人,2.1%)则较少。这说明湖北省农村社区居民依然对农业的依赖性较强,也说明国家虽然有很多促进农村居民发展的政策,但农村居民除了外出打工这一非农性收入来源之外,其他收入来源甚少。

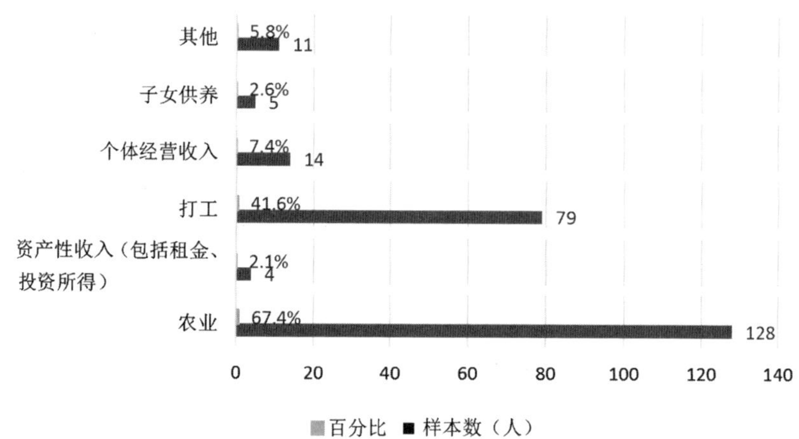

图4-2 2017年参与农村社区治理的居民家庭收入来源(多选)

第二节 农村社区居民公共参与的现状

在农村社区居民参与社区治理现状调查中,我们首先分析了农村居民在本村担任职务这类样本情况(图4-3)。据统计可见,实际上大部分农村居民还是普通居民(141人,74.2%),而随着国家大学生村官政策的不断落实,样本中有33人为大学生村官,占样本总数的17.4%,其次是村民小组长(11人,5.8%),而村办经济负责人最少,只有4人。这说明湖北省农村社区的村办经济发展尚有一定程度的欠缺,其原因可能是大部分农村社区没有村办经济等集体经济组织。

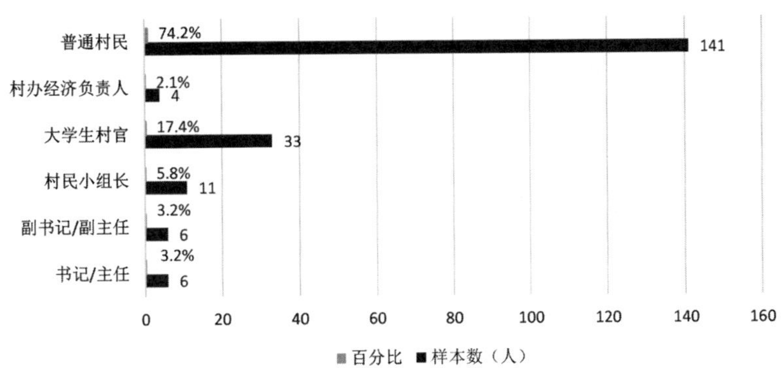

图 4-3 2017 年参与农村社区治理的居民在本村担任的职务(多选)

一、换届选举情况

从 2017 年农村社区换届选举情况来看(见图 4-4),有 84.2%的居民参加了换届选举,这是一个比较高的比例。而从居民在换届选举中担任的角色来讲,仍然以普通选民为主(134 人,70.5%),其次是选委会成员(14 人,7.4%),再次是候选人(10 人,5.3%),但是没有参加换届选举的农村居民却高达 30 人,占到样本总数的 15.8%,属于一个比较高的状态。而从不愿参加换届选举的原因来看(见图 4-5),有 14 人表示没有时间参加,占没有参加换届选举的农村居民样本总数的46.7%,排在第一位;有 16.7%的人因为不方便参加,排在第二位;而选择“不知道,没有人通知”和“没有兴趣”的农村居民比例之和达到 20%。因此,应当加大前期宣传力度,大力宣传换届选举工作的意义、原则、要求和程序,营造换届选举的氛围,从而提高居民参与意识。

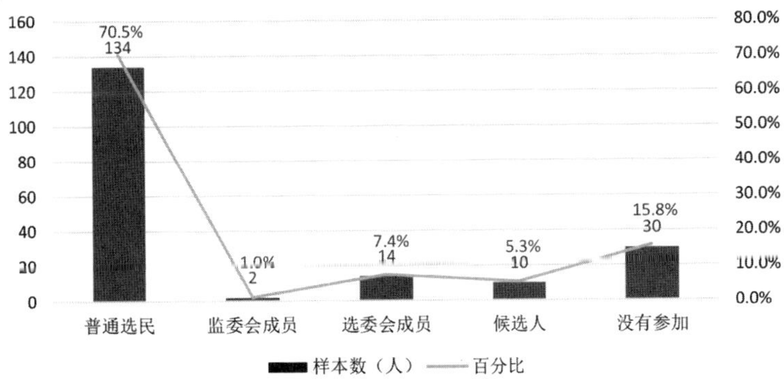

图 4-4 2017 年参与农村社区治理的居民在换届选举中担任的角色

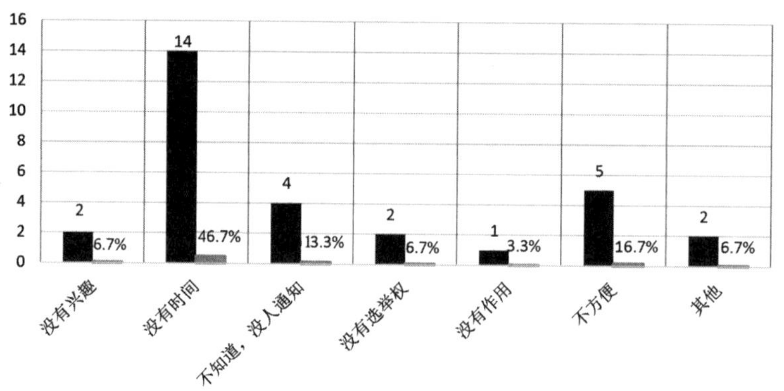

图 4-5　2017 年参与农村社区治理的居民不愿参加换届选举的原因

从农村换届选举中的宗族问题来看，有 24.8% 的农村居民表示宗族势力在换届选举中有一定影响（见图 4-6）。由于宗族具有排他性，所以有些选民在换届选举中倾向于选举同宗同族的能人/宗族领袖。在农村社区换届选举的实践中，宗族因素是不可避免的影响因素。因此，实现农村社区的善治，需要有效利用宗族文化，促进换届选举的依法有序进行，实现换届选举民主化和效能最大化。

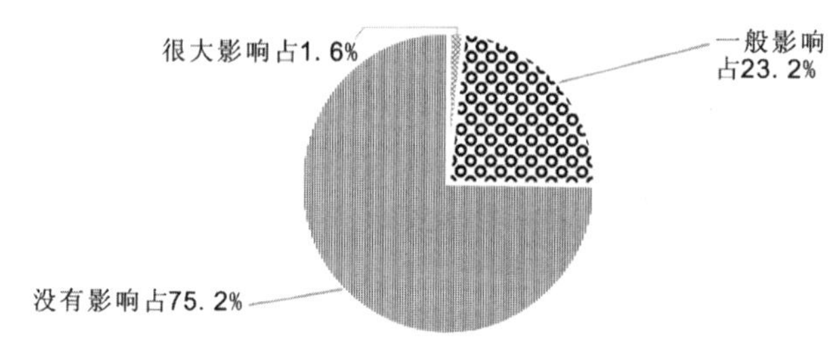

图 4-6　2017 年参与农村社区治理的居民所在的农村社区宗族势力对换届选举的影响

在 2017 年农村社区居民换届选举调查中发现也有居民没有选同族人，究其原因其中回答“其他家族的候选人更优秀”（50 人，38.5%）和“没有同族候选人”（54 人，41.5%）所占比例较高。这说明，当前一个阶段宗族势力虽然对农村地区的换届选举有一定影响，但是在实际的选举活动中，农村居民还是比较理性的。尚有 1.5% 的居民是因为“不能带来利益”而不选择同族候选人的。这说明即使国家和地方在换届选举问题上出台了很多公平公正、公开透明的政策，但在实践中仍然不能避免这种问题的发生。因此，进一步提高农村居民的文化素质和法治意识是很有必要的。(见图 4-7)

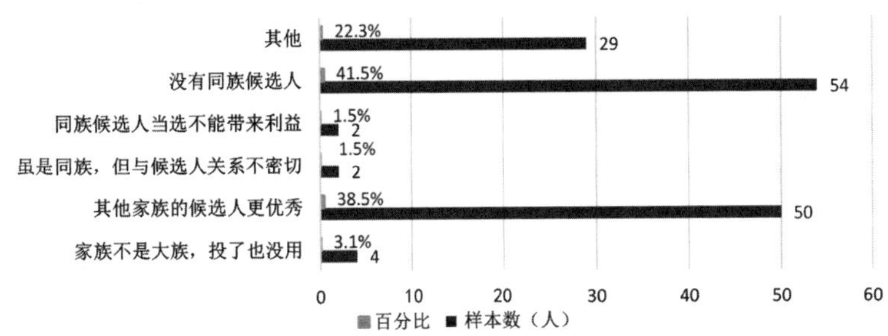

图 4-7　2017 年参与农村社区治理的居民在换届选举中没选同族人的原因(多选)

二、事务监督情况

总体来看，调查样本参加农村社区事务监督的比例较低，只有 22.1%。就参与社区事务监督的类型而言(见图 4-8)，调查样本对村务公开情况较为感兴趣，故参与率较高(占样本总数的 83.3%)，排在第二位的是“村干部廉洁自律情况”，占样本总数的 78.6%，关注村里的财务支出的占 64.3%，这说明农村居民对农村事务公平公正的要求还是比较高的。但是，居民参加社区事务监督的事项较为局限，大多囿于社区工作人员的日常工作以及惠农政策的落实情况，对社区集体经济的发展关注不足，缺乏社区集体经济发展的监督意识，参加社区事务监督的范围有待拓展。

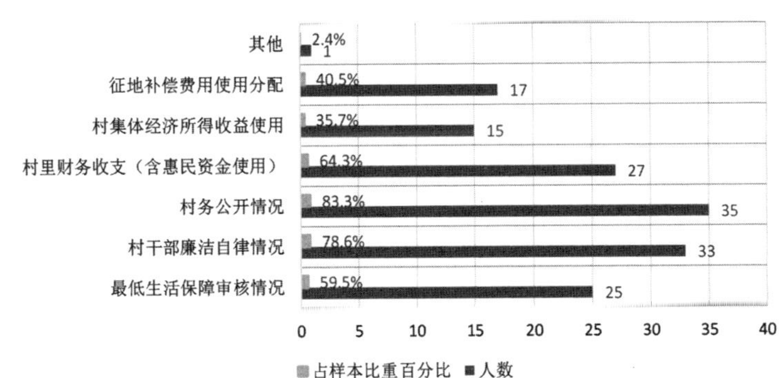

图 4-8　2017 年参与农村社区治理的居民参加公共事务的监督类型(多选)

从 2017 年湖北省调查样本中未参加农村事务监督的 77.9%的居民来看，

究其原因,有高达 41.2% 的居民没有时间参加,20.9% 的居民不知道怎样参加,9.5% 的居民认为即使参加了事务监督也起不到什么作用,而 8.1% 的居民对事务监督没有兴趣(见图 4-9)。通过分析居民不参加社区事务监督的原因可知,缺乏参与时间和不知参与渠道是不参加社区事务监督的主要原因。为提高居民参与社区事务监督的积极性,可以从以下两方面着手:一是加大社区事务监督内容、方式和意义的宣传力度,畅通居民参与事务监督的渠道,引导居民增加对社区事务监督的时间投入;二是通过典型的社区事务监督案例或是社区事务监督实践,提升居民参与社区监督的知识和能力。

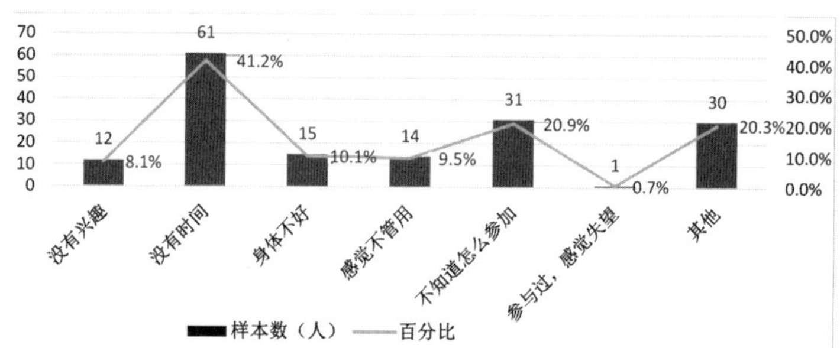

图 4-9 2017 年参与农村社区治理的居民没有参加公共事务监督的原因(多选)

从 2017 年湖北省调查样本参与社区事务监督的渠道来看,有 90.5% 的居民选择较为传统的直接向村委会反映的渠道,有 21.4% 的居民选择向村第一书记反映,向大学生村官反映的比例却为 0(见图 4-10)。这表明相较于大学生村官,第一书记对农村社区事务参与度较深,与农村居民利益关联度较高,农村居民对第一书记的信任度和期望值较高,因此,农村居民更倾向于向第一书记表达需求、反映意见和寻求帮助。

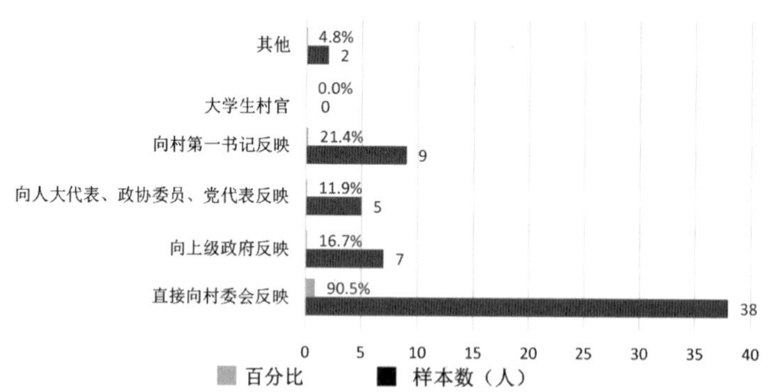

图 4-10 2017 年参与农村社区治理的居民进行公共事务监督的反映渠道(多选)

三、社区协商情况

从调查样本参加社区协商活动来看，只有42.1%的居民曾经参加，而57.9%的居民没有参加，这说明农村社区协商活动的参与率比较低，政府和基层单位应在宣传教育方面加强力度，普及社区协商这一有利于基层治理的好举措，补齐居民参与社区治理的短板，让社区协商像换届选举一样为居民所熟知，并有效利用。就居民参加的社区协商类型来说（见图4-11），主要集中在公共设施建设问题（86.4%）、村庄规划与发展问题（72.7%）、村庄公共环境卫生治理问题（72.7%）、村里的治安问题（63.6%）和村委会选举问题（63.6%）这五个方面。村委会换届选举作为社区自治类传统项目，在社区协商中有较高的参与度，这说明居民政治性参与的意识和积极性较高。此外，居民对公共环境卫生、治安和公共设施建设等社区建设类议题的协商热情较高，这表明居民十分重视社区建设，对自身生活水平的要求较高。值得注意的是，邻里纠纷议题也是居民协商率（54.5%）较高的项目，这表明随着社区异质化的程度不断加深，邻里冲突及纠纷问题呈上升态势。因此，在当下及时、有效调解邻里纠纷，对于建设和谐社区至关重要。

村规民约制定问题、特殊人群服务问题、社区救济问题和公益资金的使用分配是农村居民参与社区协商的弱势项目。这表明，居民较为重视社区建设类项目的协商，对制度类、服务类和监督类议题关注不足。在这些弱势项目中，“公益资金的使用分配”占比为36.4%。这表明，一方面社区公益资金尚在建设之中，协商价值有待提升；另一方面居民不够重视公益资金使用和分配，参与公益资金使用和分配协商的意识和能力较低。

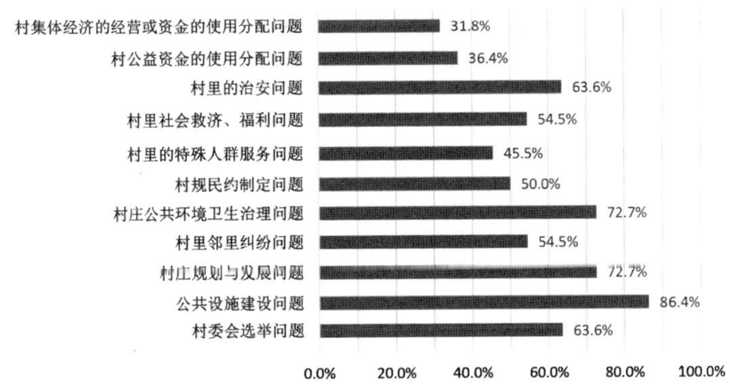

图4-11　2017年参与农村社区治理的居民参加社区协商类型（多选）

从协商结果公示方式来看,传统的公开栏公示仍占很大比例,达90.9%,村民代表会议公布占63.6%,村民会议和口头通知各占59.1%,而电视、网络公开为0,手机短信和公开信、传单、小报各占4.5%(见图4-12)。这说明湖北省农村社区的协商结果公示方式还停留在较为传统的层次,信息化水平较低。这种传统的公示方式不利于居民及时获取协商信息,大大降低了协商结果公示的时效性。

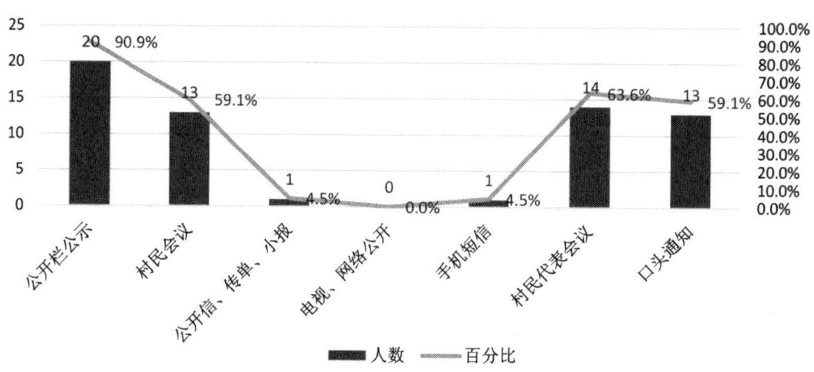

图4-12　2017年参与农村社区治理的居民所在的农村社区协商结果公示方式(多选)

协商结果的落实是评判社区协商效能的重要因素。从调查情况看,湖北省农村社区居民参与协商意见的落实情况良好,36%的协商意见被全部落实,59%的协商意见被大部分落实,仅有5%的协商意见落实效果不佳(见图4-13)。这表明,湖北省农村社区协商的效能较高,社区协商意见能较好落实,协商结果在社区治理实践中能得到较好运用,社区协商机制较为完善。

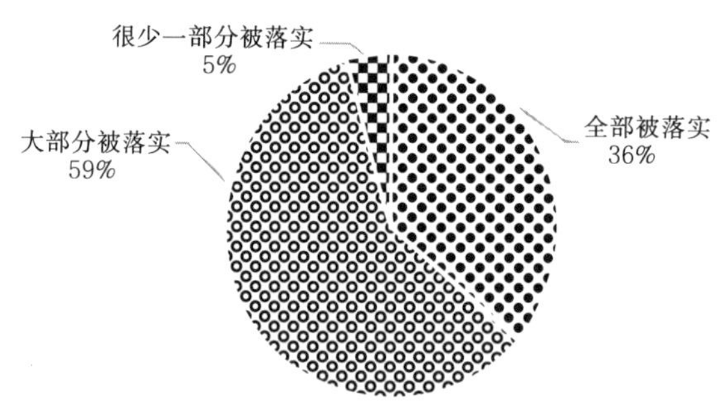

图4-13　2017年参与农村社区治理的居民所在的农村社区协商意见落实情况

四、社区活动情况

2017年湖北省农村居民参与社区活动的情况，分为网络互动、文体活动和公益活动三个项目进行测量。就调查样本的参与率而言，农村居民社区活动参与率总体偏低（见表4-4）。其中：公益活动参与率最高，为32.3%，明显高于网络互动（17.9%）和文体活动（16.3%）。就参与频次而言，三项活动从未参加过的居民为0人，由于近年来农村手机网络的覆盖率增加，故经常参加网络互动的居民人数较多，占到样本总数的70.6%，这表明居民参加网络互动的积极性相对较高。但总体上来说，由这三种活动组成的社区活动总体参与现状还不是很理想，居民仍然倾向于参加比较传统的活动。

表4-4　2017年参与农村社区治理的居民参加社区活动情况分析

单位：%

类别	变量	网络互动	文体活动	公益活动
		百分比	百分比	百分比
是否参加	是	17.9	16.3	32.3
	否	82.1	83.7	67.7
	总计	100	100	100
参与频次	经常参加	70.6	41.9	31.1
	偶尔参加	29.4	58.1	68.9
	从未参加	0	0	0
	总计	100	100	100

从2017年湖北省农村居民参与社区活动角色分配情况来看（见表4-5），调查样本参与社区活动角色分配较为合理，各项活动组织人员占据一定比例，且具有一定的领导能力。其中文体活动的组织人员占比略高，具有更强的领导力。受自身文化水平（尤其是互联网技术）的限制和囿于既有组织活动经验，农村社区组织人员缺乏依托互联网技术组织互动的能力和意识，其领导力在技术要求较强的网络互动中作用有限。

表 4-5　2017 年参与农村社区治理的居民参与社区活动的角色分配情况分析

单位:%

类别	角色	百分比
网络互动	群主	2.9
	管理员	14.7
	普通成员	79.5
	关注者	2.9
	总计	100
文体活动	组织者	25.8
	参与者	58.1
	观众	16.1
	总计	100
公益活动	发起者	1.6
	组织者	8.2
	参与者	90.2
	总计	100

五、社会组织情况

按照类型划分,社会组织大致可分为经济类、科技类、公益慈善类、社区服务类、文体教育类和维权类七大类。据统计显示,居民参与社会组织种类较为单一(见图 4-14),主要集中在社区服务类(50%)、经济类(20%)、科技类(20%)和公益慈善类(10%),其他几类的参与率为 0。这表明,湖北省农村居民参与社会组织尚处于低水平状态,参与结构亟待优化。社会组织是社会治理服务的基本主体,在社会治理服务中发挥着重要作用,应提高居民对社会组织的知晓率和参与率,以便社会组织更好地为居民服务。

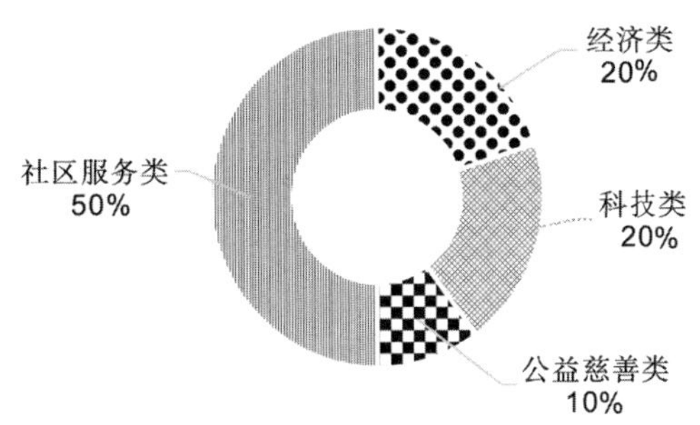

图 4-14　2017 年参与农村社区治理的居民参加社会组织的类型分布

六、社区认同情况

从居住感受、归属感、人人平等和居住意愿四个维度调查居民对社区认同的情况（见图 4-15），农村居民对所在社区的认同度较高。其中，居住感觉舒服占 93.7%，有家的感觉占 98.9%，愿意居住下去占 96.3%，认为在这里人人平等占 88.9%。这说明居民的归属感较强，但也有少数人感受到居住在社区的平等感不足。所以，现阶段社区还应加大社区营造力度，大力开展社区文化建设，提升社区居民的归属感和社区认同度。

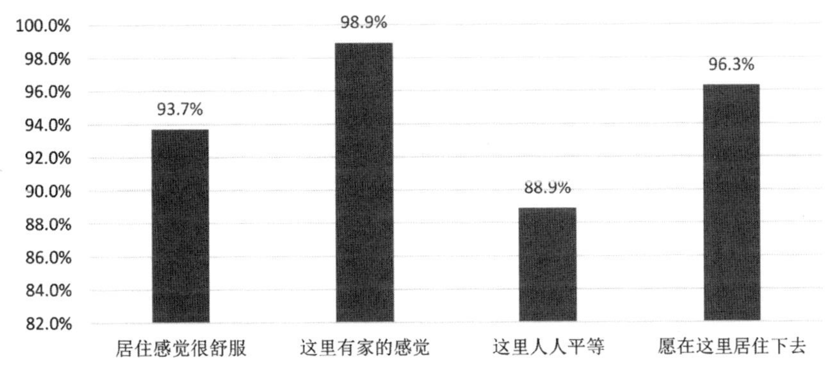

图 4-15　2017 年参与农村社区治理的居民社区认同度（多选）

基础设施是反映居民对生活满意度和归属感情况的一项较为重要的测量指标。调查样本显示，农村居民对基础设施的满意度（十分满意与比较满意之和）基本在 60% 以上（见表 4-6），基础设施建设基本满足了社区居民的基本生活需求。而监控系统的不满意率（不太满意与很不满意之和）有

11.1%,村庄道路硬化的不满意率有6.8%,自来水的不满意率有7.0%,排污设施的不满意率有5.9%,其他基础设施的不满意率较低。这说明上述四项基础设施的供给对农村地区来说尚有欠缺,尤其是农村监控系统可以说是目前农村地区基层建设的一个短板,也是农村地区安保问题频发的一个重要影响因素。而自来水的不满意度也相对较高,这说明农村地区的自来水设施与自来水的质量可能有一定不足。因此,农村社区都需要以“补齐短板,优化服务”为原则,完善社区基础设施建设。

表4-6　2017年参与农村社区治理的居民对基础设施的评价

评价 基础设施	非常满意	比较满意	一般	不太满意	很不满意
村庄道路硬化	24.1%	45.7%	23.4%	4.9%	1.9%
自来水	27.6%	41.7%	23.7%	3.8%	3.2%
排污设施	32.4%	36.8%	24.9%	4.4%	1.5%
冲水厕所	28.1%	43.8%	23.4%	4.7%	0.0%
监控系统	33.3%	37.8%	17.8%	11.1%	0.0%
体育健身设施	24.5%	37.7%	35.8%	1.1%	0.9%
文化广场	28.3%	45.7%	25.0%	1.0%	0.0%
电话/网线	19.7%	43.2%	33.3%	3.0%	0.8%
有线电视	25.2%	45.9%	25.9%	1.5%	1.5%
垃圾回收设施	27.1%	48.1%	24.0%	0.8%	0.0%

从调查样本情况来看(见表4-7),农村居民对社区公共服务评价较高,满意度(非常满意与比较满意之和)基本在60%以上。居民对妇女儿童青少年保护、农业技术推广培训、村庄道路硬化、就业技能培训、法律援助、法律政策知识讲座等公共服务,都具有比较高的满意度,但是对扶贫开发、低保等的满意度相对较低。这表明,当前关乎农村居民切身利益的服务项目尚未满足农村居民的需求,服务水平、方式和效能都有待提升。由于农村居民对这些服务项目需求较高,较为关注,所以评判更为严格。

表 4-7　2017 年参与农村社区治理的居民对公共服务的满意度

公共服务＼满意度	非常满意	比较满意	一般	不太满意	很不满意
扶贫开发	17.8%	42.2%	36.7%	2.2%	1.1%
妇女儿童青少年保护	32.8%	53.4%	13.8%	0.0%	0.0%
低保	19.0%	44.4%	29.4%	4.0%	3.2%
农业技术推广培训	25.0%	55.9%	16.2%	2.9%	0.0%
村庄道路硬化	30.7%	42.5%	22.2%	3.3%	1.3%
医疗服务	29.5%	48.1%	17.7%	3.9%	0.8%
就业技能培训	25.5%	63.8%	10.7%	0.0%	0.0%
法律援助	34.9%	46.5%	18.6%	0.0%	0.0%
动迁人员安置帮扶	19.2%	61.5%	15.5%	3.8%	0.0%
邻里调节服务	31.6%	57.0%	11.4%	0.0%	0.0%
乡村环境整治	31.8%	46.6%	19.3%	2.3%	0.0%
乡村安保	29.8%	57.9%	10.5%	1.8%	0.0%
“三下乡”活动	22.2%	57.9%	17.6%	2.3%	0.0%
法律政策知识讲座	34.8%	52.2%	8.7%	4.3%	0.0%

据统计(见表 4-8),调查对象对村“两委”信任度较高,分别为村党组织(75.3%)和村委会(74.8%)。农村居民对村企业办和专业合作社组织的信任度(非常信任与比较信任之和)较低,分别为 8.5% 和 17.3%。这表明当前农村居民对村集体经济发展前景的预估不是很乐观。农村居民对第一书记的信任度(25.7%)高出对大学生村官的信任度(4.8%)约 21 个百分点,差异较大。第一书记和大学生村官与农村居民自身利益关联度决定了农村居民对二者信任度的差异评价。第一书记主要提供创办结合本村特色的经济发展项目、为本村引进资金和先进农业技术、农产品销售信息和渠道等服务。相较于第一书记,大学生村官为农村居民提供的帮助以政策层面咨询为主,主要集中在政策咨询、帮助申请国家补贴和填写各类文件、信件等方面。由于许多大学生村官未深入农村社区日常事务,所以农村居民对大学生村官的信任度低于对第一书记的信任度。

农村居民对村委会工作普遍较为满意,从工作效果、工作方式和工作态度的满意度上来说均在 70% 左右(见表 4-9),这说明村委会的工作与服务还是比较到位的。

表 4-8　2017 年参与农村社区治理的居民对社区组织的信任程度

社区组织＼信任程度	非常信任	比较信任	一般	不太信任	很不信任
村党组织	35.8%	39.5%	19.5%	3.2%	2.0%
村委会	35.3%	39.5%	23.2%	1.1%	0.9%
村企业办	3.7%	4.8%	5.3%	0.5%	85.7%
专业合作社	5.8%	11.5%	11.1%	1.8%	69.8%
大学生村官	2.1%	2.7%	1.6%	0.0%	93.6%
第一书记	10.7%	15.0%	5.8%	1.1%	67.4%

表 4-9　2017 年参与农村社区治理的居民对村委会工作的满意度

类别＼满意度	非常满意	比较满意	一般	不太满意	很不满意	不适用
工作效果	28.0%	47.6%	22.3%	0.5%	1.6%	0.0%
工作方式	26.1%	42.6%	26.5%	1.8%	1.1%	2.1%
工作态度	30.9%	42%	22.4%	2.1%	0.5%	2.1%

第三节　农村社区居民公共参与的困境

尽管社区居民参与发展的速度提升较为显著,但是由于基层民主化、自治化进程尚处在起步阶段,社区普遍存在居民参与不足的问题,居民参与的层次与水平还较低,居民参与的意识和行为还有待进一步提高,居民参与的制度建设中还有许多问题有待解决。近年来,随着居民参与范围的不断扩大,居民参与社区治理的程度也有所加深,在取得一些成就的同时也出现了居民参与主体失衡、参与层次不高、参与渠道不畅、参与意识不强等问题,这些问题不容忽视。

一、参与主体失衡

根据调查数据可知,不同类型的社区活动、年龄分布、收入水平、文化程度、性别等因素都直接影响着社区居民参与率。总体上看，居民参与群体分布不均衡，年轻人对社区活动参与的积极性和参与率都低于中老年人。社区中的大部分青年人对社区事务的参与意识较弱，由于外出务工及生活方式的影响，他们较少参与社区公共事务与公共活动。社区参与和公共事务的类型也有关联。相关数据分析结果显示，不同类型的社区活动中，不同年龄群体的参与程度也不一样。例如村委会换届、社区文娱活动的参与就以老年人为主，但是在社区公益活动、社区协商、社区事务管理与监督上，老年人的参与程度普遍较低。相对而言，中青年人虽然受到时间和精力限制一般较少参与社区活动，但其主体意识、权利意识明显强于老年人。因此，一旦他们觉得自身合法权益受到侵犯就会积极主动地参与到维权活动中去。此外，教育程度较高的群体成为社区内各项公共事务与公共活动的主要参与主体，而教育程度较低的居民在社区公共事务与公共活动中则参与较少。

居民在大多数情况下只是参与社区具体事务的运作，尤其是社区内所出现的临时性问题和文化娱乐性活动，而很少真正参与社区公共事务的决策和管理。对社区居民来说，社区公共事务与其个人的关联程度是影响居民参与态度的重要因素，在众多的公共事务与公共活动中，居民在许多情况下是不得不参与，没有选择的余地。比如社区环境卫生，只有本地居民的关注程度与参与意愿最为强烈。另外，那些工作单位在本社区但户口不在本社区的居民，则在本社区的换届选举中难以行使选举权。进一步讲，非政治性参与是当前社区居民参与的主要内容。尽管我们可以简单地对政治性参与和非政治性参与进行定义，但在实践中要将两者加以严格区分却是十分困难的，一些日常性活动从社区公共权力的角度看可以说是政治性参与，而从便民服务的角度则可认为是事务性参与。一般而言，诸如选举村委会成员、各级人大代表和居民代表等事项可以毫无争议地纳入政治性参与当中，尽管近几年各地社区居民参与选举的意识有所提高，一些地区还进行了换届选举示范，但总体而言居民参与的水平仍不高。另外，政治性参与的主体界定也排除了在社区开展活动的非政府组织，因此尽管有部分居民参与社区社会组织或社工活动，但更多是参与服务类活动。由此可见，政治性参与因不具有频繁开展的特性而难以在社区参与中占据主要位置。与此相对应，有关社区环境、治安、卫生、文化等方面的事务性参与活动则因与居民的日常生活息息相关、密不可分,因而成为社区频繁开展的社区参与活动,普遍受到大多数居民的关注,参与度较高。

二、参与层次不高

根据参与主体的参与意愿,可以把社区参与分为动员式参与和主动式参与。调查资料显示,目前居民所参与的各项社区活动很大程度上是在村委会和政府部门以政治性或行政性手段动员下进行的,如居民参与社区组织的换届选举、参与居民听证会、参与听取村委会有关社区工作的通报等。由此可见,当前社区居民参与方式多为被动动员型,较少主动参与型。居民参与的愿望虽然较强,但不少居民的参与观念仍然受传统观念的影响,他们将社区建设视为政府与村委会的事情,普遍存在服从行政性领导的依赖心理,认为社区建设及社区治理与个人无关。大量的社会组织与所在社区之间处于疏离状态,参与也较为被动,缺少主动参与社区事务的责任感,相关负责人的思想观念与实际需要尚有不少差距。目前社区建设主要依靠党组织的宣传与推动,社区服务也多由政府提供,基层政府主要通过行政力量动员社区居民参与,这种参与方式不能充分调动社区成员的主动性与积极性。大多数参与调查的居民表示愿意参加社区各类活动,然而在实际参与过程中,50%以上的居民都没有参加到社区各类事务与活动中。其主要原因是居民没有时间,外部条件的限制导致居民无暇参与到社区各类事务与活动中去,居民主体心有余而力不足。

居民参与层次较低。在换届选举中,超过70%的居民是普通选民的角色;在社区文娱类活动中,超过58%的居民扮演着参与者的角色,还有16.1%的居民只是观众,扮演着旁观者的角色;在公益类活动中,超过90%的居民只是发挥了参与者的作用;在社区网络互动中,接近80%的居民只是普通成员的角色,还有2.9%左右的居民仍持观望态度,充当着关注者的角色。此现象一定程度上说明了被动动员型参与具有一定的局限性,居民参与活动容易陷入形式化、表面化的泥潭,居民难以深度参与到社区治理的各个方面,居民参与的真正内涵与实际作用并未得到充分的体现。

三、参与渠道不畅

参与渠道指的是居民怎样参与社区治理,即参与手段和参与形式。构建共建共享共治型社区的关键就是要确保居民参与社区治理的渠道是畅通的,形式是丰富的,手段是多元的,但当前一个时期在参与渠道方面还是存在很大的问题,主要表现在以下几个方面。

(一)居民参与制度不健全

通过统计我们发现,居民参与率高的项目多属于强制性项目,所以居民参与情况整体表现为强制性大于主动性,这就更加要求有制度进行保障和规范,但大量参与制度的空缺成为制约居民参与的关键因素。虽然近年来国家和湖北省发布了一系列关于城乡社区建设的制度性意见,但在具体实施过程中仍然存在很大不足。

第一,覆盖全局的指导性要求较少,而地方性要求较多。比如,在统计中我们看到,就大学生村官一项来讲,其地域分布和人员分布就存在很大差异,相对落后的地区由于资金和社会发展力量有限,所以对引进大学生就尤为重视,出台了一系列政策留住大学生,保障大学生村官的生活需求。又如,受"精准扶贫"政策的影响,第一书记覆盖率呈扩大趋势,各地制定了相关政策来落实,但由于经济社会发展程度不一,也呈现出东中西部政策数量和质量间的差异。

第二,缺乏针对社区居民的矛盾化解机制。在日常生活中,居民之间难免发生一些矛盾纠纷。一些比较小的矛盾可以通过邻居和熟人调解,但大的矛盾纠纷还是需要制度来规避和化解。据统计,农村矛盾主要是耕地矛盾、宅基地矛盾、邻里矛盾和水利灌溉矛盾,像后两者可以通过熟人、村委会来化解,但前两者经常涉及相关制度层面的问题,这就要求地方政府和农村社区要不断完善以自治、法治、德治为基础的矛盾纠纷化解机制,提高社区居民参与的规范化、制度化、法治化水平。

(二)事务公示方式较单一

公示方式单一主要表现在社区协商结果公示的方式单一,主要集中在公示栏公示、村民大会公示、村民代表大会公示三个方面。这些都是较为传统的公示方式,而手机、网络、电视等公示则较少。这一方面说明社区管理者需要改进工作方法、创新工作方式,另一方面也说明当前社区信息化水平还较低。

(三)意见反映渠道较传统

在事务监督方面大部分居民还是倾向于直接向村委会反映意见,大概占90%左右的比例,向媒体反映,向人大代表、政协委员、党代表反映的比例则比较低。这一方面说明村委会与居民之间关系团结,而居民也对村“两委”组织信任度较高,另一方面也说明人民代表要想代表人民就要下基层多调研,建立良好的意见反映和呼声收集渠道。

四、参与意识不强

居民参与社区治理的意识是指社区居民对社区及邻里有一种心理上的认同和融合,这是影响社区活动有效开展的重要因素。居民非政治性活动参与率低的原因主要表现在居民对这些活动兴趣不足、没有时间、不了解等几个方面,他们没有意识到这些活动实际上与自己的生活是息息相关的,从某种程度上也可以说他们在不知情的情况下主动放弃了自己的权利。居民参与意识不强主要表现在以下几个方面。

(一)共同体意识不强

居民参与意识的激发是建立在共同利益基础之上的,这种共同利益是参与社区活动的动力源泉,其前提就是要树立共同体意识。现代性的冲击使农村失去了原有样态,城镇化的加快、社会流动的加剧以及现代技术的广泛运用改变着原始的共同体,使农村呈现出共同体意识的弱化、个体行动原子化、利益诉求碎片化等特征。这就要求基层政府和社区管理者通过深入分析缘由建立合适的沟通机制和渠道,培育居民的共同体意识。

(二)居民主体意识不强

居民对社区评价整体较高,但参与率却不高,这就表明居民在享受社区服务的同时忽略了参与社区活动的义务,他们没有意识到自己才是社区真正的主人,从而降低了参与社区活动的主动性和积极性。农村居民居住感觉舒服的占93.7%,有家的感觉的占98.9%,愿意居住下去的占96.3%,认为在这里人人平等的占88.9%(见图4-15),但社区给他们的归属感仍然没有使他们积极参与社区活动,在与生活息息相关的文体活动、网络互动等方面参与度都不高。这说明居民的主体意识并没有得到有效激发,他们往往容易随大流,或者只是冲动型参与,并容易发泄不满情绪。

(三)参与知识技能缺乏

目前,居民参与事实上还处于低层次、低水平状态。居民参与社区治理需要一定知识技能作为基础,他们既要知道参与社区活动的目的、效果、意义，也要了解其参与渠道、方式方法。相关知识缺乏，使居民容易对政策和法律法规产生理解上的偏差，一定程度上导致政策实施不畅。造成其参与知识缺乏的原因，一方面是居民没有主动学习的意识，没有形成一定量的知识积累，另一方面也是因为社区管理者没有及时组织相关知识培训。而参与技能则包括居民的沟通能力、理解能力和学习能力，关键要看居民有没有团队意识、合作意识和协商意识。这些能力和意识并不是一朝一夕就能够获取的，更需要在社区活动的参与中不断积累和提高。

第四节 农村社区居民公共参与的建议

要实现社区治理中居民的有效参与是一项长期的工作。社区居民参与既体现了其作为社区治理客体享受社区提供的各项服务的权利，更是体现了其作为社区治理主体，自觉自愿参加社区各项活动、管理社区事务、推动社区建设的权利。只有社区居民广泛、直接参与社区治理，积极对社区建设建言献策，才能在此过程中逐步培养起社区居民对社区的归属感与认同感，从而不断推进社区和谐、健康发展。解决社区治理中居民参与存在的问题，是一个长期的循序渐进的过程，也是一个系统的工程，不是单靠一个部门的推动、一个方面的改善、一个层次的提高就能做到的，需要关注参与主体、客体、渠道和意识等各个方面，需要社区治理的多元主体齐心协力、共同努力。

一、有效平衡参与主体，促进区域全面发展

（一）提升居民参与层次

首先，动员式执行性参与是目前社区居民参与的主要形式。所谓动员式执行性参与是指社区居民在社区工作人员的动员、劝导、说服下参与（执行）社区管理机构业已形成决定的事项，比如参加社区组织的各类活动，开会听取有关本社区工作的通报、部署等。这种参与既不能对社区事务的具体项目进行决策，也不能对社区公共权力的运作进行监督。由于执行性参与不属于对社区公共权力的运用，其价值当然不如决策性或者监督性参与。

其次，老年人、低收入群体、低学历群体是目前农村社区居民参与的主

体，所以居民参与尚处于低层次状态。当前上班族、高收入群体和社区精英的参与相对较少，因此，社区治理者在进行下一步工作时应特别注重调整和平衡参与主体的结构，开展适合不同年龄阶段、不同群体的居民参与的活动，吸引更多人参加，丰富参与主体类型，提高参与度。

(二)合理配置区域资源

目前，湖北省居民参与社区治理主要集中在东部地区和中部地区，而西部地区则较少，在区域范围内出现了结构上的严重失衡。众所周知，湖北省东部地区和中部地区经济水平较高，发展速度快，吸引了一大批人才，这里面就包括社区建设人才，而西部地区经济发展滞后，首先从资源上就无法与中东部地区竞争，这就需要政府及时进行调节，对西部地区进行适当的政策倾斜。社区治理的发展不是一个地区的发展，而是全域发展，当然，在发展的整个过程中会有先后之分，但政府应该加快补齐短板，合理调整资源配置，塑造西部地区吸引力。

(三)逐步缩小城乡差距

总体来讲，农村地区的空心化现象是居民参与水平低的一个重要因素。随着城镇化工业化步伐的加快，一批又一批的年轻人进城务工，农村留守人员成为居民参与的主体，但由于其文化水平和基本素质偏低，致使居民参与水平持续跟不上。现阶段应主要从以下两个方面来解决：

第一，在推行九年义务教育的基础上，继续提升农村地区教育程度。当前有很多农村学生读完初中之后就会辍学，而辍学后唯一的出路就是外出打工，这样一来农村的空心化就会加剧。提升农村地区教育程度和教育水平实属当务之急。

第二，加强农村地区招商引资。政府要吸引年轻人返乡发展家乡经济，鼓励农村地区发展乡镇企业、兴办集体经济、发展特色产业、实施乡村振兴。农村空心化现象减少了，在一定程度上也会提升居民参与的水平。

二、继续扩大参与领域，着力健全配套措施

(一)提供多元社区服务

社区服务是影响居民认同感和归属感的重要因素，也是衡量社区治理水平的重要指标。社区应当以居民需求为导向，提高社区服务水平，从而以

服务促进居民社区认同。社区服务水平的提升需要从便民服务、公共服务和特色服务三个方面着手。

第一,完善社区便民服务。首先,完善社区基础设施建设。基础设施是居民得以安居的保障性服务项目。当前农村社区的道路硬化、自来水和排污设施等基础设施建设与社区居民基本生活需求的契合度较低。因此,社区需要加大基础设施短板的投入力度,构建投入、建设和维护机制,以满足居民的基本需求。其次,加强社区公共环境治理,重点解决垃圾污水处理问题,改善社区人居环境。再次,提升社区防范风险能力,加强社区治安建设,提高社区民警配置率和社区安全警示监控设施覆盖率,开展社区安全教育及防灾减灾活动,强化社区治安管理。

第二,加强社区公共服务。首先,以村委会及工作人员的工作态度和工作效率为抓手,提升社区公共服务项目(如劳动就业、医疗卫生、法律救助、纠纷调解和社会保障等)效能;其次,着力提升农村社区公共服务能力,实现社区公共服务均等化。

第三,拓展社区特色服务。社区居民群体庞大,但提供的服务却比较大众,为吸引更多不同类型的群体参与社区活动,社区管理者和活动组织者就要创建和开展形式丰富多彩的活动来满足不同居民群体的需求。一是针对青少年儿童,可以开展游戏类、书画类、文艺类活动,既丰富他们的课余活动,又增加他们的交友渠道;二是针对老年人,大多数老年人空闲时间多,儿女常年不在身边,社区可以建立棋牌室和老年人活动运动器材室、组建广场舞团队、开办老年人学等,丰富老年人生活;三是针对社区特殊人群,提供精神障碍康复服务和社区矫正人员服务,帮助特殊群体融入社区。

(二)大力发展社区组织

第一,发展社区社会组织。在我国社会结构变迁和转型过程中,社会组织对于社会发展的意义不言而喻。同样地,在社区居民参与社区治理方面也是一样,社区社会组织作为一种民间组织近年来蓬勃发展,可以承担社区中很多公益性服务项目,从一定程度上减轻村委会的工作负担。但从目前来看,社区社会组织还存在能力有限、缺乏支持力度、资金短缺、人员不足等问题,所以创新发展社区社会组织亟须提上日程。首先,政府部门必须转变传统观念,合理优化社区资源配置,鼓励、支持、扶持社区社会组织发展。要勇于啃阻碍改革的硬骨头,打破政府统管社区服务的思维,引入市场竞争机制,与社会组织合作,优势互补,提高社区服务和居民参与水平。其次,加大政府和社会力量对社区社会组织的资金支持力度,提供必要的经费支持。一是政府财政专项支持;二是政府购买服务;三是适度减免对社会组织的税收;四是利用政策鼓劲,支持企业捐款;五是借鉴学习香港经验,通过基金会募资;六是通过与企业合作为社区引进服务项目筹集资金。再次,制定关于社区社会组织的法律法规,保障社会组织良性运行。

第二,发展社区中介组织。社区中介组织作为一种非营利性组织,是居民与社区、基层政府沟通互动的桥梁。社区中介组织是由社区居民成立的,在本社区地域范围内活动,为了满足社区居民的多样化需求,介于社区自治组织和社区居民个体之间的组织。这些社区中介组织可以沟通政府与社区之间的关系,可以增进社区居民之间的沟通与交流,增强居民对社区的归属感和认同感。政府可以通过培育和扶持这些社区中介组织的发展,来推动社区居民自治。首先,政府必须保证社区中介组织的独立性。坚持政社分开,弱化官办色彩,减少内部干预。其次,政府应搭建与社区中介组织沟通的平台。一般情况下,社会中介组织手中往往掌握着一些政府所无法及时获得的信息,政府可以搭建一个平台与这些社区中介组织进行平等对话,降低政府的治理成本。再次,政府和社区要定期召开与社区中介组织的交流会议,针对社区治理中居民参与的有关情况和问题进行意见交换和交流,通过不断沟通协商一起寻求解决途径和方法,实现合作共赢,共同为社区治理服务。

(三)提高社区养老服务水平

养老是社区服务老年人的核心内容,必须保障老年群体“老有所养、老有所乐和老有所为”。一是创新社区养老服务新模式,构建“居家养老+社区养老+机构养老”为主要特征的养老服务模式。为弥补当前养老资源的不足,基础较好的农村社区应积极创新养老模式,探索“互联网+智慧养老”新模式。二是拓展养老服务项目。现有的社区服务只涉及老年人生活服务、养老金等福利补贴和医疗服务,基层政府和社区在今后开展老年人服务项目上应该做好调研,吸收老年人的意见,同时增加有关老年人心理健康、社会交往和老年大学等服务项目,减少他们因子女不在身边的空虚感,满足他们对知识的需求和对丰富多彩的社会交往的需求，为他们营造一个健康和谐的生活环境。

三、合理拓宽参与渠道，加快构建制度保障

（一）引入参与新途径

社区与居民的互动方式包括公示栏、宣传栏、宣传手册/单页等传统互动和网络互动两种方式。当前，传统互动方式的效能日渐降低，已无法满足居民参与社区治理的需求。因此，打造居民网络参与平台对于创新居民参与社区治理方式具有重要意义。社区网络参与平台主要包括创建社区网站或公众号、开辟社区论坛和建立QQ/微信群三种类型。社区网络参与平台的构建，可以为居民提供便捷的交流、互动渠道，这种全新的互动方式，拓宽了居民参与社区治理的领域，促使居民更加及时了解社区动态、政策法规以及服务流程，及时广泛发表意见和表达利益诉求，实现居民与社区的良性互动。

同时在我国长期的社区治理实践中，涌现出非常多的实际效果好且切实可行的居民参与途径，值得社区学习引入。比如由沈阳市沈河区开创的社区人民联络员，该方式可以加强人民代表大会与社区居民的联系，及时收集社区居民的意见和建议，帮助更好地发挥人民代表大会制度的政治优势。湖北秭归在“幸福村落”建设中，以村民小组为单位划分网格，小组长或者村里有知识的青年担任该小组网格员，在村民协商议事和民主监督方面都发挥了积极作用，强化了村民小组自我管理、自我发展、自我教育、自我服务的意识。

（二）健全居民参与制度

第一，加快制定法律法规。一切社会治理都要以法律做保障，以制度为准绳，社区居民参与社区管理也不例外，社区居民的参与要有制度化、规范化的机制作保障。一是法律应明确社区参与的主体及主体的权利。社区参与的主体可以是个人，也可以是组织、团体，对于不同参与主体的权利和义务，哪些事项能参与，哪些事项不能参与，都要以法律形式予以规范，避免引发矛盾。二是法律应明确具体的参与程序。应制定一套详细的、操作性强的参与程序，对于什么时候议事，什么时候实施，村民该怎么办，村委会要怎

样做,有建议或者意见应怎样提等都要有详细规定。

第二,完善民主监督。一是强化监督责任,提高政治站位。农村社区应切实做好社区党务、居务、财务公开工作,增强社区工作透明度,拓宽民主监督渠道,保障群众的知情权、监督权、参与权,通过制度建设明确责任分工,强化民主监督的责任落实。二是围绕社区工作实际,接受群众监督。向居民及时汇报本社区发展情况、工作开展情况等,通过召开村民大会、村民代表大会、社区临时会议,聆听居民意见和建议,自觉接受群众监督,提高工作成效。三是优化协商制度,促进居民参与。农村社区应完善社区协商议事制度,营造社区各组织、各主体自觉参与的社区治理氛围,在农村社区吸纳尽可能多的村民、驻村干部、乡贤能人参与农村事务协商,在社区党组织的领导下解决社区问题,更好地服务社区居民。

第三,规范参与程序。一是每一个社区可以根据自身情况制定居民参与规则和制度,比如居民需要参与哪些社区事务、怎样参与、时间地点等,要形成成文规定。在农村社区制定村规民约也是一个很重要的方面,用传统、道德和理性来规范农村社区居民参与。二是制定规则,确保社区政务、党务、事务、财务"四务"公开,通过社区公开栏、短信、微信群、QQ 群等多种手段向居民进行信息传送,在接受监督的同时增强与居民的良性互动。三是建立居民参与平台,以村民大会、村民代表大会等法定平台为主,将社区社会组织、志愿者组织、社工机构等非法定组织纳入其中,使居民充分参与到社区活动中来,在享受权利的同时也尽到义务。

同时,在居民参与社区事务时也要制定科学合理的流程:一是确定议题,社区派出工作人员到居民中走访调研,解决问题,对于不能解决的做好收集整理工作,根据轻重缓急不同程度确定议题;二是召集参与,通过公示议题、发送短信、网络推送等方式通知社区居民在某一确定的时间到社区进行议事;三是充分讨论,以村民大会、村民代表大会、民主协商会的形式讨论议题,允许参会者充分自由发言;四是表决决策,在充分讨论后,以举手表决、投票表决等形式收集与会居民意见,进行统计,当场公布结果,并进行公示;五是遵照执行,村委会根据表决结果实施相关举措;六是监督检查,在执行中、执行后都要接受居民监督和检查,必要时应成立居民监督工作小组;七是意见反馈,在执行过程中可能会存在与决策相冲突的问题,也会有居民提出新的意见和建议,要注意及时收集,以备后续调整措施;八是后续整改,根据收集上来的意见进行二次整合,修改前期措施,不断完善。这八个步骤,缺一不可,只有做得好才能有效解决居民之间的矛盾、居民与社区组织的矛盾、居民与政府部门的矛盾,使社区居民与社区共生共荣。

(三)合理定位政府角色

"社区建设要解决的真正的问题不是所谓行政化还是自治化的矛盾,而是如何在分别加强社区行政力量建设以及进一步培育社区自治力量的基础上,使两种力量在发育中的社区里得到整合"①,只有政府合理定位自身在居民参与社区治理中的角色,用正确的、科学的理念指导居民参与,居民的社区治理主体地位才能够得到巩固,才能积极推进社区居民参与。

首先,政府是社区建设的引导者。政府应该为社区建设提供发展规划,完善法律法规,并对社区建设和社区事务起到从上而下的监督作用。其次,政府是社区资源的整合者。由于政府掌握着天然的社会资源和资源配置的权力,故而其在社区治理中有特定的优势,政府应该将这些优势发挥出来,在各个社区组织之间进行调配,使其共同促进社区发展。再次,政府是居民参与意识的培养者,要意识到社区是居民的社区,传统的、强制性、命令式的方式已经与当前公民意识觉醒不相适应,要在充分尊重居民合法权益、承认居民主体地位的基础上进行政府职能转移和权力下放,与基层群众自治组织连接起来,将权、责、利统一起来,回归社区自治。

四、科学培养参与意识,全面提升参与能力

(一)培养居民主体意识

社区宣传教育是居民参与意识培养的重要抓手。社区的异质化、功能单一性和社区居民的流动性致使居民与社区的关联度较低,居民认同感和归属感较差,居民参与社区治理意识较为薄弱。因此,当前需要以社区共同体宣传教育系列活动为抓手,培养居民主体意识,转变居民的认知及提升居民参与技能,主要包括以下两个方面:

第一,自治主体意识宣传。居民是社区治理的重要主体,以"社区是居

---

① 徐中振、徐珂:《走向社区治理》,《上海行政学院学报》2004年第1期。

民的"为核心理念，策划系列村/居民自治政策宣传教育活动，明确社区居民自治的主体地位，强化社区居民的主体意识，明确自身权责意识，增强居民对社区的认同感和归属感，使"社区是居民的"理念真正为居民所接受。

第二，社区治理宣传活动。通过组织居民参与社区治理内容、方式和价值等方面的宣传教育活动，提高居民对社区发展现状、未来发展规划、公共政策制定及监督流程的认知，明确参与社区治理的意义和价值，从而提升居民参与能力。

（二）构建居民参与激励机制

为充分调动社区居民参与的积极性和创造性，政府部门可采取适当的激励举措。一般来讲，政府实行的奖励举措是居民是否主动参与社区治理的一个重要因素，而奖励举措的力度大小则是影响居民参与是否深入的关键。为了促进居民参与行为的最大化，建立参与型社区，更好地满足居民的多样化利益需求，可以从下面两个方面入手：

第一，就社区居民来讲。一是要将居民利益与社区利益进行整合，要从思想源头上让居民知道社区的事就是自己的事，社区事务与自己的利益是密切相关的，而自己在日常生活中遇到的问题都可以通过参与社区事务协商和其他社区治理行为得到解决，并且可以通过参加社区活动维护自己的权利。只有让居民利益社区化，使居民与社区紧紧联系在一起，才能使居民主动积极参与到社区治理活动当中，提升居民整体参与水平。二是针对不同居民群体采取不同激励措施，比如青少年，他们兴趣比较广泛，喜欢的东西可能是比较新鲜、新奇的，所以在社区治理中就要多开展一些青少年喜欢的活动，吸引他们参与；而中年人由于白天需要外出工作，回到家里已是夜晚，对于这一部分人就要考虑到他们的职业习惯和空闲时间，比如可以将部分社区活动安排在周末举办，尽可能吸引他们参与；而针对老年人等常年在家人员或者退休职工，应该在社区养老、棋牌杂艺方面设置活动，为他们参与社区治理提供便捷。三是在注重荣誉激励的基础上也要采取一定的物质激励，可以在参与的社区活动中设置奖项，比如知识竞赛奖、书画比赛奖等，这些奖项可以是直接的礼品发放，也可以结合社区日常缴费进行抽奖减免，这将极大吸引居民参与社区事务，提高参与率。

第二，就社区工作者来说。社区工作者的职责虽然是管理、服务社区居民，但为了激发和鼓励他们更好地工作也应该给予一定的奖励政策。一是制定绩效考核工作制度，将社区工作者日常工作和表现纳入考核范围，并且将指标进行细化，从上级部门的评价和社区居民评价两个方面入手进行打分，对绩效优异的社区工作者给予一定的奖励，比如适当提高工资补贴、发放奖金等。二是政府方面要经常与社区工作者进行沟通交流，为他们提供学习培训的渠道，提高他们的工作素养和专业技能，并适度提高社区工作者的工资水平和福利待遇，增强他们的获得感和归属感，使之更好地服务社区居民，同时吸引更多优秀人才参加社区工作。

（三）不断积累社会资本

社会资本存在于公民参与的网络中，是在普遍互惠的规则下形成的。它天然地蕴涵了人与人之间多主体的互动关系、处理多主体间关系的规范要求以及人际关系的情感性联结。社会资本网络中的成员通过社会资源的互相支持、利益的获得与维护，要求个体间建构起相互信任的关系。因此，个体间的互动，以及涉及互动关系维系与调节的信任、规范和网络是社会资本的构成要素。作为存在于社群组织中的非制度化规范，较高的社会资本有助于使各成员以信任、合作的意愿和行为协调行动，降低合作成本，进而有助于实现集体效益最大化。反之，如若信任、规范等社会资本基本要素的存量处于不稳定或较低状态，成员将对组织缺乏认同感并进而影响其在生活共同体中协作生活的意愿和情感。

第一，利用新型社交媒体平台增进社区居民间的情感联结。我国互联网技术的迅速发展，为居民间联结创造了绝佳的条件。居民间的联结除以往面对面的传统方式外，还可以通过政府部门和社区工作者积极引导，采用微博、微信等网络平台，增强居民间的交流互动。

第二，开发社区关系网络资本激发居民参与和社区认同。社区居民作为社会人的各种情感关系和各类社会资源都会在社区网络关系中集合，从我国的现实国情出发，在社区网络资本的积累过程中应当更多地建立各种社区组织和社团，通过社区组织来吸纳社区成员的平等参与，打破自上而下的行政动员性质的被动参与和狭隘地域关系的阻隔。

第五章　农村社区协商民主实践形态与路径

为有效畅通民主渠道、充分发展基层民主，推动开展形式多样的基层协商，推进城乡社区协商制度化、规范化和程序化，2015 年 7 月，中共中央办公厅、国务院办公厅印发了《关于加强城乡社区协商的意见》。该意见从总体要求、主要任务、组织领导三个方面对我国城乡社区协商做出了方向指导并提出了具体要求，为社区协商提供了指导范本。2016 年 7 月，湖北省委办公厅、省政府办公厅根据有关法律法规和《中共中央办公厅、国务院办公厅印发〈关于加强城乡社区协商的意见〉的通知》（中办发〔2015〕41 号），结合本省实际，制定并印发《关于加强城乡社区协商的实施意见》。该实施意见从总体要求、主要任务、保障措施三个方面为湖北省城乡社区协商发展指明了方向。2017 年 10 月，党的十九大报告指出："要推动协商民主广泛、多层、制度化发展，统筹推进政党协商、人大协商、政府协商、人民团体协商、基层协商以及社会组织协商。"这是新时代社会主义协商民主建设的战略任务和基本路径。因此，随着社会治理重心的下移以及基层治理的推陈出新，社区协商成为基层治理探索基层协商民主的实践路径，社区协商为我国基层治理与民主发展提供了新的实践思路与改革路径。

为深入研究农村社区协商在湖北省社会治理创新中的地位与作用，明确本省农村社区协商的总体状况、取得的显著成效以及面临的发展问题，本章基于湖北省 190 个农村社区协商的相关问卷及数据，对湖北省农村社区协商当前的基本现状、发展成效、主要问题等方面做出分析与论述，由此提出推动农村社区协商进一步发展的对策建议，为湖北省基层民主建设和社会治理提供新视角、新思路。

第一节　农村社区协商发展的实践现状

近年来,我国城乡社区协商的地位和作用日益突出。习近平总书记曾指出,协商民主是中国社会主义民主政治中独特的、独有的、独到的民主形式,具有深厚的文化基础、理论基础、实践基础、制度基础。随着我国协商民主的实践探索深入推进,协商民主在党和国家的重要文件及政策中逐渐被明确界定和强调。在新时代的历史背景下,社会主义协商民主制度呈现出多层级、多元化、制度化的发展趋势,社区协商也伴随着基层民主的渗透而蓬勃发展。农村社区协商是自我整合、自我治理、自我规则化的过程,旨在建构乡村社会的自组织力、自创造力和自我演化力机制,旨在深化城乡民主制度和优化基层社会治理结构,形成基层社会治理体系和社会活力机制。农村社区协商作为一项治理工具,通过多种渠道、多种形式来构建农村社区利益表达机制、利益保障机制、利益实现机制,推动着农村社区治理的有序发展①。湖北省不同地区的农村社区自发产生了多种形式的协商民主形式,这些协商民主实践如雨后春笋一般爆发出旺盛的生命力。为全面把握本省农村社区协商发展的基本现状,本次调查重点分析了本省农村社区协商主体类型、不同主体参与社区协商概况、社区协商议题分类、社区协商开展形式及参与渠道、社区协商内容公开及落实情况。

一、农村社区协商主体类型

农村社区不仅是一定地域范围内人们所组成的社会生活共同体,也是社会治理的基础单元。农村社区治理包含大量的公共事务与公共决策,这些公共事务与公共决策中涉及基层政府、村民自治组织、村民群众、驻村企事业单位、新经济组织、集体经济组织、社会组织及相关利益主体。社区协商能够引导农村社区治理的多元主体在公共事务范围内,通过基于各自利益的合作共治产生公共决策的基础与前提,在民主协商的过程中打造协商

① 唐鸣、黄敏璇:《新型城镇化背景下农村社区协商实践创新的规范化与制度化研究——基于全国16个农村社区协商典型案例的分析》,《中共中央党校学报》2017年第3期。

议事、合作共治的和谐局面。

(一)农村社区协商主体

由调查数据可知(见表5-1),湖北省农村社区协商主体主要包括:①基层政府及其派出机关。受访者认为该主体参与过协商的有效百分比占80.0%,认为该主体为协商的发起者的有效百分比占60.0%。②村务监督委员会。受访者认为该主体参与过协商的有效百分比占83.6%,认为该主体为协商的发起者的有效百分比占41.8%。③村民小组。受访者认为该主体参与过协商的有效百分比占85.5%,认为该主体为协商的发起者的有效百分比占49.1%。④村党基层组织。受访者认为该主体参与过协商的有效百分比占94.5%,认为该主体成为协商的发起者的有效百分比占76.4%。⑤村民委员会。受访者认为该主体参与过协商的有效百分比占96.4%,认为该主体成为协商的发起者的有效百分比占90.9%。⑥驻村单位。受访者认为该主体参与过协商的有效百分比占61.8%,认为该主体为协商的发起者的有效百分比占41.8%。⑦村社会组织。受访者认为该主体参与过协商的有效百分比占16.4%,认为该主体为协商的发起者的有效百分比占12.7%。⑧村集体经济组织。受访者认为该主体参与过协商的有效百分比占38.2%,认为该主体为协商的发起者的有效百分比占32.7%。⑨村合作组织。受访者认为该主体参与过协商的有效百分比占23.6%,认为该主体为协商的发起者的有效百分比占14.5%。⑩当地户籍居民。受访者认为该主体参与过协商的有效百分比占70.9%,认为该主体为协商的发起者的有效百分比占38.2%。⑪非户籍居民代表及其他利益相关方。受访者认为该主体参与过协商的有效百分比占9.1%,认为该主体为协商的发起者的有效百分比占7.3%。⑫相关专家学者、专业技术人员、第三方机构。受访者认为该主体参与过协商的有效百分比占14.5%,认为该主体为协商的发起者的有效百分比占5.5%。⑬其他。受访者认为该主体参与过协商的有效百分比占5.5%,认为该主体为协商的发起者的有效百分比占5.5%。

表 5-1　湖北省农村社区协商主体调查表

单位:%

协商主体	2016 年该主体是否参与过协商	2016 年该主体是否为协商的发起者
基层政府及其派出机关	80.0	60.0
村务监督委员会	83.6	41.8
村民小组	85.5	49.1
村党基层组织	94.5	76.4
村民委员会	96.4	90.9
驻村单位	61.8	41.8
村社会组织	16.4	12.7
村集体经济组织	38.2	32.7
村合作组织	23.6	14.5
当地户籍居民	70.9	38.2
非户籍居民代表及其他利益相关方	9.1	7.3
相关专家学者、专业技术人员、第三方机构	14.5	5.5
其他	5.5	5.5

（二）参与社区公共事务决策的主体重要性排列

由调查数据可知（见表 5-2），参与社区公共事务决策及参与主体主要包括：政府、基层党组织、村委会、村民、村社会组织、驻村单位、其他主体，其中，重要性排列前三的主体分别是政府、村委会和村民。

表 5-2　参与社区公共事务决策的主体重要性排列

单位:%

分类主体	决策主体 1	决策主体 2	决策主体 3
政府	36.4	14.5	21.8
基层党组织	14.5	18.2	12.7
村委会	32.7	40.0	20.0
村民	14.5	21.8	32.7

续表

分类主体	决策主体 1	决策主体 2	决策主体 3
村社会组织	0	0	3.6
驻村单位	1.8	3.6	5.5
其他主体	0	1.8	3.6

二、不同主体参与社区协商概况

不同利益相关主体参与社区协商的程度都深刻影响着社区协商最终的成效。为有效把握不同主体参与社区协商的基本概况,此部分选取村民、基层政府作为主要调查对象,具体展开分析,深度把握村民与基层政府参与协商的程度。

(一)村民参与社区协商的基本概况

由表 5-3 可知受访者对社区协商的了解程度,从来没有听说过社区协商的受访者有 151 人,占 79.5%;听过但不理解的受访者有 17 人,占 8.9%;听过并深刻理解的受访者有 22 人,占 11.6%;共 190 个受访者有效回答了此问题。根据调查数据可知,近八成的村民对社区协商活动还不甚了解,社区协商尚未达到普及化程度。

表 5-3 受访者对社区协商的了解程度频数分析

单位:人,%

了解程度	样本数	百分比
从来没有听说过	151	79.5
听过但不理解	17	8.9
听过并深刻理解	22	11.6
合计	190	100.0

由表 5-4 可知受访者在过去一年中参与社区协商的次数,不适用的数据高达 79.5%;适用范围内的数据显示,一年中参与过 0 次的有效百分比为 8.4%,参与过 3 次的有效百分比为 3.7%,参与过 2 次的有效百分比为 2.1%,由此可见,大部分村民在过去的一年中参与社区协商的次数屈指可数。另外,由统计数据可知,受访者在过去一年内参与社区协商活动次数的标准差为 4.7。这说明不同地区内的受访者参与社区协商的次数存在较大

差异,不同个体之间的参与次数差距很大,导致标准差的值较高。

表 5-4　村民参与社区协商次数的频数分析

单位:人,%

协商次数	样本数	百分比
不适用	151	79.5
不知道	1	0.5
0	16	8.4
2	4	2.1
3	7	3.7
4	2	1.1
5	2	1.1
7	1	0.5
8	1	0.5
10	3	1.6
11	1	0.5
12	1	0.5
合计	190	100.0

(二)基层政府与村委会参与社区事务的程度

由表 5-5 调查数据可知基层政府与村委会对本村各项事务的参与程度。基层政府、村委会参与社区事务的类别主要包括以下十项:村/社区发展规划、村/社区重大事务决策、村委会/居委会选举、村/社区服务、社会救助、村/社区卫生与环境治理、治安管理、土地征迁、村/社区文化建设、村/社区基础设施建设,基层政府与村委会参与社区事务的程度不一。

表 5-5　基层政府与村委会参与社区事务的程度

单位:%

事务类别	政府单独承担	政府主导村参与	村主导政府参与	政府不参与	不适用
村/社区发展规划	3.6	61.8	29.1	5.5	0
村/社区重大事务决策	0	30.9	60.0	9.1	0

续表

事务类别	政府单独承担	政府主导村参与	村主导政府参与	政府不参与	不适用
村委会/居委会选举	0	58.2	32.7	9.1	0
村/社区服务	1.8	36.4	47.3	14.5	0
社会救助	14.5	67.3	18.2	0	0
村/社区卫生与环境治理	0	34.5	61.8	1.8	1.9
治安管理	1.8	60.0	34.5	1.8	1.9
土地征迁	3.6	60.0	16.4	1.8	18.2
村/社区文化建设	0	40.0	56.4	1.8	1.8
村/社区基础设施建设	3.6	41.8	45.5	7.3	1.8

三、农村社区协商议题分类

社区协商议题决定着协商内容的重点划分,能够影响相关利益主体是否参与、参与渠道和协商形式的选择。表5-6反映了不同农村社区协商议题的村民参与程度。

表5-6　农村社区协商议题及村民参与度

单位:%

社区协商议题分类	村民参与的有效百分比
村委会选举问题	7.4
公共设施建设问题	10.0
村庄规划与发展问题	8.4
村里邻里纠纷调解问题	6.3
村公共环境卫生治理问题	8.4
村规民约制定问题	5.8
村里的特殊人群服务问题	5.3
村里社会救济与福利问题	6.3
村里的治安问题	7.4

续表

社区协商议题分类	村民参与的有效百分比
村公益资金的使用分配问题	4.2
村集体经济的经营管理或资金的使用分配问题	3.7

根据调查数据可知,农村受访者参与社区协商活动的主题主要划分为:村委会选举问题(7.4%)、公共设施建设问题(10.0%)、村庄规划与发展问题(8.4%)、村里邻里纠纷调解问题(6.3%)、村公共环境卫生治理问题(8.4%)、村规民约制定问题(5.8%)、村里的特殊人群服务问题(5.3%)、村里社会救助与福利问题(6.3%)、村里的治安问题(7.4%)、村公益资金的使用分配问题(4.2%),村集体经济的经营管理或资金的使用分配问题(3.7%)。

四、农村社区协商开展形式及参与渠道

湖北省委办公厅、省政府办公厅印发的《关于加强城乡社区协商的实施意见》中明确提出要丰富协商形式,要求结合参与主体情况和具体协商事项,采取村民议事会、村民理事会、村落协商、村民决策听证、民主评议等形式,以民情恳谈日、驻村警务室开放日、村民论坛等为平台,引导群众开展形式多样的协商活动。当前湖北省农村社区民主协商正表现出路径多元和形式丰富的特征,村民参与社区协商的渠道也不断拓展延伸。

(一)农村社区协商形式

由表5-7可知,受访者认为村里采用过以下社区协商形式:民主议事会(85.5%)、民主听证会(49.1%)、民主评议会(90.9%)、民主理事会(72.7%)、村民协商会议(85.5%)、民情恳谈日(61.8%)、驻村警务室开放日(23.6%)、村民论坛(27.3%)、妇女之家(60.0%)以及微信、QQ、微博等网络平台(49.1%)。

表5-7 农村社区协商形式及村民参与度(多选)

单位:%

社区协商形式	村民选择的有效百分比
民主议事会	85.5

续表

社区协商形式	村民选择的有效百分比
民主听证会	49.1
民主评议会	90.9
民主理事会	72.7
村民协商会议	85.5
民情恳谈日	61.8
驻村警务室开放日	23.6
村民论坛	27.3
妇女之家	60.0
微信、QQ、微博等网络平台	49.1

(二)村民参与社区事务渠道

由表5-8可知,村民参与社区事务的渠道有以下四种:村民会议(村民大会和村民代表会议)(96.4%)、向监委会反映情况(60.0%)、村民直接向村“两委”反映情况(94.5%)、其他渠道(1.8%)。其中,大部分村民主要选择村民会议或直接向村“两委”反映情况。

表5-8　村民参与社区事务的渠道及参与度(多选)

单位:%

村民参与社区事务渠道	村民选择的有效百分比
村民会议(村民大会和村民代表会议)	96.4
向监委会反映情况	60.0
村民直接向村“两委”反映情况	94.5
其他渠道	1.8

五、农村社区协商内容公开及落实情况

社区协商内容公开和具体落实是整个社区协商流程的结尾步骤和关键流程,社区协商的最终结果能否被广大群众第一时间知晓是保障居民知情权的重要环节,社区协商结果能否被真正落实是对群众公共利益的有效保

障。社区协商内容公开包括村务公开和协商结果公示。此部分重点分析村务公开的形式、频率和具体内容,并对协商结果公示情况、落实情况进行简单分析。

(一)村务公开的具体形式与频率

村务公开的具体形式主要包括以下八种(见表5-9):公开栏公示(100.0%),村民会议(56.4%),公开信、传单、小报(30.9%),电视、网络公开(5.5%),手机短信(18.2%),村民代表会议(87.3%),监督委员会(1.8%),其他(1.8%)。其中,公开栏公示是最为常见的村务公开形式。

表5-9 村务公开的具体形式及村民参与频率(多选)

单位:%

村务公开的具体形式	村民选择的有效百分比
公开栏公示	100.0
村民会议	56.4
公开信、传单、小报	30.9
电视、网络公开	5.5
手机短信	18.2
村民代表会议	87.3
监督委员会	1.8
其他	1.8

村务公开的频率主要存在以下四种情况(见表5-10):每月更新一次(23.6%)、每季度更新一次(41.8%)、不定期公开(34.6%)。其中,四成以上的村务公开频率能够达到每季度更新一次。

表5-10 村务公开栏更新频率

单位:%

村务公开栏更新频率	有效百分比
每月更新一次	23.6
每季度更新一次	41.8
不定期公开	34.6

(二)村务公开的具体内容

农村村务公开的内容具体包括以下十四个方面(见表5-11):本村财务(98.2%),村干部任期目标(65.5%),本村年度工作目标(76.4%),村民会议讨论决定事项的执行情况(72.7%),政府下达任务的执行情况(58.2%),村民低保金的申请和发放情况(94.5%),五保资格和待遇的申请和发放(80.0%),优抚、救灾等款物发放情况(74.5%),涉及村民生产生活的政策法规(58.2%),村办企业经营情况(3.6%),本村自有土地和资产的使用情况(50.9%),干部管辖范围、职责(1.8%),血防、征兵、综治维稳(1.8%),其他事项(3.6%)。

表5-11 村务公开具体内容及村民参与频率(多选)

单位:%

村务公开的具体内容	村民选择的有效百分比
本村财务	98.2
村干部任期目标	65.5
本村年度工作目标	76.4
村民会议讨论决定事项的执行情况	72.7
政府下达任务的执行情况	58.2
村民低保金的申请和发放情况	94.5
五保资格和待遇的申请和发放	80.0
优抚、救灾等款物发放情况	74.5
涉及村民生产生活的政策法规	58.2
村办企业经营情况	3.6
本村自有土地和资产的使用情况	50.9
干部管辖范围、职责	1.8
血防、征兵、综治维稳	1.8
其他事项	3.6

(三)社区协商结果公示情况

据表5-12可知,有90.9%的受访者认为社区协商结果有向居民公示,有9.1%的受访者认为社区协商结果没有向居民公示。

表 5-12 农村社区协商结果公示情况

单位:人,%

类别	样本数	百分比
是	50	90. 9
否	5	9. 1
合计	55	100

根据调查数据可知(见表 5-13),农村社区协商的结果是以下面七种方式向村/居民公示的:公开栏公示(90. 9%),村/居民会议(65. 5%),公开信、传单、小报(25. 5%),电视、网络公开(9. 1%),手机短信(21. 8%),村/居民代表会议(80%),其他(7. 3%)。

表 5-13 社区协商结果公示方式及村民参与频率(多选)

单位:%

协商结果公示方式	村民选择的有效百分比
公开栏公示	90. 9
村/居民会议	65. 5
公开信、传单、小报	25. 5
电视、网络公开	9. 1
手机短信	21. 8
村/居民代表会议	80. 0
其他	7. 3

(四)社区协商结果落实情况

由表 5-14 可知,受访者认为社区协商意见的落实存在以下三种情况:全部被落实(14. 5%)、大部分被落实(70. 9%)、很少一部分被落实(5. 5%)。

表 5-14 社区协商结果落实情况

单位:人,%

类别	样本数	百分比
不适用	5	9. 1
全部被落实	8	14. 5

续表

类别	样本数	百分比
大部分被落实	39	70.9
很少一部分被落实	3	5.5
合计	55	100.0

第二节　农村社区协商实践的显著成效

社区协商在我国城乡基层治理中为社会各个阶层提供了参与公共事务的基本方式,为政府与社会之间建构了互动合作的桥梁,通过民主的力量、民主的方式和民主的程序来进行民主的决策,合理有效地化解基层公共矛盾、解决公共问题。在新时代的历史条件下,湖北省积极响应《关于加强城乡社区协商的实施意见》的总体要求,社区协商实践也逐步取得显著成效。为整体把握湖北省农村社区协商实践取得的显著成效,本调查从本省农村社区协商主体、协商内容、协商形式、协商程序、协商效果五个方面展开具体分析。

一、社区协商主体日益扩大,社区整体氛围日益和谐

在农村社区这个生活共同体之中存在着多元主体,不同主体之间又具有千丝万缕的利益相关性。社区中的党组织、村委会、公共服务站、社区警务室、驻村企事业单位、社会组织、社区自组织、社区内居住和生活的新老居民等共同构成了社区治理的多元主体,他们在一定程度上都具有参与社区事务的潜在动力。随着湖北省农村社区协商的不断发展,能够真正参与社区协商的主体正不断壮大。在涉及居民切身利益的实际问题上,利益相关方都有权利参与社区协商,参与公共决策,其中既有村干部、治村能人,也有普通村民。

通过调查数据可知(见表5-1),当前湖北省农村社区参与协商的主体主要包括:基层政府及其派出机关,村务监督委员会,村民小组,村党基层组织,村民委员会,驻村单位,村社会组织,村集体经济组织,村合作组织,当地户籍居民,非户籍居民代表及其他利益相关方,相关专家学者、专业技术人

员、第三方机构及其他主体,其中参与社区协商并承担协商发起角色的主要主体是村民委员会与村党基层组织。由此可见,湖北省农村社区协商主体正不断壮大,各治理主体不断参与到社区协商活动当中并逐渐承担发起协商活动的角色。社区协商主体的日益扩大,能够潜移默化地影响社区居民的和谐氛围,不断改善邻里关系,使居民之间的交流与互助更加频繁。

二、社区协商内容渐趋丰富,社区公共问题备受关注

社区协商内容主要包括协商议题的选取及确定。从协商议题的类型来看,主要包括决策类、管理类、监督类、公共服务类、对话类、信访类等。从协商议题的主题来看,包括公共决策、群众矛盾纠纷、村(社区)建设发展规划、卫生环境、基础设施投资、便民服务、参与式预算等。议题的类型和主题可以划分为三大种类:第一种是行政性协商议题,指党和政府需要通过社区协商在基层落实的大政方针政策和重点工作部署的协商议题,其中也包括法律法规和国家政策明确要求的协商事项,带有强制性导向;第二种是自治性协商议题,指在基层自治领域内,基层群众自治组织内部之间需要解决的协商议题,具有自主性;第三种是混合性协商议题,指需要基层政府、基层自治组织及社会组织等多个治理主体公共参与合作的协商议题,具有半强制的主导性。

根据调查数据可知(见表5-6),湖北省农村社区协商事项议题主要包括:村委会选举问题、公共设施建设问题、村庄规划与发展问题、村里邻里纠纷调解问题、村公共环境卫生治理问题、村规民约制定问题、村里的特殊人群服务问题、村里社会救济与福利问题、村里的治安问题、村公益资金的使用分配问题、村集体经济的经营管理或资金的使用分配问题。在这些议题中,公共设施建设问题、村庄规划与发展问题、村公共环境卫生治理问题是村民协商参与率最高的三项。由此可见,社区协商的内容日益丰富,众多与村民利益相关的公共事务、民生问题不断被提上议程,社区协商不再由个人意志和个人偏好来决定。民意的采纳能够不断提高村民的参与率,不断提升社区协商的科学性、公共政策的合法性。

三、社区协商形式不断创新,社区治理方式趋于柔和

我国传统的科层制管理模式,具有自上而下、高效统一的制度特点。这

一方面为高速运转的现代秩序提供了短平快的治理技术,另一方面也不可避免地容易忽略公共决策的人文关怀和基层民众的多样意见。协商民主治理的嵌入,让基层治理重拾多元化的个人观点,让治理回归基层群众社会。民主的发展品质是在社会进程的每一个具体实践步骤中体现出来的,通过协商民主的发展,能够不断积累现代民主资源,使中国民主政治在到达一定阶段后展现出新的内在结构与外在形态。因此,协商民主也必然是一个不断演进的过程①。在这一过程中,湖北省农村协商形式不断推陈出新,协商过程更加注重倾听意见和回归内心,通过充分的沟通合作与协商洽谈完成与基层群众主体意向高度契合的物质建构。

湖北省农村社区协商形式主要包括(见表5-7):民主议事会、民主听证会、民主评议会、民主理事会、村民协商会议、民情恳谈日、驻村警务室开放日、村民论坛、妇女之家、网络平台,其中以民主评议会为社区协商的主要形式,民主议事会和村民协商会议所占比例位居第二。由此可见,社区协商的创新化,极大地丰富了社区居民参与协商的方式及途径,大大提高了村民的参与积极性。

四、社区协商程序更加灵活,社区居民参与程度提升

社区协商相较于民主选举,具有灵活变通、简单快捷、适应性强、应用广泛的特点。社区协商没有法定的周期性或阶段性,可以根据社区的公共事务及突发性重大事件随时进行。协商活动的发起和流程制定没有严格明确的法律限定,具有一定程度的灵活性,可以在任何年度的任何时间节点开展。民事由民议、民事由民决,社区协商的常态性和灵活性,保障居民参与社区公共事务与决策的常态化,对居民实现自我管理、自我教育、自我监督具有积极意义。因此,社区协商有助于充分动员和鼓励居民参与社区政治生活,不断强化居民的公共责任意识和社区认同感。

湖北省农村社区居民参与社区事务的渠道有以下四种(见表5-8):村民会议(村民大会和村民代表会议)、向监委会反映情况、村民直接向村"两委"反映情况、其他渠道。其中,大部分村民主要选择村民会议(村民大会和村民代表会

---

① 韩福国:《作为嵌入性治理资源的协商民主——现代城市治理中的政府与社会互动规则》,《复旦学报(社会科学版)》2013年第3期。

议)或直接向村“两委”反映情况。由此可见,村民参与社区公共事务的渠道较为广泛,程序较为便捷灵活,村民能够通过管理或监督不同类型的公共事务参与到社区协商的不同环节中,提升公共决策的参与率。

另外,为加深了解我国城乡社区协商程序中的最后公示环节情况,我们进行了相关调查。通过数据分析显示,有 90.9% 的受访者认为社区协商结果有向居民公示,有 9.1% 的受访者认为社区协商结果没有向居民公示(见表 5-12)。表 5-13 反映了社区协商结果向大众公示方式的分类情况,其中,公示方式最为普遍的是利用公开栏公示结果,有效百分比高达 90.9%。其他公示方式主要包括:村/居民代表会议,村/居民会议,公开信、传单、小报,手机短信,电视、网络公开等。由此可见,社区协商中的结果公示环节也具有灵活的方式,不同社区能够选择灵活的公示方式,如 QQ 群、微信群、电子屏幕宣传、广播、横幅、入户宣传等,最大限度地保障信息的公开程度,保障参与社区协商的利益主体能够及时有效地获取协商信息。

五、社区协商效果持续延伸,社区居民生活日渐改善

协商民主不能停留在社区的单方驱动上,而要促进社区发展资源的聚合以及发展成果的延伸,通过经济发展、社会进步、党政领导优化、治理结构改善和政府大政方针的引导来巩固社区协商成果。在人民民主的逻辑思路下,将民主作为资源性要素嵌入基层社会治理中,可以使得各种社会主体不仅有活力,而且能够形成合力。社区协商作为基层民主的实现形式,贯穿基层群众自治的全过程,让基层群众对民主选举的人选、民主决策的事项、民主管理的内容、民主监督的问题都充分酝酿、讨论协商,能够充分发挥“四个民主”的合力,提升基层民主的质量,增强基层群众民主参与效能。

社区协商成效是社区开展协商活动所追求的根本目的,社区协商的最终效果可以从多个角度衡量,社区环境的改善、利益主体矛盾的化解、基层组织的工作效率提升、社会组织的广泛参与、村民的肯定与拥护等方面都可以作为衡量社区协商取得较好成效的检验指标。当前湖北省农村社区协商处于发展阶段,社区协商不断获得较好成效,社区协商效果呈现出延伸拓展的趋势,这在一定程度上反映出社区协商效果在实践层面能够给村民带来效能感。由图 5-1 可知,有 70.9% 的受访者认为社区协商结果大部分被落

实,有14.5%的受访者认为社区协商结果全部被落实,有5.5%的受访者认为社区协商结果很少一部分被落实,另有9.1%的受访者回答不适用。据此可以推断湖北省农村社区协商结果大体是能够被实现的,村民借助社区协商活动获得社会正效应,共同体验社区协商所带来的社区综合环境改善。

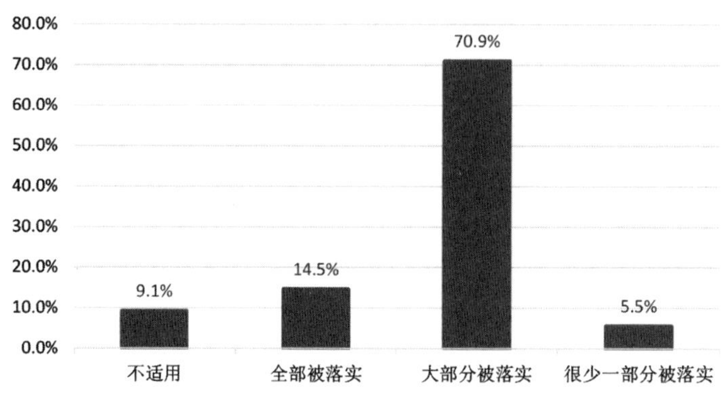

图5-1　农村社区协商结果落实情况

第三节　农村社区协商发展的实践限度

随着生活水平的不断提升,人们不仅对物质文化生活提出了更高的要求,而且在民主法治、公平正义、和谐安全等方面的主体意识也日益增长。由于利益主体的多元化发展、利益诉求的快速增加、公民意识的提升和参政议政能力的增强,人们对民主政治的要求相应增加。协商民主强调居民的广泛参与,以此来赋予居民更多的知情权、表达权、决策权、监督权等,有助于居民自治从政府规划引导型向居民内生参与型转变①,激发基层民主自治的内生动力。尽管社会主义协商民主与我国现行的许多制度已基本契合,但基层民主自治中的社区协商依然面临一些障碍因素,基层社区容易出现"遇到问题和矛盾纠纷才协商"、"公共决策出现分歧才协商"、"利益集团在协商过程中联合寻租"等现象,社区协商所追求的平等参与、理性表达、合法决策等内在价值在工具理性的驱动之下难以实现。从湖北省农村社区协商具体实践来看,民生需求与制度供给、强势群体与弱势群体、内生动力

① 任路:《协商民主:居民自治有效实现形式的运转机制》,《东南学术》2014年第5期。

与外部推力、协商形式与协商内容、结果达成与执行效果这五对矛盾很大程度上制约了农村社区协商民主的有效发展。

一、民生需求增加与协商制度供给不足矛盾显现

伴随着市场经济的发展与国家治理的转型，社会利益结构开始了多元化的发展历程，且阶层分化日益明显。这种发展趋势必定伴随着利益诉求的多样化，因此不同阶层主体之间的矛盾与纠纷开始增多，这些矛盾纠纷日积月累容易形成危及经济社会稳定的社会问题，增加基层治理的难度。从应然层面出发，社区协商的兴起与发展，在一定程度上能够满足公民的政治参与和协商对话的需求，能够妥善解决不同群体与个体之间的利益分歧，同时也为政府和社会搭建了协商对话的平台，能帮助调和各个阶层之间的利益关系，稳定并维护好政治秩序与社会关系。但从湖北省农村社区协商实然层面来看，当前社区协商制度性供给与相关利益主体的实际需求还存在一些矛盾。一方面是村民民生需求快速增加以及随之而来的大量纠纷冲突，另一方面是常态化的协商机制建设跟不上协商发展的步伐。因此，相关利益主体试图通过程序化的方式解决利益冲突的愿望，与暂时落后的矛盾纠纷调处机制之间还存在不小差距。

由调查数据可知，在 190 个受访并有效回答问题的调查样本中，从来没有听说过社区协商的受访者有 151 人，占 79.5%；听过但不理解的受访者有 17 人，占 8.9%；听过并深刻理解的受访者有 22 人，占 11.6%。这说明有近八成的村民对社区协商活动还不甚了解（见表 5-3）。因此，可以推断湖北省农村社区居民大多对社区协商依然不甚了解，听过社区协商的居民在受访总人数中还不足四分之一。湖北省农村社区协商在受访群体当中依然没有达到普遍了解的程度，尽管居民参与提高了本省农村社区居民对基层群众自治活动的主动性与积极性，但是对于自上而下的社区协商活动开展依然缺乏自下而上的群众呼应。

调查数据显示，村庄会议的类型包括：村民会议、村民代表会议、村民小组会议、党群议事会、村庄议事协商会、村务听证会。其中，村庄议事协商会的参与有效百分比只占 16.8%，没有参与任何一项村庄会议的村民占到受访者总数的 42.1%，即近一半的村民根本没有参与涉及村庄公共事务的会

议(见图5-2)。从相关数据信息可以发现数据背后蕴含社区协商供需不匹配的矛盾。在农村地区,村民普遍缺乏政治参与和协商的意识,青壮年往往外出打工、奔波于生计,村内的“三留守”群体对于生活环境的改善、集体利益的保障、福利政策的实施具有更大的现实需求,这些需求成为社区协商议题的现实参考来源。在大多数农村社区,协商活动的制度性供给很难满足村民的现实需求,许多村庄会议流于形式,导致基层矛盾纠纷日积月累,并且有一部分发展为群众上访的导火索。

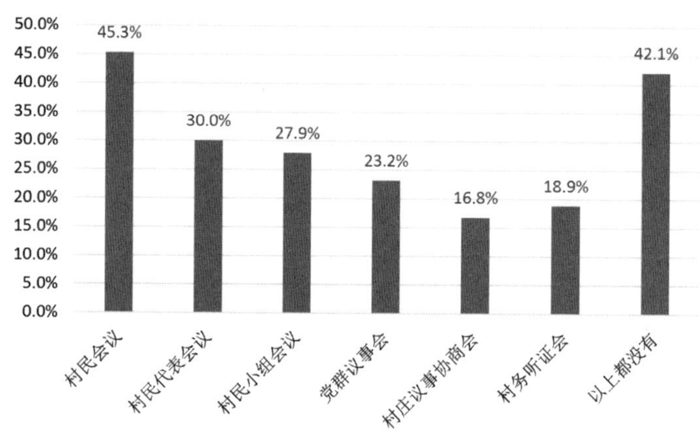

图5-2　村民参与本村会议情况

二、强势群体主导与弱势群体表达受阻现象并存

基层民主是中国民主政治发展的基础。理论与实践都表明,以公民个体为单位而开展的协商活动是基层民主的重要形态,发展公民协商是基层民主建设的重要途径①。社区协商正是以公民为主要参与主体的基层民主协商形式,可以让社区居民以不同身份作为利益相关者参与到社区公共事务的决策中。协商主体的平等性能够影响社区居民的参与主动性和积极性,是保证协商民主价值实现的必要前提之一。没有平等,协商民主就会流于表面化、形式化②。协商主体的平等性包括信息资源平等、协商地位平

① [澳]约翰·S.德雷泽克:《不同领域的协商民主》,载于陈剩勇、何包钢:《协商民主的发展》,中国社会科学出版社2006年版,第16-26页。

② 张等文、孙泽亚、刘彤:《中国城乡社区协商民主发展的现实形态与推进理路》,《理论探讨》2016年第3期。

等、参与机会平等、表达权利平等等多个方面。然而在基层协商民主实践中，由于信息资源占有的多寡、政治参与能力的强弱、权势地位的高低等因素影响，基层协商依然存在较明显的强势群体与弱势群体之分。在实际的社区协商活动中，强势主体往往具有更大的话语权和决策影响力，弱势群体由于参与主动性不强、协商平台设置门槛过高、个人能力不足、缺乏政治权威等因素而影响到其协商过程中的利益表达，进而导致在社区协商过程中，强势群体主导协商与弱势群体表达受阻的现象并存。

根据湖北省农村社区中参与社区公共决策主体重要性排列的问卷调查所获数据制作数据雷达图，由图 5-3 可知，在受访者看来，公共决策主体最重要的是前三个主体，按照重要性排列分别是：政府、村委会和村民。受访者选择政府作为最重要的公共决策主体有效百分比高达 36. 4%（决策主体 1），选择村委会作为第二重要的公共决策主体有效百分比为 40. 0%（决策主体 2），选择村民作为第三重要的公共决策主体有效百分比为 32. 7%（决策主体 3），其余主体的重要性依次减弱。

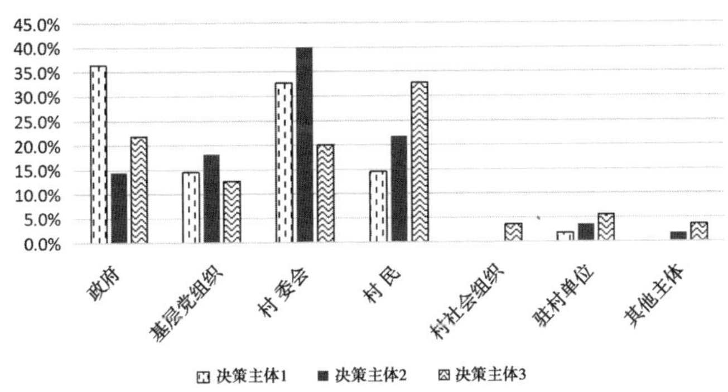

图 5-3　参与社区公共决策主体的重要性排列（多选）

不难推断，对于参与社区公共决策和公共事务协商的众多主体来说，依然存在强势群体和弱势群体之分，强势群体的主要代表为政府和村委会，弱势群体的主要代表为村民和村社会组织。弱势群体往往存在表达不畅或表达失效等情况，尤其是不具有组织代表性的普通个体，在社区协商过程中缺乏话语权和说服力，少数服从多数的原则无形中使大多数人的利益覆盖了少数人的需求。尤其是在农村地区，一些参与协商的村民因为自身文化水平不足、交往能力较弱、信息占有量匮乏，无法充分理性地表达自身利益诉求。还有部分村民囿于害怕得罪村干部,不敢在村民会议这样的公共场合表达自己的真实想法,导致这些弱势群体不断被边缘化,逐渐失去话语权和影响力,自身利益在协商活动中受损。在社区协商过程中,与弱势群体相比,强势群体则一般具有较强的主导力和权威性,能够引导社区协商的整体走向,在部分社区会出现领导干部操控协商流程、压缩协商时间、内定协商议题、引导协商结果等现象,甚至把社区协商异化为走流程、走过场的形式化操作。

三、内生动力不足与外部行政推力抑制民主参与

国家与社会在发展基层协商民主问题上尽管存在博弈关系以及各自的价值追求,但本质上来讲,发展基层民主是国家与社会的共同意愿。但由于二者对于追求基层协商民主的逻辑出发点不同,往往在操作实践层面出现难以融合的局面。国家层面的逻辑出发点是基层民主的法治化,社会层面的逻辑出发点则是基层民主的民主化,国家由上至下的行政推动和社会内部由下至上的民主需求,共同推进着社区协商的发展。村委会在农村社区开展协商活动时,多缺少协商机制与协商氛围,在多重因素的综合影响下,一些村民缺乏主人翁意识,习惯于通过“搭便车”行为获得社区公共事务的利益。部分社区在组织开展协商活动过程中,村民的参与意愿不高、民意代表性不足,导致协商活动获得最终决策后,协商结果被选择性执行,从而使民众缺乏参与社区协商的满足感和获得感。

由表5-5调查数据可知,社区半数的公共事务是由政府主导农村社区参与进行的,基层政府在村发展规划、村委会/居委会选举、社会救助、治安管理、土地征迁等公共事务及决策中占据主要地位,村主导政府参与的公共事务只有村/社区重大事务决策、村/社区卫生与环境治理服务、村/社区文化建设和村基础设施建设,一定程度上验证了国家自上而下的行政推力与农村社区内生的协商动力之间形成了一种制衡。

四、协商实现形式与协商具体内容之间缺乏契合

基层协商民主的生长空间,一方面来自改革开放以来的体制活力释放,另一方面来自社会的自我成长。但无论在什么条件下,基层民主的发展与成熟始终都要建立在日积月累的探索和实践基础之上,而不能寄希望于一

朝之功和一步到位[①]。在发展的过程中必然要经过探索、实践和积累，因此任何有意义的探索和实践在初始阶段都不可避免地带有不成熟元素，这种渐进式的发展路线引导着地方的社区协商实践只能是“摸着石头过河”。因为存在多种表现形式的农村社区协商，所以农村社区民主生活呈现出多姿多彩、异彩纷呈的局面，但是对于什么协商民主形式解决什么问题，或者说什么样的协商内容应该用什么样的形式来解决，成为目前农村社区协商民主发展的一大难题。尽管当前湖北省农村社区协商的方式方法层出不穷，但总体上依然存在着重结果、重技术、轻过程、轻规范的实用主义倾向，从而导致农村社区协商活动浮于表面、流于形式、形式大于内容。农村社区协商的发起者和组织者在协商的组织过程中往往缺乏由社区居民自主选择协商方式的环节，大部分社区协商活动都是基层政府或基层政府的派出机构直接发起并引导利益相关者参与其中。如果社区协商活动只有民意表达却缺乏讨论和理性妥协的过程，没有整合民意和统一结果的过程，其作为达成妥协与共识的作用就难以彰显。如果协商过程只有居民接收信息和做出妥协，而没有合理的利益表达和自我辩护，就无法获得大部分利益相关主体的选择偏好和个人立场，也就不能为社区的公共决策提供科学依据和有效建议。因此，协商形式与协商内容之间需要一定的契合，只有根据具体的协商事项决定不同的协商形式，才能真正达到社区协商活动开展的主要目的。

五、协商所获结果与最终决策执行之间部分脱节

社区协商的最终目的是达成解决社区公共事务或公共决策的一般性共识，协商结果与最终决策之间能否形成一致性并得到落实成为检验社区协商最终价值实现的重要衡量标准。由于湖北省内大多数的农村社区协商实践都处于萌芽期或发展期，社区协商的形式创新和制度设计都还处于探索阶段，其运行机制、监督机制和反馈机制都不健全，因此容易出现协商结果与最终决策之间部分脱节的问题。这一问题的产生，容易导致部分农村社区的协商活动议而不决，或者协商活动最终获得的协商结果不被采纳、公共决策不能按照民意得到有效执行。受行政意志的影响，部分社区协商结果

---

① 林尚立：《协商民主：中国的创造与实践》，重庆出版社 2014 年版，第 144 页。

还难以进入公共决策领域。原本合理合法的社区协商活动,通过一系列民主公开的协商流程、获得大众满意的协商结果,却因最终的选择性执行而与初衷背道而驰,大大降低了农村社区协商的公正性与有效性。现实主义民主理论家认为,协商理想和现实民主实践之间存在着巨大的、似乎不可逾越的鸿沟。最为典型的疑问是:一个在本质上小而迟缓的协商团体如何治理庞大而复杂的社会?协商民主如何作出及时而有效的决策?怎样才能够使参与者遵守协商原则而不被个人或团体私利所操纵呢?① 这些问题束缚着湖北省农村社区协商的发展走向,协商所获结果与最终决策执行之间的脱节以及协商过程中的精英主义倾向都在不断侵蚀着社区协商民主的公正性。由于权力的不恰当运用所形成的主导、支配、灌输、宣传、欺骗、威胁、私利性表达,不仅扭曲了协商行为的意识形态也扼杀了基层群众的偏好与判断。部分农村社区由于长期受制于领导权威的压迫,社区协商活动实际上成为社区精英、村恶村霸治理基层群众的非常规方法之一,农村社区协商所带来的非公正性长期延续,抑制了基层民主自治的内在活力。

第四节　农村社区协商实践的创新思路

不难发现,湖北省农村社区协商发展的机遇与挑战并存,在取得显著成效的同时也面临着多重的发展阻碍。为提高本省农村社区协商能力,社区治理主体及参与主体都应积极投身于社区协商的行动中,形成纵向联合、横向合作的系统性发展力量。新时代背景下,加强城乡社区协商的大政方针已经指明了进一步发展的方向,基层农村社区要以求真务实、敢于创新的精神与作风提高实践能力,营造良好的社区协商氛围,促进基层民主实践的健康有序发展。针对湖北省农村社区协商发展所面临的困境与挑战,本调查从改善基层政权领导方式、探索社区协商有效形式、培育社区协商多元主体、完善社区协商组织结构、建构科学有效协商机制、提升社区协商实践成效六个方面提出如下对策建议。

---

① 陈家刚:《协商民主与当代中国政治》,中国人民大学出版社 2009 年版,第 102 页。

一、理顺政社关系，改善基层政权的领导方式

协商民主包含政府与社会的互动关系，具体表现为基层政府与基层群众自治组织的衔接与互动。如何理顺政社关系，提高社区协商参与的平等性，是发展社区协商的关键。在当前的社区协商发展实践中，尽管社区协商普遍主张参与的平等性，所有成员一视同仁，不允许特殊的个人利益超越公共利益，但在实际的社区协商实践中，利益相关主体在协商过程中的话语权和决策权的影响力受制于各自的社会身份地位、个人权威、利益集团的合谋、社区精英的个人魅力等，这些都会不同程度地影响协商过程与最终决策结果。例如，由于村委会具有“半官方”的性质，因此在行使信息传递职能时，难免受到基层政府行政力量的牵引，潜移默化地影响村民代表大会的决策职能和监督职能的履行。

因此，为提高农村社区协商的实际成效，就必须理顺政府与社区之间的关系，推动社区自治组织“去行政化”，让参与社区协商的利益相关者能够成为平等的协商主体。各级政府可以通过舆论引导、程序规范、过程监督和评估反馈等形式保障社区公共决策的合理性与合法性，防止社区自治组织的功能异化、组织力量分化，不断形成纵向的联合力量以聚拢来自横向的各类社区组织的合作力量。横向的社区组织建设应该充分发挥各自的优势力量，形成相互监督、相互配合的平行组织网络，避免社区组织呈现出科层化的行政结构，促进社区协商主体更加平等、密切地交流合作。

农村社区协商不仅需要纵向联合的行政力量和横向合作的社会组织力量，而且需要不断加强基层党组织的领导功能。党的领导是中国特色社会主义最本质的特征，同时也是我国社会主义协商民主健康有序发展的根本保证。从宏观层面来看，我国社会主义协商民主的发展始终需要坚持党的领导、人民当家作主、依法治国的有机统一，坚定不移地走中国特色社会主义发展道路，不能照搬照套西方政治的民主发展模式。从微观层面来看，湖北省农村社区协商民主的发展需要充分发挥基层党组织协调各方、统领全局的领导核心作用，始终坚持民主集中制原则，在农村社区协商民主活动中不削弱党的领导和权威、不放弃党的领导责任。基层党组织是党联系广大党员和人民群众的桥梁，是党在社会基层组织中的战斗堡垒，是党的战斗力

基础。新时代背景下的基层党组织建设,会直接影响到党的引导力和凝聚力。应将发展农村社区协商工作纳入基层党组织工作部署和议事日程,统一规划、统一领导、统一部署,确保本省农村社区协商活动能够有计划地开展、有步骤地进行、有组织地保障。各级领导干部要重视并参与到当地农村社区协商民主的实践当中,基层党组织要充分发挥推动民主发展、服务社区群众、凝聚人心力量、促进社区和谐的作用,通过农村社区协商民主的贯彻落实,加强和完善基层党组织的领导职能。

二、坚持因地制宜,探索社区协商的有效形式

基层协商民主在我国具有深厚的文化基础、理论基础和实践基础①。发展农村社区协商,要围绕国家治理体系和治理能力现代化的目标与要求,坚持正确的大政方针走向,立足区域政治、经济、文化的发展特点及发展基础,因地制宜地探索城乡社区协商形式,坚持继承传统地域协商特色与改革创新有机统一。农村社区的发展水平由于地区分布具有明显差异,发展的政治基础、经济基础和文化基础不相一致,因此社区协商发展水平必然也参差不齐。不同地区应当结合当地实际,通过多种渠道、多种手段、各种方法进行广泛的社区协商,提升社区协商的实践水平,探索优秀的社区协商模式。对于一些发展成熟的协商做法与模式可以扩大推广宣传的范围,甚至提升为基层协商民主的制度规范。

具体来讲可以从三个方面进行探索:第一,丰富社区协商活动的议题,在主题和内容上有所突破。对于社区协商所要选择和设定的议题,基层工作者要深入社区和村民群众,进行广泛调研,防止闭门造车。可以在农村社区内部设立相关的意见箱、电子服务平台,围绕社区发展的规划、群众关心的议题征求民意,选择与村民利益相关的文化、教育、医疗、就业等公共问题开展协商,准确把握社区发展的脉搏,切实反映当地群众的愿望与需求。第二,拓宽村民参与协商的渠道,创新公众参与形式。社区要根据协商议题的内容及利益相关者的参与情况,为参与者提供最为公平、公正、公开的参与途径,可以社区为依托,为村民搭建一个能够广泛参与公共事务决策、管理

① 孟祥锋:《学习十九大精神,发挥协商民主重要作用》,《人民日报》2017年12月22日。

和监督的协商民主平台。第三,提升网络平台在社区协商中的作用,提高线上协商与线下协商的有机融合。各个农村社区可以充分利用政府门户网站、政府公共服务网络系统、服务热线、社区微信公众号等多种传统与现代结合的媒体形式,为社区居民不同阶层的群体提供社区协商的便捷通道,提高信息公开的及时性与全面性,减少信息不对称、信息失真所带来的负效应。

三、激发内生动力,培育社区协商的多元主体

社区协商的内生动力来自多元主体的参与积极性,因此如何营造良好的参与氛围是激发农村社区协商内生动力的关键。通过培育社区协商民主文化、倡导协商民主精神,能塑造社区既民主又集中、既自由又规范、既广泛参与又能统一意志的协商局面。社区的治理主体与社区公共事务的利益相关者都要成为社区协商的参与主体,这些主体可以包括基层政府及其派出机构、村民委员会、村民小组、驻村单位、社区社会组织、企事业单位负责人、村民等利益相关方。各类参与协商的主体本质上并不存在行政级别上的隶属关系,既不是领导与被领导的关系,也不是管理与被管理的关系,而是一定意义上的平等关系,是各个参与协商的主体因为公共利益的博弈而聚拢到一起商讨公共事务的决策方案的过程。必须不断激发社会组织、农村集体经济组织、农民专业合作社、驻村企业等社会力量,发挥高校社区治理领域专家教授、社区工作者、社会工作者、社会组织的专业力量参与协商,凝聚推动本省农村社区治理与社区协商的强大合力。

具体来讲包括以下三个方面:第一,培育村民公民意识。由于部分社区居民缺乏良好的公民精神,对社区公共事务漠不关心,缺乏社区协商的参与热情,因此,需要社区基层党组织、自治组织、社会组织采取一定行动,借助相应的政策宣传、网络宣传,通过分发宣传手册、举行社区宣讲、开展主题培训等方式,不断提升社区居民的公民意识和参与社区协商的积极性。第二,加大社区协商宣传,强化协商监督。社区协商"要坚持眼睛向下,脚步向下,尊重基层群众实践,解决群众生产生活中面临的突出问题",通过各种合法有效的宣传方式,积极推行社区协商运行公开化、合法化和规范化,让基层群众都能充分行使自己的提议权、决定权和监督权,提升协商的有效

性。第三，优化参与社区协商主体结构，提高社区协商程序的公正性。由于社区公共事务的利益相关者理论上都应成为协商参与主体，但并不是所有的利益相关者都有机会参与到社区协商，因此我国大部分社区主要通过自愿报名参与、群众或组织推荐邀请、随机抽选三种方式，确定能够参与社区民主协商活动的代表。这三种主要的社区协商参与者选取方式既可以单独实行，也可以采取组合方式确定参与者。为提高农村社区协商的公正性与机会均等性，可以采用多种选取方式相组合，避免参与者的同质性及观点的片面性，以保证获得全面真实的协商观点和意见。

四、巩固协商平台，完善社区协商的组织结构

民主制度如同一部机器一样，无论其设计得多么精巧，终究都要靠人来操作，否则民主制度只能生存在制度条文里。民主制度最为合格的操作者就是具有公共精神的现代公民①。为了将社区内的居民群体培养成现代公民，可以借助社区营造，帮助社区居民培养社区意识、社会交往能力、组织能力和社会责任感，综合提升社区居民的公共精神，积极引导社区居民自主参与社区协商。社区营造就是依托社区内部居民自发组织形成的小团体，通过政府引导、民间自发、非政府组织（NGO）帮扶，促使社区自组织、自治理、自发展，解决社区的诸多问题。社区营造的主要目标是帮助社区居民满足社区发展的需要，培养社区成员的参与感与使命感，自己解决社区问题。社区营造更深层次的目标是挖掘社区居民的自我价值，增加居民信心和社区自组织的权利，改善社区公共环境，并促成居民自我价值的实现，形成社区自治（不同于村民自治）。社区治理主体可以借助社区营造间接提升社区居民参与社区协商的能力，组建社区协商载体，引导协商主体向组织化发展。

主要可以从以下三个方面着手：第一，社区自组织的结构基础是由社区居民自发组成的居民小团体和社群组织，自组织中的每一个成员都是地位和权利平等的社区居民，这种地位和权利的平等性为社区协商中面对面平等协商提供了前提条件。第二，社区自组织为不同群体的利益诉求和利益表达提供了汇聚的载体，内部成员之间交流合作、达成共识的过程有助于提

---

① 陈伟东、吴猛：《社区自组织与直选成本——以武汉市柴东社区和宁波市澄浪社区为个案》，《当代世界社会主义问题》2005年第2期。

炼出社区群众最为关心的协商议题，不仅帮助社区居民培养合作精神和结社习惯，还能够择优选取社区协商亟待商讨解决的公共事务。第三，社区自组织的形成必然要经历数次的合作，将社区居民的个人需求合理聚拢为公共利益。社区居民在自组织中不断通过公共利益的实现来满足个人利益的需要，通过长期的自组织“浸染”和“融合”，社区居民就会在潜移默化中产生公民精神，从传统的社区居民转化为具有社会责任感的现代公民。当面临公共事务和公共决策时，自组织成员都具有更强的参与动机和欲望，而面临利益纠纷时，能够站在更高的立场上思考问题，不再只是考虑个人的利益得失。

五、加大保障力度，建构科学有效的协商机制

社区协商是社区公共领域活动的重要组成部分。针对实践当中存在的形式与内容不匹配、程序与结果不平衡等问题，应当进一步完善社区协商的运行机制，加大协商的保障工作，让运行机制、制度规范为社区协商的全过程保驾护航。为避免一些社区在协商过程中出现“重结果，轻程序”或“重程序，轻结果”的现象，应当引导城乡社区形成科学化的协商运行机制，在协商程序、协商监督、决策实施和事后反馈等多个步骤上制定具有权威性、约束性的制度规范，加大社区协商的保障工作。协商的一般程序是：村党基层组织、村民委员会在充分征求意见的基础上研究提出协商议题，确定参与协商的各类主体；通过多种方式，向参与协商的各类主体提前通报协商内容和相关信息；组织开展协商，确保各类主体充分发表意见、建议，形成协商意见；组织实施协商成果，向协商主体、利益相关方和居民反馈落实情况等。为避免协商程序与协商结果之间的失衡，一方面要强调协商程序的重要性，另一方面也要重视最终协商结果的合理性，无论是哪个方面，都要紧紧把握基层人民群众的公共利益。

具体来讲，首先，要建立健全协商工作机制，结合当地实际情况研究制定具体指导意见。省内地方各级党委和政府要把农村社区协商工作纳入重要议事日程，为基层政府、社会团体、公民个体等不同层次的协商主体，提供全面而丰富的协商主题培训，让参与主体了解基层协商具有严谨的程序要求，不同的协商模式具备不同的程序设计、适应不同的社区类型，每一个协

商环节都具有其特定的功能,不能随意更改和删减。其次,应把基层协商民主的重要环节和主要程序上升为法律制度予以规范和保证。目前,湖北省对于农村社区协商程序具有指导性和权威性的具体制度规范还未出台,《关于加强城乡社区协商的意见》只对协商程序进行了一般描述,并没有设计出需要严格执行的必要程序。因此,应进一步完善基层群众自治的法律法规,针对农村社区协商的发展制定相应的制度规范,为农村社区协商实践提供法律支撑。最后,要加强对农村社区协商工作的支持。省内基层政府要关注各地农村社区协商活动的开展情况,设置相应的奖惩制度、活动比赛并给予经费支持,大力调动各个农村社区参与主体的协商积极性,借助村级组织、社会组织、公益组织等的运转经费及其他现有渠道,为农村社区居民开展协商活动提供必要条件和资金保障。

六、强化结果执行,提升社区协商的实践成效

经过社区协商流程后,往往会出现两种情况:一种情况是各个协商主体没有达成最终共识。对于协商无法解决或存在较大争议的问题或事项,目前的解决方式是将其提交至村民会议或村民代表会议决定,采取投票表决的方式,按少数服从多数的原则决定并宣布最终结果。对于跨村协商中无法达成协议的问题,由乡镇政府、党工委研究决定。对于协商过程中持不同意见甚至反对意见的群众,协商组织者要及时做好解释说明工作。另一种情况是各个协商主体达成共识之后,协商结果进入被采纳、落实、监督和反馈阶段。符合法律制度规范的协商成果,由村具体落实,村党基层组织、村民委员会应当及时组织实施,落实情况要在规定期限内通过村务公开栏、社区刊物、村网络论坛等渠道公开,接受群众监督。受政府或有关部门委托的协商事项,协商结果要及时向基层政府或有关部门报告,基层政府和有关部门要认真研究吸纳,并以适当方式反馈。

这要求在协商过程中注重以下细节:一是借助行政力量保证农村社区协商活动的开展落实。省内各级民政部门要形成纵向的联合力量,切实履行指导农村社区协商的工作职责,带头推进社区协商的自觉性和主动性,保证农村社区协商能够常态化进行,提高指导农村社区开展协商的能力。其他相关部门也应该积极参与协同,共同做好社区协商的工作指导和督促落

实,保障基层群众真正享有实实在在的民主权利。二是注重农村社区协商成果的运用和反馈。社区协商所获得的决策结果不一定具有普适性,协商结果贯彻实施以后,依然要将维护好、保障好村民的根本利益作为社区协商的出发点和落脚点,广泛听取相关利益主体的意见、建议,为社区下一次协商提供民主性和科学性的参考意见。三是建立农村社区协商的督查和考核机制。要通过深化村务公开、健全监督机制等方式,充分发挥社区内部的相关利益主体在公共事务中的监督作用。各级党委领导及相关工作者要根据年度工作重点、区域工作重点,跟踪对比往年协商活动绩效,通过下基层调研的方式获得基层群众真实意见及相关数据,据此科学制订协商年度计划,统筹安排农村社区协商活动。

第六章　农村社区网格服务管理改革与发展

加强和创新社会治理,维护城乡社会有序发展与和谐稳定,确保国家长治久安、人民安居乐业,一直是党和国家从发展全局出发确定的重要战略任务。在中国社会发展迎来新的重大飞跃的背景下,党的十九大作出中国特色社会主义进入新时代的重大政治论断,也对社会治理格局提出了新的战略要求:打造共建共治共享的社会治理格局,提高社会治理社会化、法治化、智能化、专业化水平。网格化管理是近年来基层治理的一个创新,2003 年非典疫情防控和 2020 年新冠肺炎疫情防控就是网格化管理的成功典范。网格化管理在疫情防控过程中发挥了既定功能优势,实现了精细化、智能化、社会化的疫情防控目标,同时在疫情防控工作中不断完善创新,已然发展成为基层社会治理的重要抓手。基层安则全局安。一直以来,湖北省都在为"建成支点、走在前列"的战略新征程而奋斗和努力。特别是在社会治理工作方面,省委、省政府引领全省以改革创新为驱动,以城乡网格化管理建设为抓手,以法治建设为引领,不断完善基层社会治理体系,提升社会治理能力。自 2011 年底开始,省委认真总结宜昌市"一本三化"网格化管理经验,把"宜昌经验"上升为"湖北经验";在 2015 年建成了全域覆盖的网格化管理体系,成为全国创新社会治理体制的典范,引发了深远的示范牵引效应。在 2020 年湖北疫情防控取得阶段性胜利之后,省委、省政府着力打造网格化管理"升级版",保持网格化管理建设水平继续领跑全国,着力提升网格化管理在基层社会治理体系中的效能作用。

本章通过梳理湖北省农村社区网格化管理建设的发展历程,在提炼各地市农村社区网格化服务典型案例的基础上归纳总结湖北省农村社区网格化公共服务治理的实践经验与存在的问题，并对湖北省农村社区网格化服务管理建设的品牌升级及路径设计提供对策建议。

第一节　农村社区网格化管理的变迁与发展

湖北省城乡网格化管理建设致力于向自动化、智能化、网络化方向发展，在实现省内网格化全覆盖的基础上，以高位求进姿态着力打造网格化社会治理升级版，不断织密平安、法治建设的责任网、信息网、服务网，促进基层社会治理服务能力迈向新台阶，推动平安湖北、法治湖北建设走向深入。经过近十年的发展，湖北省网格化管理建设长期保持全国前列，并成为全国创新社会治理体制的典型范例。2014 年中央专门召开“武汉会议”推广湖北基层治理“第一大网”建设的创新经验；2017 年 9 月召开的全国社会治安综合治理表彰大会上，湖北省的武汉、襄阳等十个市、县（区）获得综治最高奖“长安杯”。这一系列的经验推广和奖项获得，都是对近年来湖北省网格化管理建设取得成果的充分肯定与高度认可。

一、社区网格化管理建设发展历程

作为城乡基层社会治理的重要组成部分，网格化管理是加强和创新社会治理在农村社区的表现形式。如何进一步提升基层社会治理能力，创新社区治理模式，是湖北省委、省政府长期关注的现实课题。一方面，创新基层社会治理是问题倒逼的结果，当前处在社会转型期，各种矛盾纠纷易发频发，各种不稳定因素交织叠加，各种利益诉求层出不穷；另一方面，加强和创新基层社会治理是保障、改善民生的重要条件，社区作为“国家治理基本单元”，要建构成“满足人民美好生活的生活共同体”，必然带来基层社区权力结构、主体结构及需求结构的变化，形成错综复杂的相互关系。在问题倒逼和结构转型的双重背景下，网格化管理建设成为难得的破题之法。与其他社会治理手段相比，网格化管理的优势十分明显：网格化管理不打破现有行政体制，不增加行政编制，采取政府购买公益性岗位增加就业机会，通过建立现代化的综合服务管理平台，充分整合基层资源和力量，实施信息化、智能化、精细化、常态化社会治理,为提升基层社会治理能力和水平打下了坚实基础,也为维护社会平安稳定发挥了重要作用。面对这一现代发展转型的现实背景,湖北省网格化服务管理建设发展经历了“渐进式试点—跨越式发展和有序式提档”的两个阶段。

(一)2011年至2015年:城乡一体化全面建设

1. 试点先行,摸索中融合

2010年,湖北省宜昌市被确认为35个全国社会管理创新综合试点城市之一,并开始担负起为全国社会管理创新先行探索的重责。为肩负起这一全局性、先导性和战略性的历史使命,中共宜昌市委、宜昌市人民政府积极探索以网格化管理为基础,以信息化平台为支撑,以全程化服务为目标,以资源整合为手段,对人的整个生命周期实现全程管理和服务的“以人为本、一本三化”的社会管理新体系,实践出了许多符合科学发展又具有本地特色的“宜昌经验”。在这个过程中,既构筑了社会管理“大联动”、服务群众“大合唱”的工作格局,也形成了“服务下沉、管理上移”的社区服务新模式。2012年、2013年湖北省综治委、宜昌市分别在全国综治工作“北京会议”、“杭州会议”上介绍经验,中央媒体称之为基层治理“第一大网”。2014年中央专门召开“武汉会议”予以推广,全省其他市、县乃至全国20多个省(自治区、直辖市)先后到宜昌考察学习。

2. 普遍推行,实现全覆盖

伴随着“宜昌经验”逐渐成熟且被介绍到全国,湖北省开始在城乡社区全面推进网格化管理建设工作。2012年下半年,在鄂州、宜都农村网格化管理试点成功的基础上,省委开始全面部署和推进城乡网格化管理建设,并提出用三年左右的时间,在全省建成全域覆盖、城乡一体的网格化管理体系。在此期间,充分运用城乡一体化建设成果,将城市管理理念引入农村,探索建立了城乡一体网格化管理体系,实现了“三个全覆盖”,即网格建设全覆盖、信息网格全覆盖、多元服务全覆盖。与此同时,省委、省政府更加注重制度保障建设,于2012年、2013年先后制定出台了《全省城市社区网格化服务管理建设标准》和《全省农村网格化服务管理建设标准》等一系列文件。2015年,全省全面建成了全域覆盖、城乡一体的网格化管理体系,成为全国加强和创新社会治理的典范。

(二)2016 年至今:全面提档升级阶段

2016 年以来,湖北省综治办按照省第十一次党代会关于建设更高水平平安湖北的要求,与“雪亮工程”建设同步设计阶段,将省级网格化服务管理系统与省级公共安全视频监控信息系统进行一体化设计和推进,实现视频图像资源互联、互通、互享;与政法信息化建设同步实施阶段,将省级网格化服务管理中心作为全省政法机关信息化“1234”工程建设中的“三大中心”之一同步实施;与综治中心工作同步落实阶段,充分整合现有市、县、乡、村四级网格化平台资源,在综治办新建综治中心,按照综治中心建设“国家标准”,对接网格化管理信息平台,创新“综治中心+网格管理中心+综合服务管理信息系统+N”模式,统筹推进综治中心与网格化服务管理一体化运作。

二、农村社区网格化管理建设基本现状

通过实践调研分析,我们可以发现,农村网格化管理建设包含各个方面,内容众多,形式复杂,其核心主要体现在五个方面:第一,网格建设标准化。网格化管理建设既在城乡社区的横向层面划分了细致的网格,也与不同部门、不同领域设置了对接的网格,建构了纵横网络、多元互动的立体社会治理格局。在农村社区,按照“因地制宜、规模适度、无缝覆盖、动态调整”原则,在 1226 个乡镇(街道)建立了网格管理中心,在 29,960 个村(社区)建立了工作站,配备专门力量,形成了较为完善的村级网络管理体系。为支撑网格化管理体系有效运转,各地都制定了归口管理、事项准入、分流督办、安全管理、信息报送、考核奖惩、保密、经费保障等工作机制和制度。第二,人员配备规范化。按照“一格一员”的标准配备网格员,共配备农村网格员 144,523 名,主要由大学生村官、村民小组长担任。网格员主要采取政府购买服务的方式选聘,规范履行“采集上报信息、化解矛盾、治安防范、发现隐患、宣传法制、服务群众”六大主要职责任务。有的地方为激励队伍,切实采取措施提高网格员的政治待遇。如十堰市委、市政府专门出台了网格员报考本市事业单位招聘面试成绩加 5 分的政策,并鼓励符合条件的优秀网格员参加村(社区)“两委”班子成员选举。恩施州将农村网格员进村“两委”班子作为基层组织建设专门内容,全州 88.1% 的农村网格员进入

了村“两委”班子。第三,经费保障项目化。各地始终坚持“二流财政,一流装备”的方针,按照“分级负担、按需保障”的原则,加大对网格化建设经费的投入,实行项目化管理,确保专款专用。省级财政累计投入7个多亿用于基层网格化硬件建设。农村网格员以劳务补助的形式给予报酬,标准为年平均1200元左右,纳入县、乡两级财政分级负担,全省年均累计投入2亿元左右。全省累计年均投入网格员办公经费、线路租用费、平台维护运营经费5亿元左右。四年来,全省共投入55亿元左右用于网格化管理体系建设。第四,综合平台信息化。各地以信息化为手段,按照“9+X”标准,建立了市、县、乡、村“四位一体”高标准的综合服务管理平台,纵向依托互联网,建设人、物、地、事、情等基础信息数据库,实现市、县、乡、村四级信息对接;横向依托市电子政务网,打通部门信息壁垒,建设大数据库,实现部门间信息融合。通过信息系统对基础信息数据库和大数据库的互通共享、关联比对、分流处置、综合运用,实现矛盾联调、治安联防、问题联治、平安联创、服务联动,实施精准化精细化治理。据统计,各地累计有公安、司法、信访、人社、民政、卫计、教育、食药、工会、城管、住建、工商、质监等近30多个职能部门对接网格化平台,交换共享信息数据,其中有10多个部门工作进网格。第五,服务群众全程化。各地借助网格化服务管理平台,整合各类社会服务管理资源,推进政府服务管理重心下移和公共资源、公共服务向农村延伸,统筹城乡共同发展、公共服务均等。目前,通过改革行政审批制度,公安、司法、民政、人社、卫计、国土、农业、畜牧、林业、党建、新农合、金融等部门的将近200项与群众生产、生活密切相关的服务管理事项,采取“网格+安全生产”、“网格+民警”、“网格+金融”、“网格+信访”等“网格+”的模式,下放到村(社区)级网格平台直办或代办,实行“村级受理、网上办理、全程代理”,让“群众少跑腿、数据多跑路”,零距离服务群众,面对面解决问题,打通了服务群众“最后一公里”。全省每年累计服务群众400多万人次,办理事项300多万件。

第二节　农村社区网格化服务的创新与经验

习近平总书记强调,加强和创新社会治理,核心是人、重心在城乡社区、关键在体制机制创新，要尽可能把资源、服务、管理放到基层，使基层有职有权有物，更好地为群众提供精准有效的服务和管理。随着我国治国方略从维稳时代向法治时代的现代转型，具体的维稳策略日益强调"维稳与维权的相辅相成和有机结合"，湖北省网格化管理也逐渐从维稳思路转型升级为服务为本。概括起来，网格化管理建设主要是由政法委、综治办或城管网格化指挥中心等政府行政部门牵头，联合防范办以及信访、维稳、法院、检察院、卫计、民政、人社、公安、工商、城管等多个部门合作共建，通过服务下沉，为社区居民提供"组团式"、"一站式"、"代办式"、"菜单式"、"管家式"服务。具体的做法和成效主要包括以下方面。

一、健全全方位信息化管理平台，工作机制在格中建立

近年来，乡镇基层政权执政能力弱化，农村党员干部队伍建设滞后，成为所谓"悬浮型"政府，无法有效应对乡村社会转型提出的新要求，境遇"尴尬"，主要表现在：一是问题收集不起来，二是事情落实不下去。针对这一现象，乡镇政府向城市社区学习，将网格化管理模式引入农村，构建了一套符合乡风乡俗的网格化管理制度，取得了显著的成效。宜昌市和恩施州网格化管理以社区为主要阵地，以村民小组为最小单位，实施对农村事务管理的网格化制度，其中宜昌市的网格员主要由村民小组的组长兼职，恩施州的网格员既有村民小组组长也有村里文化程度高、互联网技术好的年轻人，总体来讲因地制宜、因人而异。社区公共信息服务平台是"互联网+"战略在社区公共服务领域的具体实践。近年来，宜昌市和恩施州在各级政府的支持下已建立基本覆盖全部试点村的公共信息服务平台，基本可实现电子化办公，代办事项种类齐全，质量、效率都有所提升。其中当阳市全域覆盖"魅力当阳，智慧党建"系统，村民只需打开电视就能进入该系统，实时查询社区党建、村务公开、代办事项等内容，增加了村民对社区事务的监督空间，促进了党务、村务、财务、事务等的透明度；远安县的"远安智慧党建——第一书记"信息服务系统是在远安县实行第一书记下乡政策时创建的，该系统可以查询任意一个"第一书记"每个月的履职记录、工作日志、办理事项、已帮扶群众数量、已签到次数等，充分体现了民主公开的工作制度和方法，有效监督了"第一书记"帮扶工作，做到了有记录、可查询；专门为恩施州山

区量身打造的“恩施州智能化政务服务统一电子平台”覆盖率已达 78.1%，可代办项目包括林木采伐许可证、城乡居民养老保险待遇领取、城乡居民养老保险参保登记等，村民足不出村就能解决大部分日常事务，极大地方便了山区群众的生产生活。

二、优化需求导向的社区服务结构，便民服务在格中延伸

“困难联帮”解民忧，营造基层治理服务氛围。立足于救急、解难、帮困，让群众在一件件实事好事中增强认同感、归属感、幸福感。首先，提供精准好服务。成立综合服务队，为群众在生活生产方方面面都提供便利；制定帮扶制度，为困难群众、家庭传授实用技能，让他们感受到“大家庭”的温暖。其次，搭建服务好平台。遵循“沟通从心开始，服务拨拨就灵”的服务理念，通过开展丰富多彩的主题活动，提供更优质服务。村民主动参与并在参与中满足自己的利益需求，切实实现了为了群众、依靠群众、服务群众，落实了“社区是居民的”这一服务宗旨。“服务联心”应民需，搭建基层治理服务平台。坚持变“管理”为“服务”，在源头上立足以民为本的服务理念。网格信息平台“无缝覆盖”。将民政、人社等公共服务事项纳入网格化管理，建构“部门—社区—网格”扁平化服务体系。尤其是在农村社区，网格员协助村委化解邻里纠纷、搜集村情民意，实现民情联系无遗漏、社会管理无盲点；开通电商平台，帮助村民代购生活用品、销售农特产品，实现了“网货下乡、农货进城”。再次，微信公众平台“畅快互动”。建立微信公众号，实行党务、村务、居务信息公开，宣传惠农政策，发布便民信息，与群众快捷互通。最后，便民办事平台高效服务。搭建“居民办事不出村”服务平台，直接为城乡社区居民办理审批事项，让群众“进一扇门、办所有事”，干部轮流坐班，为大家提供“全天候”服务。

三、完善网格员人才队伍层次网络，专业能力在格中增强

首先，加强网格员及其服务团队建设。明确社区工作者担任网格员，建立“基本报酬+绩效报酬+奖励报酬”结构化薪酬，构建“大学毕业生—社区工作者（网格员）社区‘两委’成员—社区书记—街道公务员（事业编制人员）”社区工作者（网格员）职业发展通道。将社区居委会专职委员和网格

员统一纳入基层社会工作者队伍使用管理，纳入社会工作人才队伍建设规划，建立完善基层社区工作者人事管理制度和激励机制。统一居民委员会专职委员和网格员的薪酬标准，优化工资结构，按国家、省有关规定落实有关保障政策。坚持“以岗定薪，岗变薪变”，完善岗位工资、绩效工资和工龄工资管理具体办法，建立收入正常增长机制。全面落实省、市规定，做好“两委”成员补贴保障，并建立正常增长机制。农村网格管理员享受村副职同等工资待遇。农村网格员补贴与其工作量相匹配，并逐步提高。加强网格员教育培训，鼓励、引导网格员参加社区工作者职业技能考试。大力实施“红色引擎工程”，将网格党支部建设作为党建引领社会治理创新的着力点，在网格建立党支部，形成社区党组织、网格党支部、楼栋党小组、党员中心户“两长四员”的组织体系。同时把驻社区、入网格的执法监督员、街道干部、部门在职党员，以及社区民警、协管员和志愿者等人力资源进行统筹整合，组建网格管理服务团队，建立多渠道问题发现机制，使网格真正成为党委、政府联系群众的纽带，矛盾纠纷问题发现的探头。其次，保证网格管理员队伍稳定。前湖北省委副书记张昌尔同志在全省网格化管理工作座谈会上的讲话中指出：“要抓好网格员队伍建设，加强教育培训，明确职责任务，落实考核奖惩，探索从优秀网格员中招录公务员机制，打通成长通道，确保优秀人才引得进、用得好。”这一讲话在很大程度上为网格化管理队伍的长期发展打了一剂“定心针”。目前，全省16万多名网格员组成了周密、及时的信息源、情报网，为第一时间发现问题、解决问题奠定了基础。网格员及时排查上报矛盾纠纷、治安问题、安全隐患、社会风险等，及时通过县、乡、村三级网格平台，实行网上分流交办、协调督办、联动化解、精准处置，使大量社会矛盾及时化解在当地，化解在基层，化解在萌芽状态，使大量风险隐患预警防范在前端，解决在源头，推动平安建设实现由“救火”向“防火”重大转变，最大限度减少了不稳定、不和谐因素。

四、建构多元矛盾纠纷化解机制，平安建设在格中深化

首先，规范网格化问题发现处置工作机制。按照市、区、街道（乡镇）、社区（村）逐级明确网格化服务管理平台职责任务，厘清职能边界，制定了27大类、472小项的事件处置分类标准，建立多渠道社会化发现机制、双向

及分类处置等网格化管理快速发现处置工作机制。网格管理员对网格内出现的社会治安、城市管理、市场监督等领域各类问题,能现场处置的及时处置,需要上级机关、相关部门处置的,通过社管平台逐级上报。按照“人财物向街道倾斜”的原则,推动编制资源、管理资源、执法资源向街道(乡镇)下沉,将公安、工商、食药监、城管等部门执法力量下沉街道(乡镇),在街道(乡镇)成立综合执法办公室,在街道综治(安全)办公室的调度协调下,配合网格化管理中心,实现网格化服务管理各类问题的快速处置,从而使基层有活力、管理出实效、群众得实惠。推行网格化管理以来,各地联动处置了一系列社会治安、民政救助、消防安全等矛盾案(事)件,办结率达99.9%。其次,构建“部门+”网格化联合化解机制。一方面,协调各地国土、人社、公安、安监、环保、卫计、信访、法制等部门,在征地拆迁、环境污染、交通事故、医疗事故、安全生产、劳资纠纷等重点领域建立“1+N”矛盾纠纷化解机制,从制度层面、源头治理上预防、减少和化解社会矛盾纠纷;另一方面,建立社区法律服务工作平台。全面落实“一村(社区)一律师”、深化“万警进社区”活动,健全法律服务规范进社区,实现法治宣传、律师服务、人民调解、法律援助等服务下沉。同时,以问题为导向、以服务为导向,引导各部门、社会力量、政策措施、资金资源等向基层延伸、向群众延伸,下沉力量、下沉重心、下沉服务,合力共治,进一步打牢平安建设的根基。实施创建平安社区行动计划,切实解决一批人民群众“最怨、最恨、最急、最盼”的问题,通过民警、律师等法律专业人员主动服务、网格员回访群众,对服务结果进行评价,有效提高群众安全感和满意度。其次,健全完善网格化化解矛盾信息化应用平台。推广网格员管理APP及“智慧社会管理”微信公众号,用“互联网+”思维打通服务群众最后一百米,基本实现基层治理、信息共享化、指挥一体化、执法综合化、保障规范化。目前,全省网格员每天通过APP和社区桌面端登录系统进行各类治安管理要素的维护更新,开展重点人员的管控和特殊人群的帮扶工作,发现上报社情民意、问题事件,调处矛盾纠纷。同时,通过信息共享部门的融合关联,实现社管系统的深度应用,为精准扶贫、低保帮扶和反恐防暴等领域提供大数据分析决策手段,为政府职能部门开展独生子女补贴、低保审核、计生证快速办理、老年证办理及老龄津贴发放等社区公共服务提供信息支撑。通过对重点人群的分布和社会成因分析,结合视频监控(雪亮工程)实时接入,研发了一系列专题应用,初步实现了对吸毒人员、精神障碍患者、“一场四站”、平安高校、校园安全、拆迁风险分析等重点人员、重点领域的数据挖掘、分析研判,真正构筑起基层社会治理领域的“工作网”。

五、激发社区治理主体共建共治活力,社会治理在格中完善

基层既是社会治理的根本,也是社会治理的动力源泉。网格化管理根植于基层、服务于基层、重心在基层,能有效弥补基层力量不足、基础不牢、管理缺位的短板。从地方实践来看,网格化管理有效激发了农村社区治理主体的积极性。一是各地依托网格化管理平台组建了网格化管理、综治维稳信访联动、党员群众服务、行政服务“四大中心”,建立了专职干部、网格管理员、志愿者、群防群治“四大队伍”,夯实了基层组织建设。二是建立和完善了“两委一组”(村支部、村委会、村民理财小组)、“两长一会”(党小组组长、村小组组长、乡风文明理事会)管理制度,并通过健全村组事务决策监督机制,推进基层治理制度化、规范化,引导乡风文明理事会依法规范村规民约,并积极发动群众开展“邻里互助”、“十户联防”、“楼栋关照”等活动。三是激发了社会组织活力。建立政府培育发展社会组织的公共服务平台,制定社会组织动员社会资源参与公共管理资助奖励办法,完善社会组织人事管理、社会保障等配套制度培育发展乡风文明理事会和志愿者协会等民间组织,扶持保安服务、物业管理、律师协会等行业性组织,大力发展农村经济合作组织,充分发挥它们联系群众、提供服务、反映诉求和规范行为的作用。四是融合多元治理主体。通过网格化管理平台,各地大力整合乡镇(街道)和村(社区)内设机构和基层服务管理资源,大力整合部门力量和信息资源,形成了完备的基层综合服务管理体系。各部门打破职能边界,通过数据交换共享和综合利用,优化公共服务流程,拓展服务渠道,与其他部门和社会自治力量融合联动,实施精细管理、共同治理,大大提升了共建共享能力和社会治理信息化、科学化水平。

第三节　农村社区网格化服务的创新与经验

近年来,湖北省积极转变“维稳思路”,为“公共服务”进网格开展创新

实践,全面探索建立了一套相对完备的城乡一体网格化服务治理体系。一是形成了以“推进服务下沉,实现网格服务扁平化;整合公共资源,促进公共服务集约化;关照特殊群体,推进公共服务精细化”为特色的基本公共服务进网格的“湖北模式”。二是在制度建设上,2011 年以来,各地探索建立了一些适合本地的规章制度。武汉市制定了“1+10”、宜昌市制定了“1+11”、鄂州市制定了“1+12”制度体系,确保网格化服务管理得以规范化运行。三是在技术手段上,湖北省网格化管理通过延伸治理链条和下沉治理资源,并借助现代信息技术的强大威力为社会治理能力的跃升搭建了工作平台,奠定了坚实的体制基础,成为基层治理现代化的范式改革。四是在目标设置上,明确城乡网格化建设的目的是为人民群众提供精准有效的服务,保障和维护群众的根本利益,筑牢社会和谐稳定的民心基础。五是在治理格局上,省委、省政府鼓励因地制宜、敢于创新,不断改善服务和治理方式,凸显以党委领导和政府主导综合治理、源头治理、系统治理、依法治理工作的开放格局,形成全省城乡网格化建设一盘棋的良好局面。

一、整合网格化公共服务资源,提升基层党组织凝聚力

创新基层党组织建设,夯实党的群众基础和执政基础。按照“地域相近、产业趋同、利益共享、规模适度、群众自愿”的原则,形成以居/村委会—网格员—社区居民为架构的新型城乡社区自治组织。社区居/村委会是负责日常管理的群众性自治组织,网格员是社情民意上传下达的服务者。应改革自上而下的行政管理模式,建立双向交流的社区服务模式。网格员作为政府行政服务与社区自治服务双向嵌入的重要服务队伍,能够帮助社区理事会排忧解难,促进社区工作健康有序发展。尤其对农村社区,调整村级党组织设置模式,改革村级行政体制结构,缩小运行单元,建立社区服务网络,形成一套群众自治组织架构和党组织架构平行运行、交叉作用的运作机制,变村(居)民被动接受管理为主动自我管理,切实增强党对农村的领导能力和执政水平。其次,推动社区协商共治,增强党组织凝聚力和向心力。城乡基层社区因地制宜,充分发挥基层群众的积极性和创造性,把基层协商民主融入网格化公共服务过程中,实现了两者的有机结合,创新了基层社区社会治理体制机制,形成了各有特色的治理模式。如黄石茗山乡在网格化

管理的基础上，积极整合资源，创建了以村党支部领导、村委会指导、理事会搭台、村民广泛参与为特征的“茗山模式”：认真做好基层民主协商加法，开展社区对话、社区听证、居民说事等活动；认真做好社区负担减法，从乡镇街道层面减负，防止社区减牌子不减负担。又如咸宁回头岭村创建了以乡贤理事会为载体的“回头岭模式”：从社区老干部、老党员、老军人、老教师和能人大户中选拔德高望重、热心公益事业的“乡贤”，成立乡贤理事会，发挥乡贤表达民意、参与议政、调处矛盾和兴办公益等作用。再如武汉市汉阳区七里一村创建了“七里一模式”，该模式以“五书”（协议书、委托书、自管书、购买书、承诺书）为主题，以解决突出重点难点问题为抓手，实现多元主体协同共治。

二、统筹网格化公共服务机制，提升政府公共服务能力

明确网格化公共服务职能定位是提升政府公共服务能力的基本前提。以宜昌市为例，该市网格化服务管理是以社区责任网格为基础，依托市社会服务与管理信息系统，充分融合全市治安防控网、应急处置网、群防群治网、城乡管理网构成。其主要功能是：通过对网格内的人、地、物、事、组织等要素进行全面的信息采集管理，实现对部件和事件的实时掌控、对重点人员的动态管控、对各类安全隐患的发现处置、对矛盾纠纷的排查化解、对群众诉求的及时响应。政府部门牵头多个职能部门，设机构、搭平台、建机制，协调联合相关力量，参与到网格化服务管理机制中，并对社会治理要素统一采集录入、维护更新；组织开展网格内巡查发现、诉求反馈、前期处置、工作监督、政务服务等；加强对网格员队伍的日常管理、培训考核；对无法、无权处置的问题上报街道（乡镇）。首先，在街道（乡镇）建立网格化服务管理中心，与综治中心合署办公，主要负责对网格员巡查发现的辖区内城市管理、市场监督、社会治安、公共服务等领域的问题，进行督办和落实；指导社区（村）网格化服务管理工作。其次，创新网格化公共服务信息化技术配套基础，引进感知能力、运算能力、学习能力强的智能设备，提高数据自动采集、加工、传输、分析、拓展水平。完善社会服务管理基础信息资源建设，推动各部门在街道（乡镇）、社区（村）的公共服务业务系统与社会服务管理信息系统实时在线互联互通、多方共享。再次，运用“互联网+”思维，建设基层社会治理

微信公众平台,逐步实现群众所需各类服务信息实时查询和网上办理,推动社会服务管理网格化信息系统建设再上新台阶。以二、三维一体化的智慧社区信息云平台为基础,整合集成多个职能部门的社会治理核心资源,建成覆盖全域的社会服务与管理网格化信息平台。最后,通过对重点人群的分布和社会成因分析,结合视频监控(雪亮工程)实时接入,研发一系列专题应用,初步实现对吸毒人员、精神障碍患者、"一场四站"、平安高校、校园安全、拆迁风险分析等重点人员、重点领域的数据挖掘、分析研判,真正构建基层社会治理领域的"工作网"。

三、协同网格化公共服务主体,提升社会多元互动能力

优化网格员服务队伍长效发展机制。依托现有的网格管理体系,以辖区内的居民为服务对象,以社区专干、责任民警、党小组、志愿者对接部门等为成员组建社区网格服务团队,最大限度地整合社区服务资源,实现对网格内居民的全覆盖、全方位、全过程动态管理和服务。对服务团队成员实行同服务、同管理、同考核,以第三方满意度测评考量团队服务成效,并将测评结果运用于各成员所在单位对其考核中。统一配置网格便民服务点标识和设施,在居民家门口设点服务,转变入户方式,前移服务关口,提高服务精细化水平。明确社区工作者担任网格员,鼓励、引导、培训尚不具备社区工作者资格的网格员参加社区工作者技能考试,取得资格。建立"基本报酬+绩效报酬+奖励报酬"的结构化薪酬体系,构建有利于网格员队伍稳定的职业发展通道[比如大学毕业生—社区工作者(网格员)—社区"两委"成员—社区书记—事业编制人员]。首先,界定网格员职责,网格员主要承担网格内社会治理要素的采集更新,开展重点人员的管控和特殊人群的帮扶,发现、上报社情民意、问题事件,调处矛盾纠纷,代办下放至社区的公共服务事项。其次,"三社联动"助力网格化公共服务。有效衔接社区、社会组织与网格化管理,推进基层社会治理向开放共治、联动融合的多元化方向发展。大力推动社会组织多元发展,补齐社会组织发展的短板。加大公益创投、购买服务、服务设施外包工作力度,积极引导专业社工机构进驻社区,推广社工理念,提供专业服务;建立社会组织发展基金,提高公益服务项目资助力度;进一步简化登记程序,适当降低门槛,扶持、建设街道(乡镇)层面的社会组织

孵化平台、服务中心。创新社区工作方式，补齐社区自治活力短板。打通结点，变“散”为“联”。实行大联动机制，明晰“三社联动”各方职责，改变社区治理中综治、民政、人社等部门多头指导、多头推进、要求各异的现状。搭建融通平台，整合社会资源。以网络技术为支撑，建立网格员收集社区需求信息、社工提供专业指导和项目设计、社会组织承接服务项目的“三社联动”综合服务平台，实现三社之间的资源整合。建立社区、社工、社会组织、网格员定期联系沟通机制，实现信息互通。

四、延伸网格化公共服务体系，提升农村社区自治能力

科学划分网格，压实网格责任。一方面，按照“因地制宜、规模适度、无缝覆盖、动态调整”原则对城乡社区划分网格，配备专门力量，形成市、县、乡、村“四位一体”的管理体系，整合相关管理资源进社区、进网格，完善城市管理网格化体系，实现高效能、精细化的城市管理要求，着力完善网格日常信息发现、上报和及时处置工作机制。一是确定工作内容。将占街设市治理、广告杂乱治理、立面破旧治理、控违查违工作、环境卫生整洁等纳入网格管理的内容。二是明晰管理职责。网格长负责向所在网格的网格员分派任务、督办落实，负责协调、配合处理网格之间需要解决的事件、问题，对责任网格内的管理工作进行监督，组织考核和评价；网格员及时处理存在的问题，社区工作人员、协管员负责从事宣传教育、巡查、信息收集、违法行为劝阻等工作。三是明确工作机制。网格责任人采取疏导与执法相结合的方式，解决农村治理中的重难点问题。凡属于职责范围内的，积极解决；超出职权范围的，在采取有效措施进行预防的同时，上报上级主管部门，由上级主管部门分解下达任务，督促解决问题，确保任务通过完善的方式解决。另一方面，充实网格化服务管理的社会化服务内容。第一，确定目标。根据基层社会治理改革以网格化管理、社会化服务为方向的目标要求，采取政府基本公共服务和群众自我服务体系相结合的办法，既下沉政府基本公共服务到乡镇、农村社区，又提升基层社会化服务的水平。第二，提供技术支持。通过信息共享部门的融合关联，实现社管系统的深度应用，为精准扶贫、低保帮扶和反恐防暴等领域提供大数据分析决策手段，为政府职能部门开展独生子女补贴、低保审核、老年证办理及老龄津贴发放等社区公共服务提供

信息支撑。第三,完善激励保障。扩大专业社工队伍,鼓励、支持社工参加职业水平考试,逐步提高社工待遇,完善公共服务优惠政策,为优秀社工提供晋升通道。第四,完善社区服务准入机制。健全政府购买服务指导目录和承接服务的社会组织指导目录,规范政府购买服务流程、监管和目标考核办法;完善社区公益创投实施办法和社区公益采购机制;发展社会组织联合会等枢纽型社会组织,并鼓励其以联合会名义承接政府购买服务。

五、规范网格化公共服务制度,提升法治湖北建设能力

目前,全省关于网格化管理与创新社会治理体制机制已经初步形成了一系列的顶层设计框架。为保障城乡一体化网格化服务管理体系的运行,湖北省于2012年、2013年制定出台了《全省城市社区网格化服务管理建设标准》《全省农村网格化服务管理建设标准》《关于全省统筹推进农村网格化管理工作的实施意见》和《农村网格化管理实施细则》等政策文件,对城乡网格化建设的基本原则、目标任务、基本标准、功能作用、进度安排提出了明确要求,对农村网格化管理的网格划分、网格员队伍选配、资源信息整合、应用平台拓展等作出了具体安排。湖北省还进一步拓展了网格化在其他领域的制度建设,出台了包括《健全落实社会治安综合治理责任制实施办法》《关于加快推进智慧湖北建设的意见》等在内的一系列文件。

在省委、省政府的指导下,各地市州因地制宜、统筹规划,完成网格化公共服务的配套制度建设。2015年武汉市委、市政府制定了"1+10":"1"是指《市委市政府关于进一步创新社会治理加强基层建设的意见》;"10"是指与该意见相配套的10个子文件,内容涉及:中心城区街道行政管理体制改革,完善社区治理体系,完善村级治理体系,拓展网格化服务管理,社区工作者管理,加强住宅小区综合管理,引导社会力量参与社区治理,完善区、街道(乡镇)行政执法,加强村干部队伍建设,加强街道(乡镇)、社区(村)精神文明建设,具体包括《关于深化拓展网格化服务管理 提升基层治理效能的实施意见》《关于开展劳动保障监察两网化管理工作试点的意见》等。鄂州市先以综治委(办)的名义出台了《鄂州市城乡社区(村)网格管理员管理暂行办法(试行)》,后又以市委、市政府和"两办"名义出台了《关于推进城乡一体网格化管理的实施意见(试行)》《巩固和深化城乡网格化管理的行动

方案(2014年)》等指导性文件,并陆续制定《鄂州市农村网格化服务管理建设标准(试行)》《鄂州市社会矛盾联动化解暂行规定》等12个配套文件,形成了一套较为齐全、规范的网格化公共服务管理制度。

以鄂州市为例,该市针对与城乡基层社会治理相对应的领域与内容,创新"网格化+"城乡社区公共服务精细化的配套机制制度。一是寓社区协商制度于网格化建设,建立健全乡镇、街道协商与行政村、社区协商的联动机制、制度与规则。具体来讲,在协商中要秉持所有的治理主体都是平等的原则和理念,有选择性地、重点对基层社区干部和基层组织进行协商技术和方法的培训,加大对各个层面的关于基层协商的文件和政策、基层协商的程序和方法、基层协商的典型案例等的宣传力度。同时,发挥网格员收集汇总社情民意的优势,引导利益相关方沿着满足群众意愿与要求的最大公约数和形成集体共识的最大公约数的方向"航行",使社区网格化服务中心成为打通服务群众"最后一公里"的重要载体和平台。二是设置双向闭合与分类处理的权责明晰制度,强化市、区、街道(乡镇)网格化指挥协调机构对相关部门及派出机构逐级派单处置机制。对网格管理员收集、发现的案(事)件,各社区(村)无法自行解决的,应及时上报街道(乡镇)、区网格化指挥协调机构处置解决。区职能部门认为需市级层面协调解决的,由区职能部门按现有工作流程,上报本系统上级部门处置。各类案(事)件处置结果必须逐级反馈,直至当事人,形成案(事)件处置的双向闭合环路,各级网格化指挥机构分级负责核查。对各类社会管理问题,按各职能部门服务管理权限和执法界限厘清职责。对责任主体明确的执法管理问题,由相关职能部门执法人员负责执法处置。对部门职责交叉、需多部门协同解决的难点问题,由街道(乡镇)网格化综合管理中心统一协调派单,组织相关职能部门开展联合执法。对历史遗留或难以处置的管理顽症,由区网格化指挥中心进行专项调查和动态管控,强化考核导向,推动逐步解决。

第四节　农村社区网格化管理的困境与挑战

网格化管理体系重在建设、难在管理、贵在运用。从实践来看,当前网格化管理工作存在一些不容忽视的问题,使网格化管理整体的社会治理效能难以充分有效地发挥出来。湖北省网格化全覆盖已顺利完成并开始全面推进“提档升级”。在这一发展过程中,社会治理的一些突出难题凸显出来,例如,社区社会矛盾纠纷未能有效解决,社区居民基本公共服务需求未能有效满足,政府精细化管理未能有效适应以及社会各方力量未能有效调动。这些难题在很大程度上对网格化建设产生了制约。从实践层面来看,当前湖北省网格化管理呈现出发展不平衡的现状,这使其提升社会治理能力的功效难以充分、有效发挥。问题预示着方向,只有找出网格化管理建设在实践推进中的问题与困境,才能找到创新社会治理体制和提升社会治理能力的突破口。

一、网格化管理主体尚待有效规范

网格化到底应由谁来负责管理,制度层面关于工作内容、职能定位、管理主体等方面并未明确规定。目前,湖北省存在两种模式:一种是宜昌模式,该市专门成立了创新办,作为网格化的管理主体;一种是鄂州模式,成立网格管理中心,由综治办管理使用,湖北省大部分采取这种模式。虽然综治办前期主导了网格化管理建设,但网格化管理在实际应用中所涉工作已经溢出了社会治安方面的主要职责任务,大部分工作属于政府部门公共服务管理范畴,其成为基层政府部门履行职能的一个抓手。综治部门职权、事权较弱,难以从社会治安综合治理扩展至社会管理,对网格化管理中存在的人、财、物等问题难以及时有效解决,需要明确并规范专门的网格化管理主体。从长远来看,综治办“小马拉大车”,难以对政府部门进行有效协调。主要表现在以下两个方面:一方面是参与主体单一化,社会多元化不足。从湖北省网格化管理的建设主体、执行主体、服务主体和监督主体的性质、产生方式来看,湖北省网格化管理仍然是政府主导有余、社会主体不足。从参与主体来说,行政参与为主,社会参与不足。居民、社会组织、城乡社区自组织等,是基层社会治理的主体,而湖北省网格化管理的政府单一行政主导制约了社会力量参与,阻滞了社会多元力量主体作用的发挥。从自治方面来说,农村社区内力不显。在社区治理中,居民既是治理客体,也是治理主体,居民自治是基层治理的核心。但由于湖北省网格化管理的政府行政主导性,以及把居民、社会组织、社区自组织等当作网格化管理的客体和观众,影响了居民自治和社区内力的发展。从自我服务来说,社区自我服务不足,群众自助不强。社区服务是政府公共服务、社会志愿服务和居民自我服务“三位一体”的有机统一。而湖北省网格化管理中政府主导部门开展的是“组团式管家”服务,这种服务方式不利于居民自主服务、自我服务、自助服务意识的培养。另一方面是监督方式单一化,多元多样化不足。就湖北省网格化管理的监督主体来看,网格化管理的监督体系是自上而下的层层向下考核、级级对上负责的等级化考评体制,行政监督有余、社会监督不足。监督主体的行政等级化监督方式的政府主导化明显。由于湖北省网格化管理的市、县、乡、村“四位一体”管理体系,造成了网格化管理监督主体的单一行政化和监督方向的单向传导化。网格化管理作为一种基层社会治理体制机制,居民群众是治理的主体,因此网格化管理的监督应是社会力量多元化监督和多样化监督,而政府主导的行政等级监督则是单一主体的单一化监督。

二、网格员工作机制亟待有效整合

在实践中,如何有效吸收社会中精英骨干分子和民间社会组织等民间社会力量,充分发挥民间社会组织、民间骨干成员在社会管理服务中的积极作用,调动方方面面的积极性,充分提高资源的利用效率,是湖北省网格化管理中需要长期探索的问题。省综治委明确规定了网格员的主要任务是从事信息采集报送、矛盾纠纷排查化解、治安隐患排查整治,目的在于以网格员为桥梁,上通下达、内联外合,联动社区一切可以利用的资源与力量参与到社区安全治理活动中来。但从实际工作来看,在乡、村两级,“一竿子”插到底的部门不少,网格员成为这些部门的“腿脚”,成为基层组织的辅助工作人员。城市网格员主要从事城市管理和社区工作,农村网格员主要从事政府部门公共服务工作,丢了维护社会治安社会稳定的“主业”。同时,“网格化管理是个筐,什么都往里面装”,随着发展需要,要求进入网格的部门越来越多,使网格员工作不堪重负。另外,在网格化管理实践运行中,政府、社会组织和市场的界线并没有划清,政府主导下的实践运行中社会组织的培育还处于萌芽状态,市场在资源配置中的作用并不明显,居民的自治张力被相对弱化。

三、智慧社区建设缺乏有效统筹

信息融合是网格化管理体系的重要支撑点，“信息孤岛”和“分散建设”是当前信息融合的两大瓶颈。其中，职能部门“信息壁垒”与平台“本位主义”依旧存在。由于公安、民政、人社等一些部门的信息化工作是省直部门垂直推进和管理的，市、县级层面整合较难，而省级层面协调推动力度不够，导致基层难以扭转相关职能部门各自为政、消极配合的局面。同时，因省级没有统一规划和规范，各地选择的系统开发商、网络运营商不尽相同，存在执行标准不一、功能单一等问题，信息对接整合上存在商业壁垒和技术障碍，实现互联互通难度较高。与此同时，智慧社区建设需要依托庞大的信息化技术支持与经费支持。一些地方反映，2013 年，全省实施农村网格化建设，省财政给予了资金支持，但之后的支持力度不足。网格化管理运转经费包括网络租赁、设备维修、平台维护、系统升级、网格员工资以及相关工作经费，全省年均需要投入 15 亿元。各地每年投入较大，而且需要长期投入，但基层财力有限，长期投入乏力。同时，网格化运行成本很高，随着任务越来越重，投入势必越来越高，导致经费缺口越来越大。

四、网格化队伍结构仍需有效调整

一支稳定的队伍是做好网格化管理的保证。网格员职业发展空间小，在社区工作归属感不强，职业发展前景不明朗，社会认可度低，工作职业化缺乏制度、政策保障。农村网格员一般由小组长、党小组长或农村“五老”等人员担任，年龄普遍偏大，文化程度偏低，政策法律知识缺乏，现代信息技术运用能力有限，专业性不强，加之每月只有一百元的经费补助，很难保证其工作积极性。农村网格员的学习能力和适应新技术能力有待提升，工作方式方法难以跟上新时代发展需要，面临网格化工作新形势新要求经常无所适从，综合素质有待进一步提高。此外，部分网格员服务群众意识有待进一步提高。在网格化推进中，还有部分网格员的服务意识不强，认为“服务入网格”这种精细化服务是吃力不讨好的事情，只是走过场应付而已，工作中态度不够严谨。

第五节　农村社区网格化管理的升级与转型

作为社会治理创新的一种成功和可复制的经验，湖北省网格化建设在促进经济社会全面发展、构建社会主义和谐社会中发挥了重要作用，成为叫响全国的“湖北品牌”。有学者指出，从“以综治维稳为中心”向“以公共服务为重心”转变是网格化管理功能转型的基本趋势，而构建政府—市场—社会之间互惠共生、有机协同的网络化治理模式则是网格化管理优化发展的方向。因此，在下一步工作中，要按照习近平总书记在全国综治表彰大会上的重要讲话要求和省第十一次党代会的部署，立足省内网格化管理建立的良好基础，以提高预测预警预防各类风险能力，推进社会治理系统化、科学化、法治化、智能化为目标，全力推进网格化管理体系向纵深发展，继续打造网格化管理升级版。

一、理顺网格化管理多元主体的关系，促进网格化服务治理精准化、扁平化

在实践中，湖北省网格化建设存在“社区自治与行政工作杂糅，致使社区服务‘有心无力’”的困境，需进一步理顺网格化管理多元主体的关系。第一，各级党委政法委、编办联合各政府职能部门（如人社部门、民政部门、财政部门等）共同制作网格员权责清单，落实政府职能进网格的准入制度，规范网格员职能定位，对网格员进行定岗定责，防止将部门的工作职能全部转嫁到网格员身上。各社区组织应在社区党组织领导下统筹协调，使社区充分发挥“自我管理、自我服务、自我监督、自我教育”的自治组织功能，对社区专干的行政事务工作进行检查和监督，指导社区网格管理中心开展社区居民服务工作。第二，应着手实行“一会两站，会站分离”，把原来长期由居委会承担的行政、自治和服务三种功能进行分化，厘清社区工作站和社区服务站的职责，把政府行政职能和公共服务功能从社区中剥离出来，由社区专干履行行政管理职能，社区网格管理中心履行公共服务职能，社区居委会则履行社区自治功能。同时，社区居委会要进一步增强和完善居民自治功能，健全社区协商民主议事制度，吸纳多元主体参与社区治理。而网格管

理站应将工作重心落实到服务上，更好地促使各服务事项入网格。

二、建立网格化长效制度资源储备库，提升网格化服务治理制度化、规范化

从目前的组织运用情况来看，网格化管理实际上已成为基层社会治理一种新的体制机制，但如何巩固、完善、发展，尚缺乏理论依据和法律依据。应加强网格化服务治理制度化建设，建立网格化长效制度资源储备库。首先，要开展论证立法工作。根据2017年国家质量监督检验检疫总局、国家标准化管理委员会联合发布的《城乡社区网格化服务管理规范》，结合网格化管理建设中存在的不足和薄弱环节，补齐短板，完善体制机制，由省政府法治办牵头，组织专家学者、相关部门力量、基层工作者成立课题组，对网格化管理体系进行深入的科学论证，提出发展规划。将网格化管理纳入省政府法制建设与规则中，从法律政策上将网格化管理体系固化下来，全面提升网格化管理规范化建设水平。其次，要认真贯彻国家相关管理规范。《城乡社区网格化服务管理规范》于2017年10月1日正式实施。此管理规范明确制定了城乡社区网格化服务管理的总体目标、网格划分、工作机构与运行方式、设施要求、经费保障等规范要求。要组织全省综治部门认真学习贯彻该管理规范，对标管理规范，深入排查全省网格化管理建设中存在的不足和薄弱环节，全面提升网格化管理规范化建设水平。再次，出台长效机制建设意见。在网格化管理建设方面，全省投入了大量的人力、物力、财力、精力，但目前从省级层面来讲还没有“打基础、管长远”的政策支撑。应积极推动省纪委（省监察委员会）、省委组织部、省财政厅、省人社厅、省编办等部门联合出台《关于加强网格化管理长效机制建设的意见》，对管理主体、组织、机构、经费、队伍、制度、职能、任务等方面予以明确规范，建立长效工作机制，给予政策支撑。特别是对网格员这样一支庞大的队伍，在政治待遇、经济待遇、发展空间上做出政策规定。最后，健全市、县（市、区）、乡镇（街道）社区网格管理组织机构，明确各自职责。健全工作制度，坚持网格管理工作事项“准入制”、非准入工作事项“回绝制”和网格管理“否决制”，完善网格管理月度联席会制度、“两结合”考核制度、工作抽查制度、痕迹管理和电子监察制度。规范网格员履职，坚持一人一格，履行信息采集和综合服务职责，建立和完善“一

日双巡”、“双代”服务、弹性工时、错时工作、AB 角替补等制度。

三、整合基层社会治理的优势资源，实现网格化服务治理智慧化、有序化

推进网格化建设是一项庞大的系统工程，全省要有明确的建设规划、发展方向和建设目标。一是将网格化建设纳入智慧湖北整体规划。目前，全省的网格化建设滚雪球似的无限扩大，各地各自为战，标准不一，上下不畅。建议将全省网格化建设纳入智慧湖北建设总体规划，做好顶层设计，整合现有资源，统一建设标准和模式，确保人力、物力、财力最大程度地发挥效能，避免各自为政、分散建设造成的重复投资现象，杜绝政府资源的浪费。二是进一步完善信息化建设的组织机构。各级党委、政府要切实把网格化建设纳入重要议事日程，纳入经济社会发展和平安建设规划，明确机构编制要求，明确工作职责，组建工作专班，切实解决网格化“建、管、用”的问题。建议省、市、区三级政府成立智慧城市信息化管理专门机构，将智慧城市建设与网格化建设同步规划、同步建设、同步运行，将职能部门服务下沉项目交由政府统筹管理和长远建设，实现网格化信息资源的共享，确保网格化系统平台上下联通，充分发挥应有作用。

四、强化网格化工作人员的技能培训，助推社区公共服务专业化、社会化

明确网格员“身份”，强化网格员职业培训。应准确定位网格员的服务身份，加大网格员的职业培训力度，促进社区公共服务的实效。具体来讲，每季度可以根据社区实际情况开办培训班，内容包括心理疏导、法律援助、社会基本理论等。要切实解决好网格员队伍稳定的问题。网格员已成为全省平安建设中不可缺少的一支主力军。为保持网格员队伍稳定，明确网格员的身份定位，将全省网格员定性为社区工作者，明确其同社区工作者一样的政治待遇和经济待遇，营造拴心留人的良好环境。最后是建立常态化工资增长机制。将网格员工资与人社局发布的工资待遇同步调整，自每年社保缴费调标之月起开始实施。按照“整合资源，费随事转”的原则，由相关

职能部门提供必要的工作经费和绩效奖金,确保网格员工资待遇跟上物价增长的脚步。

五、完善政府购买公共服务制度,确保网格化服务治理工作规范化、长效化

通过科学的职位分析明确网格员在基层社会治理和公共服务中的职责,并在全省范围内建立标准化和统一化的城乡网格员的权责清单制度。采用"1+X"的网格员业务清单模式,"1"就是综治信访维稳工作,"X"就是基本公共服务事项。应落实政府职能进网格的准入制度。建议由政法委牵头与各职能部门相互协商,制定职能部门进网格的准入清单,以清单形式确定各职能部门进入网格的具体项目、权责事项和操作流程等内容,严格落实监督职能部门进入网格的行政管理事项。设计科学合理的评估指标体系,全面评估已进入网格化管理的基本公共服务供给绩效,理性权衡公共服务网格化的利弊得失。建立职能部门购买公共服务的内容清单,明确职能部门、网格员、专业社会组织等提供公共服务的种类和范围。根据目前政府购买市场的发育状况、政府管理水平、民间组织成长状况等多方面条件,选择合适的政府购买方式,积极推动政府购买公共服务方式的多样化。完善政府购买公共服务运行机制建设,建立包括信息发布、资格评估、运作监管、绩效考核、结算支付等环节在内的全过程管理体系,努力实现政府购买公共服务的预算化管理、契约式管理、第三方评估监管、全程管理和法治化管理。政府加大社区管理经费投入。社区"两委"委员报酬和工作经费按现行体制执行;县、市也要相应制定具体规定,加大信息化建设经费投入,将网格化管理所需信息化经费纳入各级财政信息化建设投入中。

第七章　农村社区矛盾纠纷演化趋势与化解

当前,我国正处于全面深化改革的关键时期,在取得巨大改革发展成就的同时,我国经济体制、社会结构、利益格局、人文思想发生了巨大变化,社会矛盾日益增多、日益复杂,寻求多元化的方式化解社会矛盾纠纷已渐成共识。党的十八届三中全会明确指出:“全面深化改革的总目标是完善和发展中国特色社会主义制度,推进国家治理体系和治理能力现代化”,并要求“改进社会治理方式,激发社会组织活力,创新有效预防和化解社会矛盾体制,健全公共安全体系”。社会矛盾纠纷排查调处是社会治理的重要组成部分,对提高国家治理体系和治理能力的现代化具有重要的推动作用。在农村,我国总体上进入了加快改造传统农业、走中国特色农业现代化道路的关键时期,进入了着力破除城乡二元结构、形成城乡经济社会发展一体化的新时期。农村社区和社区服务队伍作为社会治理的重要场域和依靠力量,在提供公共服务、解决社会问题、缓解社会矛盾、维护社会稳定等方面发挥着独特的作用。

为了解湖北省农村社区矛盾纠纷治理情况,课题组深入武汉市汉阳区、宜昌市、荆门市、襄阳市四地的12个农村社区,累计发放调查问卷1050份,收回有效问卷1005份,调查农村社区居民227人、农村社区干部46人。本章通过对农村社区矛盾纠纷化解服务队伍基本情况、矛盾纠纷类型以及社区服务队伍参与矛盾纠纷排查化解的典型做法和创新举措进行问卷调查和案例分析,以此了解当前社区服务队伍参与矛盾纠纷排查化解方面存在的问题和不足,并为湖北省建构多元化矛盾纠纷排查化解机制提供可操作的对策建议。

第一节　农村社区矛盾纠纷化解的队伍建设

城乡一体化是我国现代化和城市化发展的一个新阶段,其目的就是要促进城乡经济社会全面、协调、可持续发展。当前农村社会矛盾纠纷调处难度加大、激化因素增多,若处理不当,极易引发上访案件、群体事件等社会不安定因素。农村社区服务队伍参与矛盾纠纷的排查化解是正确处理新形势下的人民内部矛盾,从源头上化解各种不安定因素,维护社会和谐稳定的内在要求。

一、农村社区服务队伍的基本现状

从年龄与性别来讲,社区干部以中年为主,男性占大多数。如图 7-1 所示,当前湖北省农村社区干部大多数都是男性,占受访干部的 82.6%,女性社区干部占 17.4%,这符合《中华人民共和国村民委员会组织法》的规定。《中华人民共和国村民委员会组织法》规定村民委员会由主任、副主任和委员三至七人组成。村民委员会成员中,妇女应当有适当的名额。从图 7-2 可以看到,41—60 岁的干部最多,占受访干部的 54.5%;其次是 21—40 岁的干部占 34.8%,20 岁以下和 60 岁以上的分别占 0.9%和 9.8%,湖北农村社区干部以中年为主,他们往往有一定的社会阅历和威望,凭借自身的个人魅力和调解技巧化解农村的矛盾纠纷,是农村社区矛盾化解调处的主要力量。

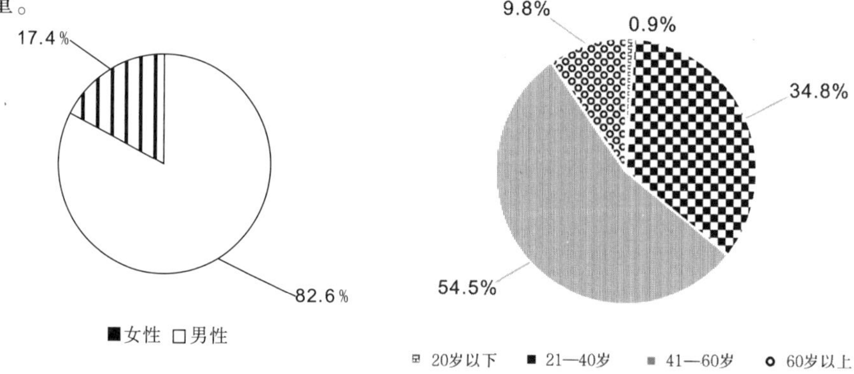

图 7-1　社区干部的性别结构　　图 7-2　社区干部的年龄结构

从学历和收入来看,农村社区干部呈现出双低的特征。受访干部中,初中及以下学历的有 108 人,占受访总数的 48.2%;其次是高中及中专学历,有 92 人,占 41.1%;大专及本科学历只有 24 人,占总数的 10.7%(见图

7-3)。可见,当前湖北省农村社区干部的文化程度比较低,农村基层的高素质人才匮乏。职务报酬在2000元以下的农村社区干部占到一半以上,这也从一个方面说明了农村社区干部待遇偏差,对大学生等高学历的人才缺乏吸引力。

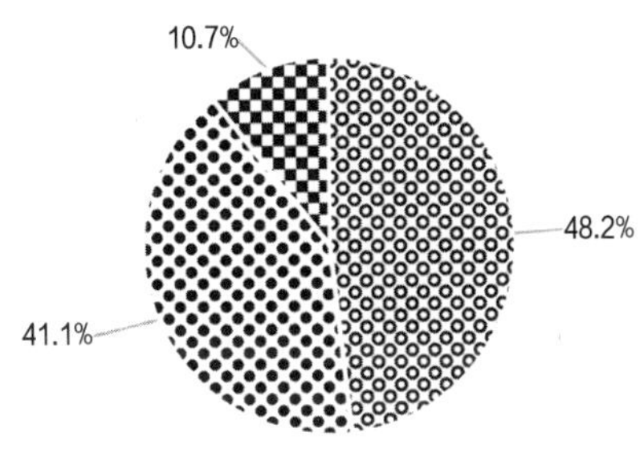

图 7-3 社区干部的文化程度

从分布和组成来看,村级人民调解委员会占多数,成员以村"两委"的干部兼任为主。人民调解委员会是依法设立的调解民间纠纷的群众性组织。现阶段,我国的农村人民调解委员会分为两类:一类为乡镇人民调解委员会。在实践中,乡镇人民调解委员会其实是一个相当松散的组织,其解决纠纷的职能被分配给了司法所、法律服务所。调查发现,乡镇一级的人民调解委员会设在司法所,司法所、法律服务所、镇人民调解委员会、法律援助站常常是"几块牌子,一套人马",主要调解工作都由司法所人员承担。另一类则为村级人民调解委员会。《中华人民共和国人民调解法》规定村民委员会的人民调解委员会委员由村民会议或者村民代表会议推选产生,但实际上大部分都是由村"两委"成员兼任。根据宜昌市司法局的统计,全市调解委员会有2227个,其中村和社区一级有1600多个,乡镇街道一级有117个,企业事业单位的调解委员会有411个,专业调解组织有74个;全市的调解员有18,337人,大部分是村社区的"两委"人员兼任。因此,从人数和分布来看,村级人民调委会是农村矛盾纠纷排查化解的重要力量。

二、农村社区服务队伍的建设困境

社区服务队伍参与矛盾纠纷排查调处是化解社会矛盾、维护社会稳定的重要举措和保障措施。湖北省农村社区服务队伍建设目前处于起步阶段,在实践中仍存在着诸多问题。

(一)农民的利益诉求表达机制严重缺位

随着经济社会的发展,农村社区居民生产、生活中的诸多诉求都得到了一定满足,但是由于多种原因的相互交织与影响,当前农民的利益诉求表达机制还存在着一些问题。一是诉求渠道不多。人民代表大会制度和政治协商制度规定了人大代表批评、监督政府、提出建议的权利以及政协委员参政、议政的作用,但是对普通的农民来说,直接参与的机会太少。由于缺乏强有力的维护农民群体利益的政治组织,农民成为国家经济建设和改革成本的主要承担者和最大的利益受损阶层①。关于保障农民群体诉求的法律法规极不完善,相关的具体制度也严重缺失,一些地方党委、政府建立的人民群众来信来访、领导接待日、领导座谈会等沟通渠道存在"走过场"、"一阵风"现象。二是诉求意识不强。我国传统的"官本位"文化极大地压抑了民众利益诉求的积极性,民众的缺乏热情又反过来滋长了某些政府部门和官员的"家长制"作风和"主观主义"、"经验主义",最终会导致民众对于通过政治参与表达利益诉求的冷漠,也为农村社区长久稳定发展带来隐患。

(二)农村社区服务队伍的保障建设不足

从图 7-4 中我们可以看到,在关于"当前社区服务队伍建设存在的主要困难"的问卷调查中,有高达 76.8%的社区干部选择"工作经费不足",选择"人员配备不齐"和"工作人员待遇偏低"的人也分别达到了 64.7%和 68.3%,这说明当前农村服务队伍的保障机制存在不足之处,必将影响社区服务队伍参与矛盾纠纷排查调处的积极性,也会影响基层社会治理效果。社区服务队伍的保障问题,首先是人员不足、缺乏培训。在人民调解方面,镇一级的人民调解工作几乎是由司法所的人员承担,相当部分村委会(社区)干部只是挂名为调解委员会成员,没有起到应有的作用;在行政调解方面,一些部门的调处机构和人员均未按规定配齐,不能履行办理案件的职责。调处人员的素质与形势发展也不相适应,其中大部分调处人员没有受过系统和定期的业务培训,没有掌握基本的业务知识,不熟悉业务工作的有关程序、方法和步骤。其次是经费保障不足,调解人员待遇差。调处职能部门的办公经费严重不足,导致不能正常开展工作,一些矛盾纠纷案件不能及时调处。绝大部分调解人员都是由村委会干部兼任,都是义务工作;在村民小组和自然村,一些调解人员没有任何报酬。根据鄂文

---

① 陈晓春:《社会主义新农村建设视阈下的农民协会》,《探索与争鸣》2007 年第 4 期。

〔2002〕1号、鄂发〔2003〕17号和鄂人社发〔2010〕15号《关于调整司法助理员岗位津贴标准的通知》文件精神，司法所工作经费和司法助理员工资由县财政统一安排发放，但实际情况是司法所民调专项经费、司法助理员和民调员的津贴都没有落实到位。司法所由于没有足够的财力保障，对所辖调委会经常性指导、协调、组织等活动也难以进行，对调解员的培训和素质提高更是无从谈起。

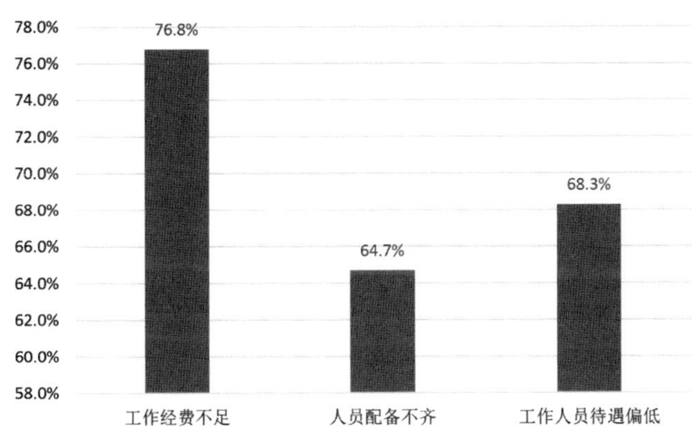

图7-4　当前社区服务队伍建设存在的主要困难(多选)

(三)法律和制度建设滞后

当前法律与制度建设不健全或滞后，使矛盾调处无法可依或有法难依，这也是影响湖北省社区调解工作顺利开展的一个重要因素，其问题主要体现在以下方面：一是法律责任不明。相关法律法规并没有明确规定和详细规范各职能部门在矛盾纠纷调处中的具体职责，而矛盾纠纷调处的多元主体如政府、村委会、居民之间也对职责分工及相互之间的关系缺乏明确界定。在调研中很多社区干部也反映，过多的行政任务下放到村委会，打破和模糊了《中华人民共和国村民委员会组织法》规定的村委会的职责。二是法律规范的缺位。经济基础决定上层建筑，法律法规及相关政策作为上层建筑，如不能及时根据现实的矛盾状况进行调整，就会出现滞后性和缺位，因此，建立健全相关法律制度很有必要。当前湖北省城镇化和新农村建设过程中，农村社区最主要的矛盾纠纷是征地拆迁纠纷、土地使用纠纷和赔偿纠纷，它们占据了各类矛盾纠纷一半以上的比例。这几类矛盾纠纷随着社会发展日益突出，相关法律政策缺位是这些矛盾纠纷不能有效化解的重要原因。没有具体严格的法律规章制度作为处理矛盾纠纷的依据，农村社区服务队伍的调解工作也会陷入无法可依的困境。三是法律权威不足。还有很多矛盾纠纷处理并非无法可依,而是在现实中当事人无视法律,欲求难满,而调解人员为了使矛盾不扩大化往往会选择妥协退让,当然这也与我们现在法制环境的不成熟有关。

(四)矛盾调处的监督机制有待完善

我们在调研过程中发现,农村社区干部在矛盾纠纷调解的过程中有时需要其他相关的政府职能部门协调配合,但由于没有权力来要求和制约,一些职能部门在纠纷的解决过程中往往倾向于解决农村涉及经济利益的纠纷,对于关乎广大农民群众切身利益的服务性和公益性的纠纷,认为调解费时费力,有时还"吃力不讨好",因此经常置若罔闻,相互推诿,或者只是敷衍了事,仅仅走一个形式,耐心细致度不够。如表 7-1 所示,当以"影响社区开展排查调处矛盾纠纷工作的主要因素"的问题向社区干部提问时,60.7%的社区干部表示"辖区单位不配合"是主要因素,56.9%的社区干部表示"政府部门内部权责不明确、关系不顺"是主要因素,这表明职能部门的职能不清和不配合已经影响到了矛盾纠纷的排查调处工作。这些渎职行为最终可能导致农民的利益严重受损,合理诉求无法得到满足,农民上访现象层出不穷,甚至引发群体性纠纷和极端事件。

表 7-1 影响社区开展排查调处矛盾纠纷工作的主要因素(多选)

单位:人,%

影响社区开展排查调处矛盾纠纷工作的主要因素	人数	百分比
经费短缺	30	58.9
居(村)民参与不足	21	41.1
辖区单位不配合	31	60.7
民间组织发育不够	11	21.5
社区工作者知识、技能不够	9	17.6
政府部门内部权责不明确、关系不顺	29	56.9
政府与社区组织权责不明确、关系不顺	20	39.2
社区党组织与居(村)委会权责不明确、关系不顺	4	7.8

第二节　农村社区矛盾纠纷类型与演化趋势

党的十八届四中全会《中共中央关于全面推进依法治国若干重大问题的决定》对全面推进依法治国、建设社会主义法治国家做出全面部署,并指出要面对新形势新问题,做好统筹社会力量、平衡社会利益、调解社会关系、规范社会行为等工作。在社会结构、利益关系、意识形态和价值观念变化的过程中,社会矛盾冲突具有转型期所特有的特征。因此,对社会矛盾纠纷类型、演化趋势的研判以及城乡社区矛盾纠纷的比较分析,对完善纠纷排查化解机制,更好地构建和谐社会,具有重要的现实意义。

一、当前农村社会矛盾纠纷的表现

我国目前处于社会转型期,机遇和挑战并存,不仅是发展的黄金期,同时也是矛盾多发期。在这一期间,由于经济的多元化,农村的人际关系、经济结构、文化结构的变化比以前都要频繁,而矛盾纠纷也越来越复杂。从性质上看,有行政纠纷、民事纠纷等;从矛盾客体上看,有经济纠纷、观念纠纷等;从矛盾主体上看,有邻里纠纷、干群纠纷等。农村矛盾纠纷可以分为两个方面:一个是传统矛盾或称生活型矛盾,一个是转型期的结构性矛盾。

(一)土地征收使用引发的纠纷

随着经济的发展和城镇化速度的加快,农村土地作为一种生产资料的重要性和价值快速提升。由于土地的双重属性,经济社会的发展引发土地效益大幅提升使农村土地纠纷与冲突无法回避。土地资源愈趋稀缺与不可再生,与人口增长、工业化与城镇化对其的需求增加之间的冲突越来越凸现。

土地征收以及使用引起的矛盾纠纷在农村中逐渐占据重要的地位。在这次调研的210份有效问卷中,有70份反映征地拆迁纠纷,有71份反映土地使用纠纷,分别占比33.3%和33.8%(见表7-2)。在调研中我们发现,农村土地矛盾多集中在以下两个方面:一是土地征收后,多数农民失去了赖以生存的土地资源,加上政府征地后的善后保障存在缺失,造成失地农民变成了失业农民而引起的矛盾;二是由于现有情况和原有土地政策不相适应引起的土地分配不公或者使用权混乱而引起的矛盾。

表7-2　农村征地拆迁纠纷和农村土地使用纠纷情况

单位:人,%

	农村征地拆迁纠纷		农村土地使用纠纷	
	样本数	百分比	样本数	百分比
是	70	33.3	71	33.8
否	140	66.7	139	66.2
合计	210	100.0	210	100.0

1. 失地农民变成失业农民引起的矛盾

随着城市化进程的加快,出现了一些新的农村社会矛盾,其中最突出的就是土地矛盾纠纷。目前已经形成了以《中华人民共和国宪法》为根本,《中华人民共和国土地管理法》为补充的土地征收法律体系。《中华人民共和国宪法》规定,"国家为了公共利益的需要,可以根据法律对土地实行征收或者征用并给予补偿";《中华人民共和国土地管理法》规定,"任何单位和个人进行建设,需要使用土地的,必须依法申请使用国有土地","依法申请使用的国有土地包括国家所有的土地和国家征用的原属于农民集体的土地"。这些条款从法律上明确了农用土地可以征收,并转为建设用地。但是在实际调研中,农民虽然获得了相关补偿,却失去了土地使用权以及收益权。

这种征地行为直接使失地农民变相成为失业农民。他们在拿到国家补偿的同时,也必须要为以后的生计发愁。虽然不同地区均出台了各种就业的政策,比如黄石市出台的《失地农民再就业培训》里指出,要加大农民就业培训力度,积极为失地农民提供就业岗位,但由于提供的岗位多是些低薪岗位,缺乏必要的长期社会保障,并且离农民居住地较远,所以其收效甚微。同时土地补偿款项过少也是引发纠纷的一个原因,土地征收补偿的办法虽然各地并不相同,但是总体来说总是低于土地的长远价值。如黄石市的补偿标准为按照同类土地被征用前三年平均产值的八到十倍补偿,外加上青苗费等补偿,但是总的来说农民所得补偿过少,不能满足生活要求。

2. 新迁入村民与原有村民的土地纠纷

新迁入村民与原有村民的土地矛盾在土地纠纷中占有较大比例。这一矛盾的形成是有着深刻的历史原因的。1980年我国乡村正式进行改革,实行统分结合的家庭联产承包责任制，是以家庭为单位，将土地按照农村人口或者劳动力分配给农民的一种做法。这种做法将土地所有权和使用权分离，极大地刺激了农民的生产积极性，增加了粮食产量和农民收入。为保持这种制度的稳定性与长久性，法律规定土地承包经营权限为 30 年，并确立了“减人不减地，增人不增地”的原则。这种制度的确立一方面巩固了土地承包制度，另一方面也催生了一些新的矛盾。例如有这样一个案例：村民王某 2005 年嫁入 C 村，婚后她和丈夫一起外出打工，家里仅有的 2 亩多地交给公公和婆婆照料。2009 年她和丈夫回到村里，家里的经济开始变得困难。王某的丈夫李某在附近干点零活，李某看到一些村民家虽然人口变少了，但是土地没有减少，便就此向村委会提出因为家里增加了人口，希望增加土地的要求，但是被村委会拒绝。李某一气之下，打伤了村主任①。

上述案例中，新加入的村民虽然享有承包权，但是却已无地可包，在下一轮土地承包前，他们只能靠家庭中其他成员的承包地生活。但同时已经死亡的农村承包人，虽然失去了土地承包权，但是其土地却被其家庭成员保留和继承直到下次土地承包。

（二）干群纠纷

2021 年中央一号文件指出：“要坚持把解决好‘三农’问题作为全党工作的重中之重，把全面推进乡村振兴作为实现中华民族伟大复兴的一项重大任务，举全党全社会之力加快农业农村现代化，让广大农民过上美好的生活。”农村干部和群众作为农业农村现代化建设的主体，处理好两者的关系是“三农”工作的重要内容。由于受中国封建传统思想的影响，加之政治体制改革的复杂性，我国基层政治体制改革还是存在诸多问题。

本次调研中，我们进行了村民对“两委”班子的工作评价的调查，在 222 个有效样本中，对“两委”班子很满意的有 98 人，占比 44.1%；比较满意的 75 人，占比 33.8%；感觉一般、不太满意、很不满意的依次为 38 人，7 人，4 人，总占比为 22.1%（见表 7-3）。访谈中，村民对干部的不满主要集中在两套班子各唱各调，村民自治与村支部之间的矛盾，以及村干部工作能力低下等方面。

① 案例引自荆门市调研资料。

表 7-3 村民对“两委”班子满意度

单位:人,%

满意度	样本数	百分比
很满意	98	44.1
比较满意	75	33.8
感觉一般	38	17.1
不太满意	7	3.2
很不满意	4	1.8
合计	222	100.0

村干部由村民选举产生,本应代表村民去维护村民利益,服务于村民,但是在实践中,由于中国传统“官本位”思想的影响,不少村干部却将对乡镇政府负责放在了第一位。与此同时,村委会与村支部也会产生矛盾纠纷,一些基层政府对村党支部的作用理解有偏差。湖北省委组织部等单位对111个村的调查显示,村委会和村党组织关系紧张的有13个,占11.8%。由于关系紧张,两套班子、两套人马,各定各调,各唱各戏,内耗严重,难以形成合力。他们习惯认为,党支部应该掌握村里的财务权和人事权,但这与村委会形成权力上和管理上的重叠。当村支部与村委会发生纠纷时,往往转化成村支部与村民自治的冲突。个别干部工作能力不足、工作方式粗暴也成为引起农村干群矛盾的诱因。

调研发现(见表7-4),农村干部的文化素质普遍不高,在45人的调研样本中,初中及以下文化程度有14人,有效占比31.1%;高中及中专文化程度17人,有效占比37.8%;大专及本科文化程度14人,有效占比31.1%。高中及中专以下文化程度总计31人,占比68.9%。知识结构的不合理直接造成了个别干部的管理素质较低,他们有的依然存在着人治思维,以及工作方式简单粗暴等问题。如,黄石市Q村是一个城郊接合部的村庄,访谈中,不少村民反映村干部的服务意识较差,据张某介绍,为了咨询如何给父亲办理农村低保这个事情,他前前后后跑了7次村委会,其中有几次是主要的村干部不在村委会,还有几次是村干部的说法不一。当他给村主任打电话咨询抱怨时,村主任直接发火了,“该有你的就会给你办,不是你的也争不过来”。虽然最后村里还是将张某父亲的低保名额报了上去,但是该村主任的工作方式还是让张某感到很不舒服①。

表 7-4 农村干部文化程度

单位:人,%

学历	样本数	百分比
初中及以下	14	31.1
高中及中专	17	37.8
大专及本科	14	31.1
合计	45	100.0

(三)环境污染纠纷

环境污染纠纷作为农村纠纷的一种,虽然发生的频率并不太高,但是由于其影响人数多,波及范围广,极易引发群体性事件等,因此在众多纠纷中占据相对重要的地位。环境污染纠纷的产生主要受两个方面因素的影响:一是村民的环保意识增强,对生活质量要求越来越高,农民的环保意识呈现出复杂状况。一方面,他们担心环境污染,希望环境优良;另一方面,他们又不爱护环境,使乱泼乱倒、焚烧秸秆、过度使用农药和化肥等问题很难治理。二是由于部分基层政府过度追求 GDP,在招商引资中存在对某些高效益的污染企业睁一只眼闭一只眼的情况。

村民的环保意识增强,是环境污染纠纷中的内在因素。近年来随着电视、报纸、网络等大众媒体的宣传,村民的环保意识普通提高,村民更加注重生活品质。在环保意识增强的同时,村民的环保神经也更敏感脆弱了,具体表现为一些本无污染或者是有着良好除污技术设备的企业难以进入本地,或者进入本地后发展困难,这给地方政府招商引资带来了困难,不利于经济的发展。如黄石市 S 村,是全国著名的铁矿等有色金属生产基地,辖区内已经形成了以有色金属为基础的众多下游产业的工业群,有着大冶有色金属集团这样的龙头企业。据该市 S 村村书记介绍,在访谈前两个月,就发生了一起因担心一铸钢企业(环保设施合格)发生污染,村民在厂门口堵渣土车

① 案例引自黄石市调研资料。

的事件①。虽然本次事件并没有造成太大损失，但却对该厂的生产造成了影响，同时加重了村干部的负担，增加了行政成本。究其原因是村民自身文化程度不高，对环境污染的理解一知半解，企业及政府组织没有尽到告知义务。另外，基层政府在招商引资中也确实存在过于追求经济利益，缺乏环保意识问题。一些基层政府在考核中往往过度重视 GDP 的增长，导致部分政府在招商引资中缺乏长远眼光，急于求成，为了 GDP 的增长和完成上级考核任务招来的企业多是发达地区早已淘汰的高污染企业，技术水平相对落后，同时企业并无配套除污技术与设备，致使农村环境不断恶化，引发群众不满，导致纠纷的产生。

（四）家庭矛盾纠纷

婚姻家庭纠纷是指在婚姻法所确定的权利和义务的范围内发生争议以及以血缘、身份等关系联系的家庭权利与义务的纠纷。家庭矛盾作为一种生活型的矛盾，在不同的历史时期都占据着比较重要的地位。由表 7-5 可以看出，家庭内部纠纷调查样本为 210 人，家庭纠纷累积百分比为 1/5，在农村矛盾纠纷中占据一定的位置。在乡村，家庭婚姻矛盾通常体现为夫妻矛盾、婆媳矛盾、赡养老人和家庭财产纠纷等几个方面，其中夫妻矛盾在家庭矛盾中占据首要位置。

表 7-5　农村家庭内部纠纷

单位：人，%

是否发生家庭内部纠纷	样本数	百分比
是	42	20.0
否	168	80.0
合计	210	100.0

如黄石市 S 村，随着社会经济的发展，该村在 1995 年左右出现了大批去上海、广东打工的人。据该村主任介绍，外出打工多以家庭为单位，男劳力一般去做建筑工或装修工，女的多随着男人去做饭，或者在家附近干点零活。其中有几年一个村子几乎剩下不到一半的劳动力。同时由于出去打

① 案例引自黄石市调研资料。

工,一部分人的思想观念、穿着以及谈吐也发生了变化,村里最严重的一年有3对夫妻离婚,多数都是30岁以下的年轻人①。可以说,S村的离婚率上升是具有一定的代表性的。由于城乡二元结构不断地解体,农民趋利性加重,更多的农民走向城市。随着进城打工的人数增多,在城市里,农民工接触了更多的不同于乡村的思想文化,夫妻两人的思想随即发生了潜移默化的改变,在物质生活条件改善的同时,生活习惯的不同和文化上的差异使他们与城市格格不入,带给他们很多的落寞。同时为了省钱,多数农民工仅仅在农忙时期和过年时才回家,夫妻之间缺乏必要的交流,夫妻感情逐渐淡化。同时由于外出打工者长期生活在城市中,其思想、生活习惯、消费方式等产生的变化,使他们与留守在家的伴侣之间感情不断生疏,沟通越来越困难。随着文化多元化,传统的婚姻观念受到冲击,不少农民工在打工地认识了新的伴侣,这也是造成离婚率不断攀升的原因。可以这么说,离婚率的上升,很大程度上是外来文化冲击下婚姻观念及家庭责任感缺失造成的。

在家庭矛盾中,由赡养老人引起的家庭矛盾在近几年也多有发生。在这类家庭矛盾中,往往会出现这么一种现象,兄弟姐妹越多,产生矛盾的概率越高,反之这种概率越少。在黄石市D村,我们就了解到这样的典型案例:李老太81岁,育有五子,按理说耄耋之年应该儿孙绕膝,安享晚年,但是她的境遇却让人感叹不已。李老太的大儿子在外地工作,二儿子在城里工作,其他三个儿子都在本村工作。在本村的弟兄三个就想着让老人轮流在自家吃住,照顾老人日常生活,同时让大儿子和二儿子多出点钱。但是弟兄五人却因为赡养费用的高低发生了争执,由于大儿子条件不是很好,他认为每个月300元的赡养费过高,在支付了两个月后,就停止了支付。这让其他四人感到气愤不已,最后李老太无人赡养,只得回到自己家中,靠村里的救济金和自己做点绣鞋垫之类的手工活度日。

(五)邻里矛盾

邻里之间的交流在农村是比较频繁的,俗话说“远亲不如近邻”。邻里矛盾在农村家庭生活中,依然占据了比较重要的位置。在表7-6统计的共210个有效样本中,曾与邻里发生矛盾的个体为51个,占比24.3%;认为没

① 案例引自黄石市调研资料。

有和邻居发生矛盾的个体有 159 个,占比 75.7%。这一数据一方面反映了邻里矛盾在农村生活中依然占据了比较重要的位置,同时也从另一个侧面反映出农村熟人社会在逐渐瓦解。

表 7-6 农村邻里关系纠纷

单位:人,%

是否发生邻里纠纷	样本数	百分比
是	51	24.3
否	159	75.7
合计	210	100.0

农村邻里之间的矛盾多来自两个方面:一个是农村生产经营中引发的矛盾;还有一个是因为生活琐事引起的矛盾,比如因村庄缺乏整体规划,由房屋排水造成的矛盾。例如有这样的个案:王某、周某都是 Y 社区人,他们在同一条街上要了宅基地。王某将自家地基打得比较高,同时将门口的路面进行了铺垫加高,这样下雨的时候可以保证院内积水迅速排出。此举引起了周某的不满,他认为王家的地基以及附近路面过高,导致自家门口下雨积水,由此引发矛盾①。在调研中发现,类似于王某与周某这样的事情不在少数。多数房主都会对自家门口的道路进行垫高,时间一长,这就形成了新房子在打地基时,土越垫越高,而道路相对就越来越低,同时相对这条道路附近的其他老房子,新房子的台基和出入道路就成了制高点。而老房子本身地基较低,积水容易倒流,这样其排水日渐困难。因房屋过水这种情况引发的纠纷可以说是目前农村邻里矛盾的主要成因之一。

同时在农业生产中产生的矛盾也是形成邻里纠纷的重要原因。比如田地、林地的地界不清导致排水灌溉纠纷等。以荆门市 Q 村村民司某为例,司某未经唐某同意私自从其田中过水,遭到唐某拒绝后,司某一气之下将唐某打伤。

总的来说,目前在农村矛盾纠纷中,家庭矛盾纠纷、邻里矛盾纠纷、土地矛盾纠纷、环境矛盾纠纷、干群矛盾纠纷依然占据了主导地位,并且将长期存在。从这些矛盾的成因以及性质可以得出,农村矛盾纠纷多存在于民事

① 案例引自宜昌市调研资料。

方面,并且多集中在社会转型期新形势下的生产资料和生活资料的再占有,以及公共保障缺失等方面。

二、新形势下农村矛盾纠纷的特点及趋势

社会转型期农村人民内部矛盾具有不同于其他社会阶段的特点与趋势。处于改革、发展期的我国现阶段农村,其各种人民内部矛盾因特殊的时代特点以及复杂的形式而呈现出许多新特征。这主要表现为农村矛盾的总量增加,利益诉求更加具有趋利性,矛盾的主体与客体均呈现多元化,矛盾的群体性、对抗性增加,且各种矛盾纠纷相互交织,你中有我,我中有你,矛盾的解决难度越来越大。

(一)农村矛盾纠纷的特点

1. 矛盾纠纷多元化

新时期,农村矛盾在矛盾的主体、客体方面都出现了新的特点及趋势。主体多元化具体表现为随着经济的发展,社会的进步,封闭的村庄社会逐渐瓦解,农村矛盾不再单纯的是农民与农民之间的矛盾。客体的多元化表现为农村矛盾不仅仅存在于经济领域,还多发于其他的领域。因此正确认识农村矛盾,把握其特有的演化规律,对维护社会稳定、促进社会和谐有着重要的意义。

(1)主体的多元化

主体的多元化源于我国经济、社会分工的细化。改革开放以来,实行土地承包,不断激活农村活力,农村经济以及分配方式不断多元化。不少农民已经不再局限于从土地上讨生活,他们有的出外打工,有的从事养殖业或简单的加工业,农民经济生活方式发生了翻天覆地的变化。相对封闭的农村社会空间被打破,农民内部之间、农民与其他经济组织之间的经济、政治、文化交往不断密切。在这种交往过程中原有的农民主体形成了新的、不同的特征分化。有学者将农村居民划分为9个阶层:农民工、农业劳动者、雇工、农民知识分子、个体劳动者和个体工商户、私营企业主、乡镇企业管理者、农村管理者①。

农民工这一群体是在社会转型期新产生的一个阶层,这个群体来源于

① 郭星华、陆益龙:《法律与社会》,中国人民大学出版社2004年版,第206页。

农村，工作于城市。这一阶层的出现体现了农村利益主体的多元化，一方面是农村活力的体现，另一方面也说明农村的利益需求更加细化，利益指向性更加分散。在一定利益总量的前提下，主体的多元化必然意味着利益分配上的复杂化，但是由于体制、政策、法律调整的滞后性，利益分配有可能出现偏差，进而引发不公的现象，导致不同主体间矛盾纠纷的产生。

(2)客体的多元化

经济的发展，社会分工的细化，不仅带来了利益主体的多元化，同时也带来了利益客体的多元化。利益客体的多元化不仅体现在经济、文化等领域，而且几个领域的利益相互纠合，利益诉求的范围更广。有这样一个案例：张某的家具店与鲜某的餐馆相距三米左右，由于家具店常用刨床会产生灰尘，因此影响了鲜某餐馆生意及其日常生活。2008 年 8 月，双方为此曾达成协议：张某答应鲜某按要求在离餐馆一米处砌一道墙以挡住灰尘，并将刨床移至家具店的另一边。但张某一直拖着未办。2008 年 9 月 23 日上午，双方再次发生争执。餐馆招牌因张某燃放鞭炮损坏，鲜家要求修复。此时鲜某非常激动，强烈要求立即解决，并坚决要求张某道歉①。

以上案例中矛盾的客体已不是过往农村借钱或者借物不还这种经济利益的矛盾，鲜某不仅要求张某将刨床移至家具店另一边，还要求张某赔偿因为燃放鞭炮损坏的招牌，同时坚决要求张某道歉。这是一起典型的不仅具有经济赔偿性质还具有环境维护、颜面维护等成分的矛盾纠纷。同时，矛盾的主体虽然是农民，但张某与鲜某已不再是传统意义上靠土地吃饭的农民，而是变成了以第三产业为家庭主要收入的新生代农民，这种情况的产生有着深刻的历史原因。改革开放后，由于农村的经济方式发生了变化，由单一性第一产业为支柱的传统农业向以第一产业为基础、多种经济形式并存的多元化方式转变，这种变化必然会引起村民与村民之间、村民与村组织之间、村民与其他经济主体之间、村组织之间以及村组织与其他经济主体之间在经济活动交往中债权、物权、事权、财权等方面的交往更为复杂，更容易引发矛盾。另外国家发放的惠农补贴也成为农村经济领域的一个新的利益争夺点。由于逐利性的增加，少数乡镇、村领导利用信息上的不对称，私自截

① 案例引自黄石市调研资料。

流补贴款项,或者专款它用,引起农民群众的不满。在文化领域,矛盾的客体主要体现在教育权与文化娱乐权上。随着人民物质生活水平的提高,人们对于文化娱乐的追求越来越高,但是农村文化建设依然相对薄弱。在政治方面,随着国家对村民自治的不断推进,村民自治意识的觉醒,上级政府对村民的干预与村民自治意愿之间产生矛盾,另在村务公开上也易引发矛盾。

(3)调解主体多元化

随着社会结构的调整,乡村熟人社会的解体,农村矛盾调解中,更多的村民不再只是依赖宗族中的老人或者熟人,而是把目光转向了其他的调解主体与方式上。矛盾调解的主体也日渐多元化。以湖北省为例,一是基层调解组织的数量增多,作为农村调解中起主要作用的村委会,湖北省1990年的村委会仅有3275个,1995年为32,802个。基层组织力量的增强对矛盾调解的意义重大。二是各种专业调解委员会的建立。改革开放以来由于矛盾的多元化、专业化,许多专业调解委员会在政府的扶持下如雨后春笋般地建立起来。

从湖北省荆门市司法局2014年上半年人民调解工作报告中可以得知,全市共建人民调解委员会1880个,其中,乡镇(街办)调解委员会61个,村(居、社区)调解委员会1564个,企事业单位调解委员会162个,专业性、行业性调解委员会51个,其他调解委员会42个,形成了"纵向到底、横向到边"的人民调解网络。同时其他社会组织的人民调解形式也发挥着重要作用。如检察官下社区、律师进社区,也增加了农村矛盾调解的力量。其中湖北省荆门市的"百千万活动"产生了较大的影响,成为全省人民调解工作的"六大模式"之一。"百千万活动"是由市司法局牵头,选聘200余名执业律师、2100名人民调解员、1万余名矛盾纠纷信息员,在特殊时期或法定节假日,进行大排查大调解。我国人民调解方式分为人民调解、行政调解、司法调解三种主要形式,每种方式都有其特点与不足。在社会经济多元化的今天,不少地区将三种调解方式融为一体,形成"大调解"模式,加强了"三大调解"之间的联系,提高了调解工作的效率。

2. 矛盾的复杂化

矛盾的复杂性也是近些年农村矛盾的一个重要特点。其复杂性主要表现在矛盾成因的复杂性和矛盾解决的复杂性两个方面。社会变革导致矛盾呈现出许多新现象、新特点，这些新变化相互结合、交互作用，使得农村矛盾更趋复杂化。就产生农村纠纷的原因而言，既有历史遗留原因、政策原因、利益原因、宗族原因，也有处理方法不当的原因；既有现行政策不适应当今社会发展的一面，也有部分群众法治观念淡薄的一面；既有村民素质低下的一面，也有部分党员干部作风腐败、管理粗暴的一面；既有传统观念与现代文明冲突的一面，也有计划经济下的思维固化和当今经济、政治不协调的一面。

(1)矛盾成因复杂化

矛盾成因相互影响、交错相织的特点是当今农村矛盾的特点之一，如土地矛盾中包含制度矛盾、干群矛盾等；干群矛盾中包含土地矛盾、利益矛盾等。同时矛盾中又常常包含多种主体，多对矛盾与多种矛盾主体常常围绕同一客体，展开利益博弈。如，黄石市L社区一宗干群矛盾案例就非常具有典型性。该村在2009年曾经将土地流转给一企业做厂房，村集体以土地入股，企业每年给村民分红。由于土地非农后的经济效益激增，村庄的新来人口(含本村新出生人口和因婚嫁出现的新来人口，且主要是婚嫁原因产生的新来人口)便与村集体发生了纠纷：他们认为自己也是本村的人，理应享受与本村原有村民同等的权益，渴望在土地流转中得到分享红利的待遇。这就与国家对于土地承包的30年不变——“增人不增地，减人不减地”的政策相冲突，该村委会遂以国家政策不允许为由拒绝了新来人口的诉求①。

在该案例中，由于村民、村干部对土地承包政策理解有偏差，村干部并没有充分履行政策告知义务，加之土地征收中存在粗暴行为，这些引起了部分村民与村干部的对立，新来人口的家庭拒绝在土地流转协议书上签字，进而又引起了新来村民与其他村民的对立，后来演变为群体性事件。在这一过程中原有村民埋怨村干部执行能力不强，又加重了村民与村干部的对立，严重影响了农村社会的稳定和谐。该案例从表面看，是一宗农村干群矛盾，但是却包含了多对矛盾，有原有村民与新来村民对于土地这一客体争夺的矛盾，有国家政策不适应现今农村经济形势的矛盾，还有原有村民与村干部之间的矛盾。他们围绕同一利益客体——土地展开利益博弈。各种主体、

① 案例来自黄石市调研资料。

原因之间相互交叉、互相影响，最终酿成了一起群体性事件。

(2)矛盾解决方式复杂化

由于矛盾原因的复杂化，一种矛盾可能由多个原因相互交叉影响而成，因此矛盾解决的方式也日益多样化、复杂化。单一的解决方式对整个矛盾纠纷解决的意义不大。上一案例中，导致矛盾发生的原因有农村干部在土地流转时管理粗暴、村民与村干部对政策理解不对等、现行政策与当前经济形势不匹配，以及部分群众素质低下，对待村干部欠缺理性等几个方面，其中现行政策与当前经济形势不匹配是根本原因，其他原因是派生原因。单纯通过解决某个环节，并不能有效解决纠纷。因此需要从政策、干部与村民素质以及政治民主建设等多个方面入手。在政策上根本解决土地承包后流转的矛盾，同时，积极开展社会主义精神文明建设，不断提高村民素质，努力培育新型农民；此外，还应大力开展基层政治民主建设，提高干部执政能力，做好村务公开、政策宣传等工作。

(3)矛盾的群体性、对抗性增加

当前农村矛盾存在着群体性强、燃点低、对抗性增强等特点，稍微处理不慎，往往会出现牵一发而动全身的局面，容易引发静坐上访等事件。

案例一：黄石市 G 村有一个村办水泥厂，固定资产约 700 万元，1998 年在相关政策的压力下本着“好女先嫁”的原则，将该厂的经营权以 140 万元出卖给王某。但是王某拒交产权出让金以及部分资产使用费。该村村民和村支部遂向人民法院提出诉讼，但是王某依然拒交款项，最终酿成了一起群体上访及打斗事件①。例二：张某，黄石市 C 湾人，因为拆迁使家中网络以及水电供给受到影响，拆迁办为了施工安全起见，将其和家人一起安置在附近的一家旅馆。在居住期间，由于旅馆条件不能达到张某上网的需要，加之听说自家房子因为拆迁而误损，遂提着汽油桶找到社区，声称要赔偿损失，如果得不到说法，就要同归于尽②。

第一个案例具有明显的群体性特点，第二个案例具有典型的燃点低、对抗性强的特点。案例二中矛盾的产生有两个方面的原因：一是拆迁办和相关部门在拆迁过程中没有及时了解张某的需求，二是当房子误损时没有第

① 案例引自黄石市调研资料。

② 案例引自黄石市调研资料。

一时间做好解释、赔偿工作。张某积压的不满情绪在拆迁时没有得到及时化解，房子的误损成为一个导火索，最终转变成一个恶性矛盾纠纷。案例一中G村村民上访和案例二中张某事件的产生不是偶然的，这与政策调整的滞后性以及社会变革中人们的心理变化是息息相关的。改革开放后，我国加快了传统国家向现代国家转变的步伐，我国经济获得了飞速的发展。计划经济向市场经济转轨的过程影响是巨大的，社会的方方面面都发生了变化，原来的较单一的阶层被打破分化成更多的阶层。同时由于不同阶层利益政策调整的快慢不一，造成了社会结构的失衡，对社会的不同阶层和利益群体带来了不同的影响。国家需要合理公平的社会利益分配机制来平衡各方利益。但是合理制度的建立是需要时间的，这就导致了阶层利益分配不公的现象在短期内会时有发生。

经济的多元化推动了思想的多元化。农民的权利意识不断增强，他们更加注重自己在社会经济中的主体地位，更加追求政治上的民主以及自治。同时由于社会主义精神文明远远落后于物质文明的发展速度，人们对于利益的追求具有一定的盲动性、狂热性。随着市场经济的发展，农民对社会利益分配不公的现象会缺乏容忍度，作为利益分配中处于不公地位的群体，他们的心理就会出现不平衡。当这种心理问题处于一个安全的阈值下，它具有潜伏性、隐蔽性的特征，在初期并不容易被发现，但是一旦积累到人们承受能力的极限，就会突然爆发，甚至在爆发中出现不理智的行为。这一点从湖北省J市综治办一位负责人的话中可以得到印证："以前农民上访都是反映问题，你只要记录在案，并告诉他们会尽快办理，他们一般就会回家了。但是现在农民上访多半采取静坐、围堵大门等行为，他们不再相信政府的尽快去办，而是要求现在就办。"

（二）当前农村矛盾纠纷产生的原因

矛盾纠纷的产生是有着深刻的社会原因的。从社会背景来说，改革开放后，社会阶层的分化加剧。在此过程中，传统的利益格局被不断打破和重建，从某种意义上说，改革就是一个利益格局重新调整的过程。

1. 历史遗留问题与现实需求未能满足

历史遗留问题与现实需求之间的不平衡是转型期农村矛盾产生的客观基础。历史遗留问题，包括政策上的滞后性，过往政策与现实需求之间的不匹配,以及现行制度的缺陷。同时农民现实需要未能得到满足,长久积累导致出现累积性矛盾。

历史遗留问题时间跨度大,引发的矛盾纠纷多,特别是第二轮土地承包和企业改制时,许多地方对当时政策理解不透彻,或是在企业改制中片面追求经济发展,导致小问题变成大问题,大问题变成老问题,造成现在解决时难度较大。

地方政府政策不稳定或者双重标准,引发农民心理失衡,是引发农村纠纷或矛盾的另一原因。如,为了推动当地经济发展,促进本地就业,黄石市X村曾以土地入股企业的方式进行招商引资。在土地入股过程中,该村村民发现被征收土地的补偿存在双重标准,一些响应号召的村民的土地补偿款比所谓的“钉子户”的补偿标准要低。这就引起了响应号召村民的不满,他们找村委会以及企业讨说法,甚至出现上访行为①。

2. 基层干部与群众法治观念缺失

如果说历史遗留问题与现实需求之间的不平衡是转型期农村矛盾产生的客观基础,那么基层干部与群众法治观念的缺失则是社会转型期矛盾纠纷发生的思想基础。

表 7-7　政策法规对农民生活、工作的影响

单位:人,%

程度	样本数	百分比
非常明显	35	16. 4
比较明显	57	26. 6
一般	72	33. 6
不太明显	17	8. 0
没有影响	33	15. 4
合计	214	100. 0

关于政策法规对农民生活、工作的影响,在214份有效问卷中,认为政策法规对自己生活、工作影响非常明显的有35人,有效占比16. 4%;比较明

① 材料引自黄石市调研材料。

显的有 57 人,有效占比 26.6%;影响一般的有 72 人,有效占比 33.6%;不明显和没有影响的共 50 人,有效占比 23.4%。可见约有四成以上的村民认为政策法规对日常的生活、工作非常重要。(见表 7-7)

表 7-8　农村设立社区法律服务中心

单位:人,%

是否设立社区法律服务中心	样本数	百分比
是	56	26.5
否	155	73.5
合计	211	100.0

关于农村是否设立社区法律服务中心的问卷中,发放问卷 227 份,其中:有效问卷 211 份,缺失 16 份,回答农村设立社区法律服务中心的有 56 个,有效占比 26.5%;回答没有设立农村社区法律服务中心的有 155 个,有效占比 73.5%。可见设立社区法律服务中心的仅仅占了不到三成,农村的法治建设还需要进一步加强。(见表 7-8)

表 7-9　是否设立法律服务中心与矛盾纠纷发展趋势关联度分析

单位:人

发展趋势	设立社区法律服务中心	未设立社区法律服务中心
更频繁更严重了	3	20
数量相对持平,但情节严重了	8	20
纠纷少了但情节严重了	4	13
更频繁更琐碎	0	6
数量相对持平,纠纷更为琐碎	9	22
纠纷少了且更为琐碎了	17	25
不清楚	15	46
合计	56	152

从表 7-9 可以发现,在“设立社区法律服务中心”一栏,认为矛盾纠纷更频繁更严重的只有 3 人,而在“未设立社区法律服务中心”一栏有 20 人;同样设立社区法律服务中心的仅有 8 人认为数量相对持平、情节严重,而没有

设立社区法律服务中心的有 20 人认为数量相对持平、情节严重；设立社区法律服务中心的没有人认为矛盾更频繁更琐碎，没有设立社区法律中心有 6 人认为矛盾更频繁更琐碎。通过以上数据我们可以看出，设立社区法律服务中心的在农村还较少，不懂法造成了村干部缺乏法治思维，工作方式粗暴，甚至出现贪腐情况；造成了农民缺乏法律思维，在自身利益受损后不能理性地对待问题，从而加剧了农村矛盾的滋生。

3. 农村公共服务体系较薄弱

改革开放以来，由于国家政策、制度等原因，农村的公共服务体系较城市公共服务体系相对薄弱，这就造成了农民需求日益增加与公共服务缺失之间的矛盾。农村治安较差，志愿者服务队伍缺失等方面，是矛盾产生的原因。

表 7-10　农村治安巡防队日常巡逻情况

单位：人，%

治安巡逻队是否进行日常巡逻	样本数	百分比
是	85	38.3
否	137	61.7
合计	222	100.0

从表 7-10 可以看出，在有效的 222 份问卷中，填写村庄治安巡逻队日常巡逻的只有 85 份，有效占比仅 38.3%，而没有治安巡逻队，或者是有日常巡逻队但没有日常巡逻的有效占比达 61.7%，公共服务的缺失进一步导致农村治安的恶化，进而引发矛盾。如，黄石市 L 社区地处城乡接合部，为了响应新农村建设的号召，该村 2008 年将部分农民土地征收，并与邻近两个村子合资盖了 6 层的住宿楼。后因三个村子资金紧张，导致该小区内缺乏配套安保设施，该小区又位于两个派出所管辖中线上，村民的财物经常被偷，甚至出现了白天被抢的事情，小区内的垃圾也无人打扫。后村民不断进行上访，但情况并未好转，最终导致村民集体上访①。在该案例中，村干部响应国家号召，合理高效利用土地资源是一件好事，但是由于缺乏必要的公共服务，导致村民不满，有的村民戏称自己小区是“三不管地带”。

① 案例引自黄石市调研资料。

表 7-11　农村志愿者服务队伍

单位:人,%

所在农村是否有志愿者服务队伍	样本数	百分比
是	32	15.0
否	181	85.0
合计	213	100.0

与治安等公共服务相比,农村的志愿者服务队,或者说社区服务队的建设情况更是不容乐观。在发放的 227 份问卷中,回收 213 份有效问卷,其中有 32 份认为本村有志愿者服务队,有效占比 15.0%;有 181 份认为本村没有志愿者服务队,有效占比 85.0%(见表 7-11)。与城市起步较早、发育完善的社区志愿者队伍相比,农村的志愿者队伍显得非常薄弱。同时从志愿者队伍的服务功能来看,城市社区针对不同的群体有不同的服务队伍,如针对老年人的“爱心叫醒”、“孝心餐厅”,针对儿童的“红领巾接送队”,而农村服务队多集中在治安巡防、反邪教方面,功能相对城市较单一,不能满足乡村不同群体的需求。需求的长期不能满足,也容易引发矛盾纠纷。

4. 基层纠纷排查调处机制较薄弱

基层矛盾纠纷排查调处机制薄弱最终导致了转型期社会矛盾的频发以及复杂化。纠纷排查调处机制包含事前预防沟通和矛盾调处两个方面。合理的沟通具有缓解与释放社会压力、排解与调节情绪、缓和与化解社会矛盾的重要功能;有效的矛盾调处机制有利于促进和形成社会内部主体间的良性互动局面。

表 7-12　农村干群沟通的主要问题

单位:人,%

种类	样本数	百分比
群众诉求渠道少	56	25.9
群众反映的问题得不到应有重视	56	25.9
主动听取群众诉求不够	33	15.3

续表

种类	样本数	百分比
有些群众诉求方式不够理性	49	22.7
开展社区公共事务时听取群众意见不够	11	5.1
其他	11	5.1
合计	216	100.0

调研中,在干群沟通的主要问题上我们回收了216份有效问卷,其中反映群众诉求渠道少的有56人,有效占比25.9%;反映问题得不到重视的有56人,有效占比25.9%;反映主动听取群众诉求不够的有33人,有效占比15.3%;反映群众诉求方式不理性的有49人,有效占比22.7%;反映开展公共服务时听取群众意见不够的有11人,有效占比5.1%(见表7-12)。我们可以得出,群众诉求渠道少和群众反映问题得不到重视的问题排名最高。

表7-13　农村服务大厅接待室和农村信箱/邮箱情况

单位:人,%

	农村服务大厅接待室		农村信箱/邮箱	
	样本数	百分比	样本数	百分比
是	154	73.0	42	19.9
否	57	27.0	169	80.1
合计	211	100.0	211	100.0

农民群众的诉求渠道相对较少,以最传统和基础的社区服务大厅接待室而言,在回收的211份有效问卷中,回答本村设有大厅接待室的有154人,有效占比73.0%,有27.0%的农民回答本村没有大厅接待室。针对新型的人民诉求表达渠道,仅仅有42人回答本村有信箱或者邮箱,占比19.9%(见表7-13)。而QQ、微信等其他平台的诉求渠道更是少之又少。

表7-14　农村人民调解委员会

单位:人,%

所在农村社区是否有人民调解委员会	样本数	百分比
是	111	52.1
否	102	47.9
合计	213	100.0

事前沟通机制缺乏的同时,矛盾调解机制也不完善。以人民调解委员会为例,在213份有效问卷中,仅有111位村民回答本村存在人民调解委员会,有效占比52.1%(见表7-14)。这说明或者是农村调解机制的建构不完善,或者是农村人民调解会或许建立,但是由于其发挥的作用较小,本村村民并不知晓其存在。由于城乡发展的不平衡,农村各种专业的调解委员会以及社区服务队伍、志愿者队伍更是较城市发展得缓慢。沟通机制和矛盾调处机制的缺失最终导致了农村矛盾纠纷的多发。

第三节　农村社区矛盾纠纷化解经验与借鉴

社会矛盾纠纷的产生原因、纠纷主体、内容、诉求和表现形式的多元化表现,推动矛盾纠纷解决途径以及方法手段的多元化。农村社区服务队伍作为社区矛盾纠纷化解的一种途径,在实践中积累了诸多经验。

一、农村社区服务队伍解纷领域

(一)传统领域

家庭邻里争执等民事纠纷是农村社区解纷工作的传统领域,此类问题依旧呈现出频发且琐碎的特征,属于社区解纷工作最为日常的部分。伴随城镇化建设的推进,家庭邻里纠纷的内容出现了新变化:离婚率较以往有所增高,财产利益纠纷增多,精神层面的争端时有发生。转型期农村社会的快速发展带动当地农民群体生活水平与价值观念的转变,使得社区村民日益趋利化,相应解纷工作亦须对此作出回应。

(二)重点领域

以征地拆迁、环境污染等为代表的矛盾纠纷在当前农村较为敏感和棘手,因极易扩散与激化为更为严重的社会性问题而备受关注,成为湖北省农村社区解纷工作的重点领域。转型期农村社会的工业化、城镇化发展直接要求征用农业用地,在此过程中农村土地价值急速增长以及土地权属不清等问题逐步凸显出来,其中涉及村民耕地与宅基地的征地拆迁纠纷最为棘手,而针对农用地的开发建设也使得当前的社区环境令人担忧,威胁到当地村民的正常生产乃至健康生活。同时,村民进入当地新建企业务工后出现的劳动争议纠纷也逐渐成为农村社区解纷工作的重要内容。

(三)特色领域

在初步完成村改居工作后,围绕社区建设以及社区内干群关系等问题的矛盾纠纷是当前湖北省农村社区解纷工作的特色领域。农民群体的主体意识日益增强,部分农村社区的工作模式未能顺应其体制机制的转变,由此引发一些争执与冲突。虽然当前农村社区干群关系总体和谐,但不可否认诸如征地补偿、村务治理以及政府开展重大工程建设等问题依旧极易引发社区干群纠纷,而且通常较为激烈。另外,社区村民社保办理、流动人口管理等工作以及交通治安等问题的矛盾纠纷同样是现阶段湖北省农村社区解纷工作必须妥善处理的事务。

二、农村社区服务队伍解纷经验

(一)在解纷领域的深化拓展方面:专业化

当今农村生产、生活等各方面都呈现出日益专门化的发展趋势,与之相对应的是矛盾纠纷类型也日益专业化。为切实解决这一问题,社会转型过程中湖北省农村社区对原本较为笼统的解纷机制进行细化,以应对这一专业化特征。当前矛盾纠纷的专门化主要体现在:其一,农业的产业化发展使得诸如农机、农技等方面的问题数量增多并且更加复杂,而农村的城镇化建设亦使得农村交通、卫生等领域快速发展,相应的问题也迅速增多,同时越来越多的村民由务农转向务工,使这些领域矛盾纠纷不可避免地增多;其二,改革开放后农村受到来自外界的开放文化思想冲击,村民的主体性意识逐渐觉醒,特别是农村女性的社会地位日益提升,但与此同时传统风俗中男尊女卑的陈旧观念仍旧未能根除,特别是目前农村留守人员多为老人、妇幼,这一客观现实使得此类社会矛盾逐渐突显。针对这些问题,湖北省农村社区采取了以下措施:一是成立行业性质的第三方调解协会,专门化解该领域的矛盾纠纷;二是组建针对特定人群的调解队伍,专门维护诸如妇女、农民工等群体的切身利益。合理拓展农村解纷工作领域,使农村社区解纷工作更加具有针对性,从而更好地应对今后愈加细化的解纷工作的客观需求。

(二)在解纷队伍的补充扩展方面:自治化

农村地区矛盾纠纷大多琐碎复杂,而与之相对的是当前农村社区解纷资源仍显稀缺,因此在具体的实践工作之中更注重于能够通过村民自身的力量进行排查和化解。湖北省农村社区为充分激发村民主体在化解民间纠纷过程中的优势与效用,加大社区志愿者服务队伍的建设力度,诸如十户联防队伍、协调会、党员志愿者队伍、生产小组信息员等村民主体队伍相继成立并活跃于解纷工作之中,解纷队伍呈现出自治化的发展趋势。在此过程中,利用好假期返乡的本地大学生群体以及通过积极与高校保持互动合作,不仅能够为农村社区解纷工作注入新的活力,更不失为一种经济高效的社区公共服务供给途径。而老年人协会、党员志愿者队伍等由村民自发组建而成的社区志愿者服务队伍除参与日常矛盾纠纷走访排查工作外,还负责特定人群或行业的纠纷化解,对当地解纷工作起着促进作用。如今,类似这样的村民志愿者服务队伍在湖北省农村社区中数量逐渐增多、类型逐渐多样、作用逐渐加大,成为转型期内湖北省农村社区矛盾纠纷化解工作中不可或缺的重要资源。

(三)在解纷工作机制的构建方面:多元化

农村社区矛盾纠纷所呈现出的多样性以及相关化解工作的复杂性,决定了延续传统单一解纷模式的工作机制已经难以及时、高效地解决纠纷。改革开放至今,农村与日俱增的解纷工作压力迫使农村社区解纷机制必须与时俱进,在传统"三大调解"的基础上不断拓展新型解纷办法。各种解纷机制具有不同的优势与不足,因此,湖北省农村社区在大调解理念的引导下积极促成解纷工作的多元主体、多项机制联动模式,逐步构建多元化的矛盾纠纷化解机制。多元化解纷机制的构建,一方面能够有效整合农村社区的解纷资源,将相邻社区的人员队伍、硬件设施集中起来,高效解决纠纷,如荆门市雷集片区综治协会初步实现了当地解纷工作的联动与分流,汇聚八个村的解纷资源、联结镇司法综治单位,集中处理片区内矛盾纠纷、构建联动解纷机制;另一方面政府在当前湖北农村解纷工作中的地位仍十分重要,解纷机制的多元化构建依旧必须充分发挥政府部门的解纷功能,循序渐进完善转型期农村社区解纷工作,例如,宜昌市远安县突出发挥乡镇领导、镇驻村干部、镇直单位和村组干部、治调中心户作用,在发生纠纷时镇领导亲自出面参与调处,村内的矛盾纠纷能得到驻村干部的指导和调处,对土地、山林纠纷等调处难度大的难题,各乡镇组织镇国土资源站、林管站、财政所、法庭等部门参与调处,村组干部和治调中心户每周召开一次矛盾纠纷调处碰头会,将本村各类矛盾纠纷收集汇总,对未能调处的矛盾纠纷落实专人负责跟进调处。

(四)在矛盾纠纷的预防措施方面:源头化

当前正值农村矛盾纠纷的凸显期,各种矛盾问题及纠纷类型随着农村社会发展而不断变化,以往“事后解纷”的工作模式必将给农村社区解纷工作造成巨大被动。鉴于此,湖北省农村社区解纷工作非常重视从源头入手化解矛盾纠纷,将解纷工作与治理工作有机结合在一起,使两者相辅相成、互为促进,并通过诸如积极策划社区文体活动、强化基础设施建设、完备公共服务供给等形式不断推进社区物质与精神建设,淡化乃至消除矛盾隐患从而预防、减少纠纷的出现。例如,黄石市通过完善基础硬件设施以及公共服务营造良好的社区氛围,使农民群体切实融入社区之中。同时,考虑到征地拆迁涉及农民群体赖以安身的宅基地权属问题,出现纠纷后较难调处且容易激化的现实,通过组建专门的征地拆迁工作小队来预防和减少这类矛盾纠纷的产生。又如,宜昌市借助各类活动提升社区凝聚力的工作思路十分贴近农村发展的历史传统:利用传统农村社会中姓氏、宗族等形式统一农民群体的归属意识,村民置身其中通常不愿与人产生纠葛、破坏“和气”,即便偶尔出现矛盾纠纷,族长等权威人士的评判亦总能够为当事人心理所接受,且能保障纠纷处理的有效执行。顺应这一解纷理念,凝练适应当前社会标准的社区主流意识对于解纷工作极为有益。其中表彰社区模范先进的活动形式不仅能够引导村民规范自身行为,更有助于宣传社区文明道德标准。湖北省农村社区“源头化”解纷的主旨兼具预防矛盾纠纷与完善社区建设的作用,两者共同发展、相互促进。

(五)在具体纠纷的处理工作方面:常态化

针对已经形成或凸显的矛盾纠纷,湖北省农村社区解纷工作主要遵照常态化的工作方针加以处理。所谓常态化解纷是指一改以往村干部等着纠纷当事人找上门来寻求解纷的工作模式,而将信息搜集、纠纷排查、协商调处等工作列入社区日常工作之一,逐渐形成一套常态化的排查调处机制。过去村干部为图省事而采取的被动消极工作态度早已不适应当今农村社区快速发展的节奏,必须将矛盾凸显期解纷工作的重心转为预防与排查,力求在萌芽阶段消除纠纷。矛盾纠纷的排查工作重在对社区内村民生活状态的把握,湖北各地对此在具体做法上存在细微差异。例如荆门依靠年老退休干部、宜昌聘请网格信息员等,它们的共同之处在于非常重视相关纠纷信息的搜集,且讲求信息的实时性,因此强调将排查解纷机制予以常态化。同时,农村社区的解纷工作很大程度上取决于纠纷当事人的主观情感认同,强加的调解结果一旦与纠纷当事人的情感相抵触,即便公正合理也难以发挥应有的功效,而通过传统协商达成的合意往往是最为经济有效的解纷结果。因此,以荆门市农村社区定期召开协商会议为代表的协商调处解纷方式能够较好地处理农村社区中已经凸显出的纠纷争执,特别是对于农民群体与企业工厂之间的纠纷调处十分有效。湖北省农村社区正逐步将这些解纷办法转为常态化的工作机制,形成一套切实适应转型期的解纷工作制度。

第四节　农村社区矛盾纠纷化解的影响因素

农村社区的矛盾纠纷化解之道是一个从传统走向现代、从管理走向治理、从单一走向多元的动态过程。学者认为基层社会在矛盾纠纷化解机制或治理策略方面,对生活性矛盾纠纷需采取“基层—调解—化解”的管理策略,对结构性矛盾纠纷则要采用“顶层—调整—解决”的治理策略①。当前基层社会的矛盾纠纷治理策略仍遵循这样的思路,但是在矛盾纠纷化解的流程上更多地呈现出了信息化、互动化的特点,展现出了由被动排查到主动参与的转变,实现了社区矛盾纠纷化解机制的流程更新。但是在此过程中,仍存在一些与“成长的收获”并存的“成长的烦恼”。本节内容主要从矛盾纠纷化解机制中的公民主体参与、社会秩序稳定与社区碎片化治理来探讨当前我国农村社区矛盾纠纷化解机制所面临的现实困境。

一、多元主体弱参与度影响社区矛盾纠纷治理成效

从理论的角度来看,当前我国城乡社区矛盾纠纷化解的参与主体即为社区居民。从社区形成的本质上来看,社区的核心内容规定了社区中的居民参与性对于社区治理的重要性。一是社区本质上是一个社会生活共同体,社区的价值及其存在和发展的社会基础就在于社区居民之间有着某些

① 陆益龙:《乡村社会变迁与转型性矛盾纠纷及其演化态势》,《社会科学研究》2013 年第 3 期。

共同利益和对公共事务的共同关注；二是社区是介于私人领域与国家领域之间的公共领域，个人可以有效而顺利地对社区内部的公共事务发表意见，也可以借助于社区参与到国家事务和社会公共事务之中①。社区居民和社会组织的参与程度已成为决定社区矛盾纠纷化解以及社区治理成效的关键所在。但在当前的现实困境中，我们不能回避的是，在社区矛盾纠纷排查调处机制建设的过程中，地方政府对于社区矛盾纠纷调解的各种机制建设的积极性远高于社区居民。政府从政策、财力、人员的投入等多方面支持社区建设。社区居民对社区矛盾纠纷调解机制建设的态度却比较冷漠，究其原因还是利益表达渠道不够丰富，很多现实诉求没有被足够重视，与自身利益密切相关的事务没有得到有效的处理，从而导致社区参与度的不足。从参与动机来看，居民很少自主、自发地参与社区矛盾纠纷化解的组织，主要原因是这类工作与其自身的利益相关度不高。

从当前的实践情况来看，为了有效化解基层矛盾，多数地方形成了多元参与的矛盾纠纷化解机制。行政机构、司法机构和社会组织、社区居民都作为参与主体，建立了不同层次、不同形式的合作关系。无论是法院调解进社区，还是警民联调、和事佬协会、物业调解委员会，都表明参与化解矛盾的主体是多元复合的，既有行政机关工作人员、司法机关工作人员，也有法律工作者和社区工作人员，还有具有专业技能或热心于公益事业的居民。不可否认的是，多元主体参与矛盾纠纷化解的优势是显而易见的，可以快速将矛盾纠纷发现在社区、排查在社区、解决在社区，实现矛盾纠纷化解的源头化处理。在当前的城乡社区基层形成的多元矛盾纠纷化解机制中，社区居民参与和社区专业化矛盾纠纷化解组织这两个主体力量日益重要。从杭州市的社区矛盾纠纷化解实践的经验来看，当地社区以“邻里值班室”和“和事佬协会”这两个组织为平台，其成员由社区居民自愿组成，重要职责就是搜集居民信息，了解居民想法，理顺居民情绪，从而把矛盾化解在萌芽状态。针对一些疑难纠纷组成了一些专业化的社区矛盾纠纷化解组织，负责化解一些涉法问题及一些专业性的问题。这种组织是对原有传统的人民调解组织和方式的一种替代和更新。例如，当前的物业纠纷调解委员会、劳动权益

①　李海金：《城市社区治理中的公共参与——以武汉市 W 社区论坛为例》，《中州学刊》2009 年第 4 期。

保障调解委员会、治安案件警民联调组织等都属于专业化的调解组织,它们对于更好地保护当事人的权益、提高调解的效率、提升调解人员的素质会起到显而易见的效果。社区民间组织在化解社会矛盾方面与政府机构的作用大不相同,政府机构可以以行政强制力为基础,但是民间组织却只能依靠成员的威望和个人能力来说服居民,民间组织也必须采用一种更为平等和柔性的方式来与居民沟通,因此也更容易获得居民的认可和尊重。民间组织作为群体利益的重要代表,往往比个人更能够理性、规范和有效地表达自己的利益诉求,成为政府和民众之间的缓冲器。民间组织主动介入社区矛盾纠纷的解决,一方面表明了社区居民参与社区事务意识的提高,另一方面也是对长期以来社会管理行政化倾向的一种"解构",使得社区发展具有更多的民主和自治色彩。从人民调解的角度来看,民间组织主导社区纠纷的化解,体现了"老百姓的事老百姓自己解决",有利于真正实现人民矛盾人民调解,是社会主义民主发展的大趋势和大方向。

从理论和实践的层面都可以看出,社区多元主体的参与对于化解社区矛盾纠纷的成效至关重要,而居民的积极参与更是决定社区矛盾纠纷化解成效的重要因素。多元主体的参与可以及时准确地反映和表达居民需求、疏导居民情绪,能够为有效预防和减少、及时化解矛盾发挥预警作用。而与社区内的律师事务所共建的法律志愿组织等公益性民间组织,能及时为权益受侵害的困难人员提供法律咨询、法律援助等法律服务,有效维护弱势群体的利益,减少社会冲突与矛盾,促进社会和谐。还有诸如社区议事协商会、社区民主协商会等自治性组织,能有效收集民情民意,反映百姓心声,是化解社会矛盾的重要途径。正因为如此,社区在多元主体参与度、积极性、活跃度弱的情况下,激发社会活力,调动多元主体积极参与社会治理显得极为重要。

二、社会秩序的不稳定性增加社区矛盾纠纷治理难度

通常人们认为社区矛盾纠纷化解有助于稳定社会秩序,所以在社区中人们也常常将相关的社区矛盾纠纷化解组织称为"稳压器"、"缓冲剂",认为社区矛盾纠纷化解的核心意义就是维护基层社会稳定。毫无疑问,这就是社区矛盾纠纷化解机制的最大社会效益。但是在社会发展的过程中,社

会秩序的变化也会影响到矛盾纠纷化解。虽然现代社会因素正在解构着传统社会因素,但是传统社会的制度和观念在社区治理过程中仍然发挥着作用①。当前的社会正处于从传统型社会向现代型社会的转变过程中,传统的社会意识形态以及社会秩序在某些领域仍占统治地位,但与此同时现代化的进程也形成了现代性的社会秩序,传统社会秩序与现代社会秩序的融合与冲突并存。这种状况导致在当前的社区矛盾纠纷化解的过程中,首先要直面矛盾纠纷类型的复杂化。不但要重视传统的矛盾纠纷,还应重视新出现的矛盾纠纷类型,这给当前的社区矛盾纠纷排查调解增加了难度,因为许多矛盾纠纷类型就是新旧社会规范所导致的社会性问题。这在农村社区矛盾纠纷化解的过程中尤为明显,尤其是近年来农民工进城务工人员明显增多后,农村夫妻的家庭矛盾纠纷化解难度增加。这看似是农村居民的家庭矛盾,实际上是新旧价值观转变的社会性矛盾冲突,是一个在农村社区较为普遍的社会现象。对于留守在农村社区的妇女、老人而言,历史传承下来的这些民间社会规范有着深厚的群众基础,它们在社区城市化进程当中仍然在调整着社区的社会关系,构建着社区的社会秩序②。

概括来讲,社会秩序的转变对于社区矛盾纠纷化解难度的增加,主要表现在这几个方面:首先,社会资本的缺失性。许多学者在探讨社区治理成效的过程中都非常重视社会资本的作用。社区矛盾纠纷化解作为社区治理的一个组成部分,社会资本的重要性不容忽视。我们在对社区矛盾纠纷化解效果的研究中发现,广度不宽、深度不强、范围不大是对当前社区矛盾纠纷化解成效的形象概括。究其根本原因是社区治理过程中社会基础匮乏的制约。社会资本对于地方治理的重要价值体现在三个层面:为地方治理培育理性的参与主体、提供基本的运行机制、构建必备的参与网络③。与有“第一生产力”之称的科学技术相似,社会资本渗透到经济、社会、政治秩序的内在结构要素中,推动经济、社会、政治的有序运行和发展;但它最重要的影响力不在经济层面上,而是在人们的社会生活和政治生活中④。其次,社会

① 范愉:《社会转型中的人民调解制度——以上海长宁区人民调解组织改革的经验为视点》,《中国司法》2004年第10期。

② 姚怀生、姚易:《民间社会规范对社区秩序的构建意义》,《人民论坛》2016年第17期。

③ 陈朋:《基于社会资本的地方治理何以可能》,《理论探讨》2015年第5期。

④ [美]弗兰西斯·福山:《信任:社会道德与繁荣的创造》,远方出版社1998年版,第368页。

意识形态的转变。随着当前社会经济高速发展,社会意识形态也在不断转变,多种文化价值观念矛盾、冲突,造成了基层社会矛盾纠纷频发且不易解决。最后,信息化的高速发展。信息化的高速发展也对社区矛盾纠纷的化解提出了更高的挑战。在新媒体时代,人人都是自媒体,社区矛盾纠纷信息通过网络迅速传播会迅速扩大事件的影响,干扰社区矛盾纠纷治理成效,从而增加了社区矛盾纠纷化解的难度。

三、社区碎片化治理影响多元矛盾纠纷化解机制整合

社区是化解城乡多元矛盾纠纷的首要平台,能否最大程度上将矛盾化解在社区,这是反映社会有序化程度和社会自治水平的一个重要标志。从城乡社区矛盾纠纷多元化解机制的变化来看,城乡社区矛盾纠纷的调解经历了一个不断变化的过程。在此过程中政府与社区都做了巨大努力和投入,从矛盾纠纷化解主体上经历了政府让位于社会,矛盾纠纷化解主体从单一到多元的变化;从矛盾纠纷的化解手段上经历了从传统的人民调解到现代化的社区网格化矛盾纠纷排查,再到目前“互联网+”时代的信息化矛盾纠纷排查。但是依托于此的基层社区矛盾纠纷化解的实际效果却与投入不相符合,社区民众对社区矛盾纠纷化解的满意度仍然较低。而社区治理的碎片化模式又进一步影响了城乡社区矛盾纠纷化解机制的整合。有学者认为影响社区碎片化的主要有三个原因:第一,社区治理能力有限;第二,社区参与和互动相对缺乏;第三,社区发展和管理政策难以获得社区不同阶层民众的一致认同和支持。社区碎片化是指在社区层面,包括内部和外部,由于资源分配机制的差异而分化成许多相对独立的利益群体或共同体。其本质上是在社会发展和转型过程中政府、市场和社会三者之间的关系调整变化的结果。在此意义上,社区的碎片化更是中国社会结构深层次变迁的一种折射和反映。社区治理所面临的困境和难题,既需要提高基层政府的治理能力、转变社区管理方式,又需要在更大范围、更高层面上进行制度调整和政府治理创新①。

碎片化的社区治理模式本质上是参与实际社区事务决策和管理的机构

---

① 李强、葛天任:《社区的碎片化:北京市社区建设与城市社会管理的实证研究》,《学术界》2014年第1期。

多元并立，这些机构虽然采取一种合作主义的方式来进行管理，但很大程度上却导致了事权不一，降低了社区管理的效率。目前社区存在着双层结构：一是表层结构，即以国家权力为核心形成的一整套治理体系或架构；二是深层结构，即以居住特征为核心形成的碎片化社区①。表面上看，国家可以进行有效治理，而实际上国家权力却很难整合碎片化的社区达到有效治理的目的。社区的碎片化治理导致了社区矛盾纠纷化解机制的难以整合，因为社区矛盾纠纷化解机制本身是社会同社区居民的联系渠道，是及时了解社情民意、迅速化解社会矛盾的主要措施。它包含两个方面的内容：一是在各项政策和决策出台前，应征求有关专家和群众代表的意见，减少和防止随意性，让政策和决策制定得更加科学合理，从源头上预防侵害群众利益现象的发生，防止社会矛盾的发生。二是拓宽民意表达途径，为人民群众的诉求提供畅通、便利的渠道。当前民意表达的渠道虽多，但仍存在民意表达实效性不够的问题。因此，在矛盾多发期，更加需要以社区为基础，建构自下而上、纵横交错的有效的民意表达渠道，它们不仅能较好地反映不同群体利益诉求，还可以为公共决策的价值取舍、利弊权衡提供重要依据。但是当前的社区碎片化治理给社区矛盾纠纷化解机制增加了难度，成为当前城乡社区矛盾纠纷化解机制难以整合的困境所在。

第五节　农村社区矛盾纠纷化解的机制构建

面对全面深化改革的新局面，社会矛盾纠纷的发生有着自身生成、发展和演化的规律，我们必须跳出简单的因果推论和决定论的认识陷阱，聚焦于当前社会矛盾纠纷发生的具体情况，建立一套行之有效的矛盾纠纷解决机制，从而去其弊而存其利，降低纠纷给社会带来的风险与危害，将解决纠纷的成本减少到最低程度，使纠纷解决的效果达到最佳程度②。通过对湖北省城乡社区服务队伍参加矛盾纠纷排查调处情况的现状与困境、类型与发展趋势、经验与教训总结以及城乡对比分析，总结社区服务队伍以及社区矛

① 李强、葛天任：《社区的碎片化：北京市社区建设与城市社会管理的实证研究》，《学术界》2014 年第 1 期。

② 李明哲：《处理社会矛盾纠纷需要解决机制的多元化》，《福建法学》2006 年第 2 期。

盾纠纷排查化解机制的问题和不足。我们认为构建具有动态性、针对性、时效性和多元化的社区服务队伍参与矛盾纠纷排查化解机制,对农村社区矛盾纠纷化解具有重要意义。我们建议从以下几个方面着手:

一、优化社区民生行政工作体系,提高服务管理效能

一是优化部门职能。积极整合民政、司法、信访、行业协会、人民调解委员会等部门的组织职能和资源,联合基层社区(村)居委会,成立民生工作委员会,统筹涉及社区工作和矛盾纠纷排查调处的政策和措施,解决多头管理、交叉管理的问题。积极推进街道或乡镇内设机构职能整合和功能优化,推进综合执法队伍力量下沉,赋予相关机构或组织更多的事权、财权和人事考核权。与此同时,建立健全社区(村)党组织为领导核心,社区(村)居委会为主导,调解员为主体,乡镇(街道)司法所、行业协会、驻区单位、服务组织、群团组织、治安中心户等共同参与的矛盾纠纷排查调处框架,不断提高社区(村)自我排查和调处的能力。

二是加强顶层设计。政府根据全面深化改革的新形势,加强社区服务队伍参与矛盾纠纷的统筹规划,明确不同形式下矛盾纠纷治理的路线图,积极推进矛盾纠纷治理的多元共治,实现由政府单一管制向政社合作、政企合作、政民合作转变。重点是发挥社区中服务队伍主体的参与热情和积极作用;核心是建立可操作的矛盾纠纷排查调处的制度体系和“三调”对接的“大调解”工作体系;关键是健全“领导责任机制、预警排查机制、‘三调’衔接机制、规范调处机制、检查督办机制、奖惩保障机制”,通过完善“同意受理、集中梳理、归口管理、依法处理、限期办理”的工作流程,实现规范管理,提升矛盾纠纷排查调解的工作水平和服务效能,推进当前人民调解工作的制度化、社会化、规范化。

三是突出人民调解作用。及时调整市、县两级人民调解工作领导小组人员,充实乡镇、街道司法所和社区(村)调解员队伍,细化工作职责,充分发挥人民调解的功能和作用。同时,健全乡镇(街道)、村(居、社区)、村民小组、网格四级调解网络机制,逐步推进人民调解网络向私营企业、各类专业市场、物业管理行业和外来人员聚居地等延伸,不断拓展人民调解领域,扩大人民调解的覆盖范围,做到哪里有矛盾纠纷,哪里就有调解组织。在此

基础上,进一步突出重点,着力优化各类矛盾纠纷,及时排查、发现矛盾纠纷,做到早发现、早预报、早化解,将矛盾纠纷控制在萌芽状态。

四是深化服务理念。结合社会治理创新的要求,进行矛盾纠纷排查调处工作的理念创新,以服务优化矛盾纠纷排查调处为工作主旨,本着职能转变、理顺关系、完善体制、提高效能的基本思路,进一步强化基层服务组织和队伍。在具体工作开展上,不推脱、不敷衍、不马虎,面对面了解群众诉求,并主动、及时收集来自广播、电视、报纸、互联网、QQ 群等传播媒介的可能引发不稳定因素的信息,对群众反映比较多的问题和矛盾比较突出的地方,采取开门接访、主动约访、带案下访和上门回访,做到桩桩有人管、件件有着落、事事有回音。对具体矛盾纠纷事项,属于哪一地区、哪一级,就由哪一地区、哪一级处理解决,属于哪个部门职责范围内的,就由哪个部门来承办,做到层层负责、件件落实,不能把矛盾推给上级政府。对于能解决、应该解决而没有解决的,要建立问责机制,严格追究相关领导干部、相关责任部门和社会组织的责任。

二、搭建社区服务队伍层次网络,增强专业服务能力

一是加强教育培训。突出"党建引领"理念,创新以"专业调解律师为示范、首席调解员为主体、网格管理员为辅助、社区志愿者为补充"的模式,增强社区服务队伍的服务能力。通过渗透专业理念、传授方法技巧、指导规范实务,采取常态化、针对性的集中培训方式定期或不定期地开展基层服务队伍的培训工作,使广大调解员更加熟悉政策、了解调解工作,掌握法律法规及化解矛盾纠纷的技巧。同时,通过健全以会代训、学习交流、经验推广、个案分析、个别咨询等一系列基层调解员教育培训机制,吸收法律专业知识强、政策理论水平高和热心人民调解事业的优秀人员加入调解队伍,建立一支懂政治、懂法律、懂政策、会做群众工作的高素质基层调解队伍,优化现有人民调解队伍结构,以专业性增强调解的说服力,使之成为维护社区稳定的主力军。

二是构建人才培养体系。积极培育社区服务性、公益性、互助性社会组织,并努力把各类志愿者队伍有效组织起来,形成覆盖各个社区的完善的志愿者服务网络,充分发挥社区志愿者队伍在化解矛盾纠纷方面的积极性、参

与性和有效性。针对专业性的矛盾纠纷，应积极培育和发展行业协会，充分发挥行业协会调解的显著优势。在人民调解员的配备上，实行专职与兼职调解相结合，拓宽人民调解员的选任渠道，通过社区资源整合，乡镇(街道)司法所培训，吸收社区精英充当兼职调解员。同时，规范和完善社会工作者、志愿者登记注册管理，不断推进社会工作的专业化、职业化、规范化建设。积极培育发展志愿者组织，鼓励志愿者通过学习、培训、考证等方式进入社会工作和矛盾纠纷排查调处工作岗位，并通过网格化管理平台，构建“网格员—社工—志愿者”联动服务机制，打造党小组组长、楼栋长、卫生委员、治安委员、文体委员、物业管理员、和事佬等社区特色服务队伍，建立覆盖全社区的民事纠纷调解网络，全面提升社区服务队伍的常态化、社会化、网络化和专业化水平。

三是强化激励措施。在乡镇、街道全面配备专职人民调解员，在城乡社区全面推行首席人民调解员制度，积极鼓励熟悉法律和政策的人员加入人民调解队伍中，由司法所直接聘用、培训、考核，逐步形成组织稳定、业务过硬的骨干服务队伍。政府通过设立专项资金或购买服务等方式，提高公益性和社会福利性社会组织、乡镇(街道)司法所工作人员、社区律师、社区首席调解员等岗位补贴、福利待遇害等，以激励和吸收更多社会组织、社会工作者、志愿者参与社区矛盾纠纷排查调处。同时，应积极出台调解员专业职位设置及薪酬待遇方案，明确任职资格条件、程序和合理的职业晋升空间，切实提高基层社会工作专业人才薪酬待遇水平，激发其工作热情和潜能。

四是加大目标管理责任制。对日常排查中出现的新问题、新矛盾及时建档，划分归口调解人员，明确责任。每月定期召开矛盾纠纷排查调处的工作例会、开展“矛盾纠纷信访积案化解月”和专项矛盾纠纷化解等特色活动，找出矛盾纠纷排查调处工作的不足，梳理辖区综合治理现状，分析突出矛盾问题，排查调解化解情况，并及时总结，让相关责任人有紧迫感、树立责任心；鼓励创新工作方法，指导和助推矛盾纠纷排查调处工作目标进度和综合治理各项措施在基层社区部署落实，并严格落实责任追究制。

三、建立社区多元协商共治机制，激发协调联动活力

一是构建“大调解”工作体系。各地根据当地实际情况，积极开展矛盾

纠纷排查调处活动，逐步建立人民调解、行政调解和司法调解相互衔接配合的矛盾纠纷化解工作机制。落实中央、省、市下发的有关人民调解与司法确认的文件精神，通过诉前告知人民调解、诉后执行和解、司法确认等方式，规范人民调解与诉讼对接，积极推动人民调解与司法调解的衔接配合。在相关行政机关设立服务窗口，建立人民调解工作室，接受人民群众申请，调处行政纠纷，探索在医患纠纷、劳动争议、交通事故、征地拆迁、食品安全、环境保护等重点纠纷领域建立第三方调解委员会，拓展行业性、专业性人民调解工作的覆盖面，多渠道、多方式推进人民调解与行政调解衔接配合。同时，整合公、检、法、司等有关部门力量，对涉法、涉诉的矛盾纠纷充分发挥公、检、法、司的职能作用，切实做到公调、诉调、检调的三大对接。具体来讲，在"公调对接"中，实现矛盾调处中心与公安机关的对接；在"诉调对接"中，实现矛盾纠纷调处的诉讼方式与非诉讼方式的相互衔接，并依法确认和支持调处中心形成的调解协议的效力；在"检调对接"中，对民事申诉等案件本着自愿、合法、公正原则，配合人民调解组织先行调解，积极促成当事人的和解。通过对接机制的建立促使矛盾纠纷得到合理分流，实现调处中心与公、检、法职能优势的互补。

二是建立社区协商民主制度。基层社区应结合矛盾纠纷类型和发展演化趋势，将与人民群众日常生活、工作息息相关的事项纳入协商内容，以规范协商议事类别。在开展社区协商的实践中，建立以社区居民为主导，以社区社会组织为纽带，矛盾纠纷的相关利益方共同参与的协商机制，明确"协商对方是谁、和谁进行协商"的问题，根据矛盾纠纷的实际情况，有针对性地开展社区与政府部门之间的协商，社区与驻区单位、相关行业及社会组织之间的协商，居民与居民之间的协商以及社区与居民之间的协商。在矛盾纠纷的具体协商中，指导社区建立临时议事协商委员会，广泛吸纳辖区各级党代表、人大代表、政协委员、驻区单位代表、社区干部和社区精英代表等参与协商调解。在矛盾纠纷的协商形式上，充分依靠社区居民代表大会、民情恳谈会、党群议事会、社区听证会等平台，进一步拓宽协商渠道，利用网络信息搭建协商平台，开通网上论坛、社区 QQ 群、社区微博等，集诉求、调解、援助、宣传、服务于一体，借助网络平台排查、反映情况、征集意见、开展协商、解决问题。

三是建立多元协商议事制度。充分利用网格化管理制度，建立由网格员、楼栋管理员、居民代表和街道工作人员组成的“网格议事会”。在此基础上，强化社区居委会的主体作用，规范社区网格管理员的人员配备和管理，以“网格议事会”、社区议事厅和社区社会组织为载体，推进社区协商议事制度化，使居民自治与网格化管理有机衔接。发挥社区服务队伍力量，通过试点推行社区矛盾纠纷排查调处的参与型社区协商治理模式，制定社区服务队伍参与矛盾纠纷排查调处的工作实施方案，通过法治保障、问题导向、互动合作等方式引领矛盾纠纷排查调处的议事协商，形成“‘两委’带头、议事协商、全民参与、共建共享”的良性工作机制。

四是完善社会组织调解机制。政府出台相关政策文件，广泛吸收企事业单位、行业协会、社会组织和社会力量参与矛盾纠纷排查调处实践；积极推进社区事务“四议两公开”等形式，广泛听取居民意见，在与居民利益相关的事务上积极探索民情恳谈、社区对话等有效形式，鼓励社区居民和驻区单位、行业协会、专业社会调解组织广泛参与，营造共建公议、有序表达的良好氛围，实现矛盾纠纷排查调处的党委领导、行政管理与群众自治的有机衔接和良性互动。

四、创新矛盾排查化解工作平台，实现城乡统筹规范

一是完善利益表达机制。以社区居民的利益需求为导向，保障人民群众的代表建议权和知情参与权。各项政策在决定、制定和出台前，主动征求群众的意见，拓宽民意表达渠道，扩大公民有序参与，有效保障知情权和参与权，让政策和决策更科学合理。与此同时，建立群众投诉窗口，在乡镇、街道建立群众投诉受理调处中心，让不同的社会利益群体有表达自己利益诉求的正式途径，特别要为弱势群体提供表达利益诉求的畅通渠道，防止和避免矛盾积累、扩散和激化。重视信访工作，将其纳入法治化轨道，畅通信访机制，建立和完善领导接待群众来访制度、律师参与信访接待制度、领导干部下访服务制度，推行主动寻访和信访回访机制，并利用微博、微信、QQ、电子邮箱等现代信息手段或工具畅通和拓展信访渠道。

二是积极搭建信息平台。以网格化管理为基础，根据社区管理服务的实际情况，重新进行网格划分，充分利用社会管理信息平台将人、地、事、组

织等内容全面纳入网格化管理中来，并进行信息的监控、采集、立案、管理、结案的双向沟通管理模式，尤其要重视农村社区网格化管理的平台搭建和政策落实。将社区内已经发生的矛盾纠纷以网格为单元，由网格管理员通过日常巡查把握社情民意，将需要解决的各类矛盾纠纷通过手持移动终端发送至信息管理平台，进行跟踪处理及信息回访，实现矛盾纠纷排查调处的“零距离”、社区管理“全覆盖”、居民诉求“全响应”。在立体平台搭建上，通过手持终端、摄像头、触摸屏、地理信息系统、5G网络等系统和街道社区事务受理服务中心，建立以信息查询云、社区治理云、社区服务云为主体功能的区、街道、社区三级综合信息平台。在平台整合上，服务平台应由“多平台、一大厅”式向“一窗一口”转变，依托智能社区建设，整合办理窗口，实现社区服务“一个窗口、一张笑脸、一份承诺”。

三是统筹城乡发展。充分尊重城乡各社区的实际情况，并结合其典型特征开展具有独特优势的特色调解，将法律服务一体化纳入统筹城乡发展的规划，与统筹城乡发展同部署、同落实、同促进、同提高。及时研究出台推进城乡法律服务一体化发展的意见和配套扶持政策措施，明确重点任务和扶持项目，将部分具有一定规模和有发展前景的律师事务所纳入产业规划，制订法律服务人才培养计划，并在政策上给予扶持。通过建立推进城乡法律服务一体化的部门协作机制，加强民政、信访、劳动保障、司法等部门之间的联系和沟通，制定和完善法律服务业人才引进和培养等方面的政策，建立工作信息交流沟通机制，进一步健全和完善与法律服务相关的各项制度，着力解决法律服务工作者在执业过程中遇到的困难和问题。同时，加强城乡社区人才队伍在矛盾纠纷排查调处方面的经验交流，在人员配置上适当向农村社区倾斜，促进以城带乡，城乡联动。

四是搭建社会化参与平台。结合当前矛盾纠纷的发展新趋势，适时开展矛盾纠纷排查调处机制的深化改革，以“网格立体化、主体多元化、服务社会化”为核心，依据相关法律法规，通过政府购买服务，将适合由社会组织承担的政务事项交由社会组织承接。与此同时，针对矛盾纠纷类型，有针对性地将养老、婚姻、救助帮困、劳动保障等社区服务资源向各类社会主体有序开放，鼓励、引导和扶持社区社会组织、专业社工服务机构，特别是具有品牌影响力的社会组织参与社区服务，并按照相关行业的法律法规政策办事,坚持上下联动、共建共促。在社会组织调解矛盾中,行业社会组织都应建立相应的调解机制,并落实相关责任,共同促进整个行业的发展和社区和谐建设。

五、完善社区服务管理保障制度,强化社区依法治理

一是建立完善经费保障制度。各级党委、政府要树立“政府购买服务”的新理念,加大人、财、物的投入,改善调解组织工作条件,为矛盾纠纷排查调处工作及其工作人员提供必要的办公场所、经费和物质保障,并将矛盾纠纷排查调处的经费保障纳入财政预算,加大购买社会组织服务、法律一体化建设的财政投入力度和范围,尤其是加大对乡镇(街道)司法所各项基层办公、工作经费的投入,并足额到位;落实司法所、人民调解员的补贴经费,切实解决“有人干事、有钱办事”的问题,为建立以人民调解为基础的多元化纠纷解决机制创造良好条件。除了保证政府的资金来源,还应当积极拓展多元化的资金筹措渠道,通过开展公益性活动来争取社会的支持和捐助,从而建立以政府投入为主、社区自筹和社会资助为辅的多元化资金筹措机制,进而使矛盾纠纷化解各方面的开支能够得到充分的保障,最终在更大程度上调动广大调解员化解矛盾纠纷的积极性,提高矛盾化解效率。

二是建立人才保障机制。以《关于做好选派机关优秀干部到村任第一书记工作的通知》为契机,建立起能上能下、能进能出的人才保障工作机制,通过选派优秀年轻干部到上级群众(信访)工作部门挂职锻炼、跟班学习及选派干部驻村等办法,多渠道、多途径培养年轻干部。各单位从青年人才的招聘引进、教育培训、职业规划等多方面入手,分门别类地建立各种人才培养机制,理顺各项流程,通过基层政府从宏观上加强指导、乡镇街道加强入职管理,重视岗位培训,打通青年人才培养的“脉络”,形成在不同阶段、不同时期都有适应其进一步成长和提升的培养机制,为青年才俊成长成才创造空间、积累经验。针对矛盾纠纷治理人才的培养,注重提高接待接访的能力和技巧,真正为群众“把脉”,开出解决问题的“良方”,加强“四化”干部队伍建设,为做好新时期各项工作提供坚强的人才保障。

三是深化法治保障。要实现矛盾纠纷的排查化解,必须牢牢树立法治思想,形成“科学立法、严格执法、公正司法、全面守法”的法治建设理念和

体系。建立常态化和能落地的包括新入职、新调任的公务人员以及社区干部、社区志愿者的法治培训制度，提高法治教育工作的科学性、系统性和时效性，培养领导干部和志愿者运用法治思维和法治手段进行各种矛盾纠纷排查化解的能力，努力把各种社会矛盾和问题的解决纳入法治化轨道。在处理问题时，要充分判断职权运行是否合法，在决策时是否体现了民主参与、是否进行了必要的合法性审查，在矛盾纠纷排查化解时是否体现了法律平等精神和平等原则。坚持科学决策、民主决策，对涉及全局的重大决策和涉及群众切身利益的重大事项，必须严格执行专家论证、风险评估、合法性审查等程序，确保不因重大决策、重大事项的出台引发影响安定稳定的问题。同时，切实加大社区法制宣传，提高人民群众的法制意识，使社区居民知法、懂法、守法，从源头上预防和化解矛盾，使大家学会用法律手段解决矛盾纠纷，真正把矛盾纠纷化解工作纳入法制轨道。

四是完善监督保障体系。健全完善监督保障体系，使其能充分发挥各方面监督的作用，使监督覆盖到权力行使和具体责任划分的各个环节和各个方面，实现上级监督要到位，同级监督要落实，社会监督要加强。通过对重要部门、重点领域、关键环节排查出的风险点对症下药，建立起相应的监督制度、考核制度、责任追究制度等相关配套规章制度。对于各部门与社区服务队伍的具体职责和任务清单，需要各地根据实地情况按照“政府主导、社会参与、协调配合”的要求进行具体明确，分配到位，减少相互推诿、互相扯皮的现象。明确监督对象，才能更好地进行工作上的监督。在监督落实上，要发挥领导干部的带头作用，重点抓好基层社区监督落实。对矛盾纠纷的排查处理进程，应明确由谁监督和怎样监督等问题，实现对各相关责任主体有效有力的监督，保障矛盾纠纷排查化解工作能够顺利开展。

第八章　农村社区防灾减灾能力建设与提升

湖北省是实现中部崛起的重要龙头，同时也是一个自然灾害频发的省份。如何预防和应对各种灾害并将灾害影响和因灾损失降到最小，不仅关系到湖北省自身的长远发展，更关系到中部崛起发展战略的实现。党的十八大以来，以习近平同志为核心的党中央高度重视防灾减灾工作，习近平同志多次在不同场合就防灾减灾工作发表重要讲话或作出重要指示，强调要始终坚持“以防为主、防抗救相结合”的方针，建立健全各项防治管理体系，全面提升综合防灾能力，确保人民群众的生命财产安全。

为了从整体上掌握湖北省综合减灾社区建设的基本情况，课题组对近年来湖北省综合减灾示范社区的创建工作开展了实地调研。本章对湖北省综合防灾示范社区建设情况的总结主要涉及各社区创建综合减灾示范社区的基本情况、主要做法、创新举措、成功经验、实际困难以及存在的问题等。整体来看，调研的30个社区中有位于城乡接合带的新型农村社区，也有位于山林深处的传统农村社区，这些社区在人口数量、地域规模、主导产业、社区类型、集体资产等基础条件方面表现出显著的差异，这些差异性对社区的防灾减灾工作产生了较大影响。

第一节　农村社区防灾减灾的性质分析

传统村落在“贴近自然、遵循自然”的基础上，形成了“聚村而居”的居住形式。有些村落共同体分布在地质环境复杂、生态环境脆弱的致灾致贫多发区域，影响着居民的生产和生活。正处于建设阶段的农村社区，具有政府规划主导的特征，防灾减灾是社区治理的重要内容，准确把握社区防灾减灾的基本性质具有重要的意义。

一、作为一项特殊工作的防灾减灾

防灾减灾工作中的部分技术要素决定了这项工作的特殊性。社区是一种生活共同体，所以社区的服务对象是社区居民，诸多细分的任务块中，只有直接面向社区居民并且在社区职能和能力范围内的那一部分工作才是社区需要重点关注的。具体来讲，社区在防灾减灾中只需要在应急预案的制定、工作队伍的组建、内部灾害脆弱点的识别、脆弱人群信息的收集汇总、基本应急物资（不含专业救援物资）的储备、宣传与教育（不含专业资料的制作和专业培训）、应急演练（不含技能示范和传授）等方面做好辅助性工作，而诸如专业救援物资与工具的储备与使用、防灾减灾工程的建设和维护、专业资料的制作和专业培训的提供、应急技能的示范和传授等方面的工作，一方面已经大大超出了社区的职能和能力范围，另一方面政府体系中也都长期设有相关的职能部门专门承担这类工作，如消防、城建、地震、气象、交通、卫生等。因此面对防灾减灾这样一项极具特殊性的工作，社区应当积极寻求这些职能部门的协助，各级防灾减灾常设机构也应当充分担负起居中协调的角色，积极联络和组织各职能部门直接进入一线阵地承担专业性工作。在可能的情况下，防灾减灾常设机构应当被赋予更多权能，要保证其有权限协调好众多职能部门围绕社区防灾减灾各尽其能，有能力推动各职能部门尽量将工作重心下沉，投入更多的资金和人力在与社区建设相关的事务上，巩固好社会治理的基础。从另一个角度来看，在防灾减灾常设机构权能不变的情况下，要尽量向上争取更多的政策性资源，争取从更高更广的层面来推动综合减灾社区的建设，加强与现有其他社区建设项目在部分重合领域的双向交流与深度合作，通过完善社区各类基本业务的方式实现常规发展项目的多方统筹和协同推进。

二、作为一项日常工作的防灾减灾

社区在开展防灾减灾工作过程中暴露出的短板不仅仅影响到了社区对

这项工作的开展,还是社区开展其他治理工作的瓶颈。解决了这些问题不仅能化解社区在防灾减灾工作中面临的困境,往往还能化解社区在其他治理任务上的困境。也就是说,当前社区在工作思路、工作机制、工作队伍、工作资金等方面面临的困难,既是深刻影响当前社区治理成效的关键要素,也是今后进行社区治理变革需要重点关注的对象。因此,防灾减灾虽然是社区必须开展的一项意义重大的特殊工作,但更大程度上也只是社区诸多事务中的一项普通工作,反映的是当前社区治理的基本情况。咸宁市民政局有关工作人员一语点破:"防灾减灾工作做不好的社区,其他工作估计也好不到哪里去,这反映了一个社区的基本工作能力。"无论是综合减灾示范社区的创建还是防灾减灾工作本身,如何将一个目标任务分解开来并融入社区的常规建设和日常运行中是至关重要的。将整块的工作细化,将工作战线适当拉长,以平时扎实的工作取代考评之前紧张的"备检",这样既能够保证社区建设匀速推进,又能大大减轻社区在年终的工作压力。从这个角度来看,防灾减灾工作其实不过是社区诸多事务中的一类,如果成功地将这类特殊事务"去特殊化",那么常态化的工作要求也就实现了。从更广泛的视角来看,将社区的其他治理工作同样化整为零,也是实现各类项目资源有效整合、避免重复建设的策略性措施。但是这种建设思路对社区工作提出了更高标准,要求社区主要负责人对社区的中长期发展有较为详尽的规划,同时对行政机关的各类常规发展项目和资源及其分配规则有基本全面的掌握。只有基于对这两类信息和相关运作规律的充分运用才能实现社区发展与各类项目的有效整合。

三、作为一项普遍工作的防灾减灾

湖北省已经连续多年开展综合减灾示范社区的创建工作,国家减灾委和民政部先后在湖北省命名了四百余个"全国综合减灾示范社区"。从动议到草创再到目前的全省试点,短短几年内湖北省综合减灾社区的创建很快就从最初的摸索试点阶段逐渐过渡到全面推广阶段,其中最重要的原因在于防灾减灾不只是个别优秀试点社区需要单独开展的特色工作,而是一项需要全社会普遍开展并深度参与的常规工作,只不过我国在综合减灾方面相较其他工作起步较晚,目前尚处于起步阶段。从实际的评估过程中来看，目前各地并没有将社区综合减灾视作一项普遍工作，采取的仍然是一种“树典型”、“立标杆”的思路，相关责任单位仍然将主要工作精力放在少数参评社区上，而对大量未参评社区的指导和帮扶相当有限。尽管当前仍在建设的依旧是“示范社区”，但是现实要求这项工作应当尽快结束试点阶段，过去那种十几个部门联合起来尽全力树立起少数几个样板的思路显然已经难以适应残酷的现实，每年各类灾害造成的巨大人员伤亡和财产损失已经倒逼社区层面的防灾减灾工作全面铺开，而早两年的各类试点社区的经验也足以在具体工作上形成一定的示范效应。需要强调的是，尽管防灾减灾是一项相当普遍的工作，最终目的都是尽可能地降低各类灾害造成的损失，但是不同类型的社区因为所面临的问题和各自的资源禀赋不同，所以各自采取的策略也不尽相同。这启示决策部门和具体职能部门不能用全面标准化的简单思维来强力推动，而是需要采取分类指导、精准施策的思路来因地制宜地提高各地的应灾水平，制定标准和提出工作要求时要充分考虑到不同类型社区的迫切需求和基本能力，力求能够发现真问题、提出真对策、解决真困难。

第二节　农村社区防灾减灾的地方实践

社区的防灾减灾能力直接关系到全局性的综合减灾工作能否有效开展，并影响到基层治理的成果能否被有效保存和共享，因此综合减灾示范社区的建设具有深远的现实意义。中央政府和省政府关于建设综合减灾示范社区的决定和要求反映了政策的现实针对性和前瞻性，及时地回顾和总结省内各地的防灾减灾工作，对下阶段的防灾减灾救灾工作具有重要意义。从综合评估过程中获取的多方面资料来看，当前湖北省农村社区在综合减灾工作上取得了明显的成绩。

一、组织管理规范有序

规范有序的组织管理是社区有效开展综合减灾工作的核心要素。此次评估的30个社区基本都实现了“三个一百”，即100%建立了社区综合减灾工作领导小组，100%建立了社区综合减灾工作执行小组，100%制定了社区综合减灾规章制度。“三个一百”的实现为社区防灾减灾工作的有序开展奠定了坚实的组织基础,组织上和制度上的常态化管理也为社区防灾减灾工作的长期开展提供了持续的组织依托。

在组织建设方面,各社区都普遍建立了以社区党支部书记和主任为组长、副组长,以社区干部和社区工作人员为成员的综合减灾工作领导小组,全面统筹社区内部的防灾减灾日常工作和综合减灾示范社区创建工作,形成了主体明确的领导责任体系。除此之外,社区还建立了综合减灾执行小组来承担具体的防灾减灾工作,相当一批社区所建立的执行小组分工明确、职责清晰,形成了相对完整的防灾减灾领导和执行体系。

在制度建设方面,接受此次评估的社区基本都能依据国家和本省的综合减灾示范社区建设标准,并充分结合各自的实际情况建立各项具体的工作制度,将防灾减灾各项日常工作形成制度规范,以提高工作的标准化和科学化程度。在社区的防灾减灾过程中,应急预案的制定和管理是制度建设的核心工作。受评社区基本建立起了符合社区实际的防灾减灾应急预案,为社区的预警防范、培训演练、灾中应急和灾后恢复提供了详细的规范指引。

在日常管理方面,社区防灾减灾工作重在平时,常态化、体系化和规范化是其基本目标和基本要求。社区主要领导牵头成立的领导小组和执行小组定期进行阶段性的工作部署,确保了社区防灾减灾工作能有阶段性工作目标;多元主体参与的社区治理体系有利于形成多元化的协同推进力量,确保了社区防灾减灾工作强劲有力;详细明确的工作制度为防灾减灾工作提供了长期的规范化保障,确保了社区防灾减灾工作具有较高的工作质量。

居民对社区防灾减灾的组织管理工作的感知度见表8-1。

表8-1　居民对社区防灾减灾的组织管理工作的感知度

单位:人,%

	类别	样本数	百分比
有效	很清楚	356	69.4
	知道一点	121	23.6
	不知道	10	1.9
	总计	487	94.9
遗漏	系统	26	5.1

二、抗灾能力稳步提升

抗灾能力是考察一个社区防灾减灾工作的重要指标，而抗灾能力的提升贯穿了灾害评估、应急教育和应灾准备的全过程，这一过程又可以进一步细分为外部风险评估、内部风险评估、减灾资源储备、减灾工程建设、应急知识培训、应急技能演练等几个部分。灾害评估的水平反映了一个社区对灾害的认识程度，这从根本上影响一个社区为了应对潜在灾害所进行的长期准备和采取的应对措施。

（一）外部风险识别

所谓的外部风险评估是指对可能导致灾害发生的外部因素的识别。凡是可能对社区居民或者社区环境造成损害甚至导致死亡的因素或者事件，都被称为外部风险。对潜在的外部风险的评估是提升社区抗灾能力的基础性工作。受评社区基本能够依据评估标准并对照比较自身的外部环境，对社区范围内的潜在致灾因素和大概率致灾事件进行识别，这为灾害评估以及社区应急教育和应灾准备奠定了基础。

（二）内部风险评估

所谓的内部风险评估是指对社区内部先期存在的脆弱点的识别，外部的致灾因素或事件加上内部的脆弱点才是潜在的灾害点。这些社区在对外部风险进行评估的基础上，结合对社区内部风险的评估，得到社区潜在灾害点的全面信息。整体来看，绝大部分社区都从内外两方面开展了灾害评估工作，并基于两方面的风险信息实现了对潜在灾害点的识别、分类、汇总、发布，同时制作了简明易懂的灾害信息图。

（三）减灾资源储备

资源储备是应对潜在灾害的物质基础，包括前期减灾资金的筹集和后期应灾物资的储备。对于集体资产比较丰厚的社区来说，基本能够负担社区防灾减灾工作的支出；对于集体资产不太充足甚至没有集体资产的社区来说，主要通过向辖区单位或者企业筹集资金。储备的应灾物资主要用于临灾救援，社区基本能够基于社区的潜在灾害信息和居民需求进行物资储备，还通过与商户签订长期供销合同保障不便贮存的物资临灾时得到有效供应。居民对社区应急储备物资的感知度见表 8-2。

表 8-2 居民对社区应急储备物资的感知度

单位:人,%

	类别	样本数	百分比
有效	能正常使用	403	78.6
	不知道能否正常使用	36	7.0
	不能正常使用	4	0.8
	没有	34	6.6
	总计	477	93.0
缺失	系统	36	7.0

(四)减灾工程建设

减灾工程的建设是为了应对可能发生的灾害进行的建筑工程建设或者改造。在某些社区,建筑物由于年久失修可能发生垮塌,社区组织专人进行人口转移,同时向政府争取专项资金进行翻修甚至重建;某些社区通过隐患排查,借助于电力部门的电改工程或者水务部门的水改工程进行老旧水电线路的更新;某些位于库区或者临河的社区,还通过建设辅助性的水利设施和加固工程来预防潜在的水文灾害和地质灾害。居民对社区减灾工程的感知度见表 8-3。

表 8-3 居民对社区减灾工程的感知度

单位:人,%

	类别	样本数	百分比
有效	能够使用	459	89.5
	无法使用	12	2.3
	根本没有	6	1.2
	不知道	18	3.5
	总计	495	96.5
缺失	系统	18	3.5

（五）应急知识培训

针对社区居民的应急知识培训是应急教育的重要组成部分，旨在提高居民的防灾减灾意识。整体上来看，社区主要通过讲座和发放宣传资料的形式开展教育培训活动，向居民传递关于灾害和应急的知识，这种定期活动和长期宣传相结合的方式基本能保证教育活动覆盖社区主要人群。针对无法主动获取应急知识的人群，有些社区还通过志愿者服务网络进行应急知识的传播，采取上门入户的形式进一步确保宣传教育活动全覆盖、无死角。

（六）应急技能演练

应急技能演练是应急知识培训的自然延伸，能确保社区居民通过最直观的方式习得应对灾害的基本技能。基本经济条件较好、整体实力较强的社区，大部分都能够与当地民政、地震、卫生、消防、国土、教育等部门合作，组织社区居民开展应对相应灾害的应急演练；而部分无力通过多部门合作自行组织应急演练的社区则往往十分重视与教育系统的合作，通常会抓住辖区内中小学校开展应急演练的契机，召集社区居民集体观摩或者参加演练。居民对社区组织的宣教活动的参与度见表 8-4，社区组织的宣教活动的有效性见表 8-5。

表 8-4 居民对社区组织的宣教活动的参与度

单位：人，%

	类别	样本数	百分比
有效	举办了并参加了	420	81.9
	举办了但没参加	56	10.9
	基本没举办	3	0.6
	不知道	11	2.1
	总计	490	95.5
缺失	系统	23	4.5

表 8-5 社区组织的宣教活动的有效性

单位:人,%

	类别	样本数	百分比
有效	已学到很多	384	74.9
	没学到太多	78	15.1
	不能学到多少	5	1.0
	不知道	3	0.6
	总计	470	91.6
缺失	系统	43	8.4

三、工作方式各有特色

(一)城郊的新型农村社区

此类社区往往位于城乡接合部,在未经改造之前,这类社区一面维持着传统农村的生活状态,一面又受到城市生活方式的影响。经过城市化的催化以后,居住形态由原来农村散居转变为现在的集中聚居,各方面水平都得到了较大的提升。随着新型城镇化发展,此类社区开始逐渐拥有大量土地出让金或者是可以收租的商铺,集体资产相对比较雄厚,社区运行的经济压力较小,所以防灾减灾工作中的宣传教育和工程建设等需要大量资金投入的部分往往做得比较扎实,相关宣传资料的制作和发放相对到位,专用的宣传设备也基本齐全。经过整体整修或者重新规划建设,社区内部的脆弱点也往往较少。这类社区由于一般都经历过村改居的过程,所以社区干部和工作人员基本沿袭旧制;由于社区服务功能有所增加,所以社区服务队伍在保持基本稳定的同时也略有壮大。对于某些开发区内部的社区来说,新成立的开发区管委会也能为社区的建设和运作提供更为规范的指导。雄厚的集体资产、完善的设施建设、较为完整的队伍,这些受益于城镇化过程的改变都为社区防灾减灾工作提供了较大的发挥空间和良好的契机。但是不得不指出的是,这类社区的村落形态在重建过程中很难保留,加上失地居民增多,所以外出人口也相应增多,社区居民的关系网络可能在迁居合并的过程中遭到破坏,旧日村庄内部的公共生活也再难以维持。如何在硬件建设得到提升的同时改善软件环境，如何建设并维护好生活共同体成为这类社区需要关注的重要问题。

典型个案1：安陆市XH社区

XH社区位于安陆市开发区，2012年申报由农村改成社区，是一个典型的农村新改社区。社区总面积3.3平方千米，常住人口723户3226人，有13个居民小组，辖区单位、企业11家。社区共有低保对象63人，五保对象5人，残疾人35人，60周岁以上老年人368人(其中高龄、单身、空巢老人86人)，留守儿童18人。辖区内建有幼儿园、小学、农贸市场、小型水库等，属灾害重点防范区。前几年，由于社区地势低凹，在城市规划、布局、建设管理统筹中没有考虑周全，导致经常出现道路积水、车辆拥堵，断电现象也经常出现，特别是相邻的乡镇河道还出现过小学生溺亡的事件。社区的防灾减灾工作坚持规划统一化、建设规模城镇化、减灾备灾常态化、居民管理人性化的根本原则，成立了由社区党支部书记李某为第一责任人的社区综合防灾减灾工作领导小组，并着手组建包括社区工作人员、社区志愿者和普通居民在内的多元工作队伍，完善防灾减灾工作制度，建成了建筑面积总计20,000平方米的避难场所两个，同时储备了充足的防灾减灾应急物资。社区还着重加强针对居民的宣传教育工作，已向辖区内各界发放3000余册《XH社区防灾减灾宣传手册》，组织开展专题讲座和演练活动3次，参与人数600多人次。经过各级各方的集中治理，社区的整体抗灾能力显著提高。

(二)传统的农村落后社区

此类社区虽然换了名称并且大都挂上了社区的牌子，但是基本还是农村的形态，居民的生产生活方式以及社区干部和工作人员的工作方式也都还是延续旧有习惯。由于地处偏远，城镇化的发展版图尚未覆盖到此，所以除了早年贯通的主干道，社区的硬件水平还比较原始，面临的外部风险主要是各类自然灾害，包括山洪、林火、滑坡、雷电等，特殊时期也有发生公共卫生事件的可能。受外部经济社会发展的吸引，除了少数从事规模种养的农民和“三留守”人员,这类社区中的中青年劳动力大量外出,沿街民房大部分时间都门窗紧闭,活动人口较少,恰好这些人基本上都是需要重点关注的脆弱群体,所以这类社区的防灾减灾工作重心就应放在这类脆弱群体身上。由于活动人口大多是“三留守”人员,所以社区防灾减灾事务的居民参与率难以保证,前期的预防预警工作和临时应急应对主要依靠社区干部和工作人员利用现有的广播网络或者社区干部包片入户的方式来进行。针对老人和儿童这两类需要特殊照顾的群体,社区充分利用村中心小学和前期建设起来的日间照料中心,开展针对留守儿童的防灾减灾教育培训活动和针对留守孤寡老人的日间照料。受制于基本硬件条件和社区的经济条件,这类社区一般将社区内的学校或者社区服务中心附近的开阔场地作为重要的应急场所,采取灵活变通的方式保证应急工作的顺利进行。需要指出的是,这类社区一般只有一条主干道进出,所以自然灾害导致的道路中断有可能给社区带来灭顶之灾,这需要相关职能部门给予适当关注,并做好应急预案。

典型个案2:黄冈市LL社区

LL社区地处黄梅县北部山区,是集库区、山区、老区于一体的特殊社区。境内两条河流穿流而过,三山环绕,大别山腹地公路贯通全境。社区版图面积3.8平方千米,辖11个居民小组、1个中心集镇,总人口6628人,辖区内有政府机关和企事业单位17个,社区下辖5个党小组,党员共51名,社区“两委”成员5人。户籍居民2266人,辖区居民人口密集,是村改居的社区。社区划分11个小组和辖区单位住宅责任区,分别落实综合防灾减灾责任人和目标责任管理,形成社区组织和各有关单位支持配合、社区居民参与的防灾减灾工作联动格局。为了夯实工作基础,社区进一步健全防灾减灾应急工作机制和应急工作预案,按小组分别成立了由30名志愿者组成的应急志愿工作队,并发动社区常住青壮年人口成立了任职互不重叠的风险评估小组、灾害巡查小组、宣传教育小组、灾害预警小组、灾情上报小组、医疗救护小组、物资保障小组、转移安置小组。根据社区自然灾害频发和基础设施有限的现实状况,社区将乡政府、社区广场、尚和竹业、狮山庙堂及中心小学5个广场作为应急疏散避难场所，同时将位于中心小学附楼的日间照料中心作为临时安置点，充分利用照料中心里完备的基础设施和充足的物资储备。为了进一步完善应急疏散避难场所的管理责任机制，社区还建立了人口疏散转移的责任网络，明确了每一疏散场所的责任人和联系人，同时高标准绘制“LL 社区居民紧急疏散示意图”，确保灾情发生时社区居民及时转移安置。

四、社区居民满意度高

(一)创建活动知晓度高

湖北省已经连续几年开展综合减灾示范社区的创建工作，结合本次评估的情况来看，社区居民对所在社区开展的综合减灾示范社创建活动知晓度比较高。作为一项从头到尾都需要社区群众参与的工作，知晓度的提高是工作得以顺利开展的重要前提。少数知晓度较低的社区尽管工作的基本情况尚可，但是其工作是否深入、是否可持续都是值得怀疑的。

(二)防灾减灾参与度高

无论是前期的信息收集汇总和预案建设，还是中期的制度化运作，或者后期的应急应对，社区居民的参与是保证工作有效性的关键。没有社区居民的参与，这类创建活动就会变为毫无意义的做材料，通过做材料来应付上级检查和民众需求。现实中这种情况不可避免地存在，但是整体的基本面是好的，居民参与度在社区的组织和号召下基本得到了保证。

(三)社区居民满意度高

尽管综合减灾社区的建设是在行政力量的推动下铺开的，但是防灾减灾的最终目的在于通过灾前的精确预警和详尽准备尽量降低灾害可能导致的损失，所以这项工作的经济效益也无法准确衡量，社区居民的满意度是最终评估这项工作的最高标准。从评估的整体情况来看，社区居民对社区防灾减灾工作的满意度比较高，反映了对社区工作的支持与认可。相关满意度调查见表 8-6—表 8-9。

表 8-6　居民对社区组织管理工作的满意度

单位:人,%

	类别	样本数	百分比
有效	非常满意	362	70.6
	比较满意	128	24.9
	不太满意	3	0.6
	很不满意	3	0.6
	不好说	5	1.0
	总计	501	97.7
遗漏	系统	12	2.3

表 8-7　居民对社区灾害排查工作的满意度

单位:人,%

	类别	样本数	百分比
有效	非常满意	325	63.3
	比较满意	167	32.5
	不太满意	5	1.0
	很不满意	4	0.8
	不好说	3	0.6
	总计	504	98.2
缺失	系统	9	1.8

表 8-8　居民对社区减灾工程的满意度

单位:人,%

	类别	样本数	百分比
有效	非常满意	314	61.2
	比较满意	156	30.4
	不太满意	8	1.6
	不好说	2	0.4
	总计	480	93.6
缺失	系统	33	6.4

表 8-9　居民对社区组织的宣教活动的满意度

单位:人,%

	类别	样本数	百分比
有效	非常满意	353	68.8
	比较满意	134	26.1
	不太满意	4	0.8
	很不满意	1	0.2
	不好说	1	0.2
	总计	493	96.1
缺失	系统	20	3.9

第三节　农村社区防灾减灾的内外困境

尽管此次接受评估的社区在防灾减灾工作上取得了明显的成绩,但是也暴露出了一些问题,这些问题的产生既与外部体制机制有关,也与社区自身的基础条件和工作方式有关。

一、工作机制不够顺畅

一是工作性质定位不清。我们长期以来都是重救灾轻减灾,而减灾工作的开展完全依托于现有的民政救灾部门,让本就纠缠不清的减灾工作和救灾工作之间的关系更加混乱。因此不少基层干部和社区干部实际上将减灾工作当作救灾工作在做。2020年长江中下游汛期较长,雨势集中,虽然各地都实时关注雨情水情,并且实时跟进上级应急部门发布的灾情预警,但是这些工作从严格意义上来讲都属于灾害发生过程中的应急措施,而灾后所采取的应对措施更是属于救灾范畴。

二是工作资源分配不均。减灾系统和救灾系统混合的另一弊病就是人力资源和物质资源在两个系统中的分配不均衡。一方面是人力资源分配不均。目前防灾减灾工作主要依靠传统的救灾队伍在推进,由于我国长期偏重救灾工作,所以救灾系统中的人力资源往往还是偏重于"本职"的救灾工作。加上我国的减灾工作整体起步较晚,所以政府系统内专业化、常态化的工作队伍尚未建立起来,而目前这种混合的工作模式也不利于专业化和常态化工作队伍的建设。另一方面是物质资源分配不均。防灾减灾是一项周期长、投入大、"难见效益"的工作。我国疆域辽阔,同时也灾害频发,每年各类灾害所引发的生命财产损失较大,民政救灾系统往往有比较充沛的运转资金和物质资源可供支配,但是受制于专款专用的严格规定,救灾资金无法用于防灾减灾。而在严格意义上的防灾减灾方面国家暂时还没有大规模并且相对固定的财政支出计划,因此各级民政部门虽然拥有大量的资源,但却"此水不解彼渴",这无助于解决基层社区防灾减灾资金资源不足的问题。

三是部门协调运转不畅。防灾减灾工作涉及民政、气象、国土、地震、消防、教育、交通、水文、农林、卫生、城建等诸多政府职能部门,各级减灾办作为一个设立在民政部门的常设机构,其职能是全面推动综合减灾事业的发展,其工作的推进很大程度上仰赖于以上各个职能部门的配合。但是目前防灾减灾工作很大程度上仅仅落到了民政一方,而且减灾部门的职级实际上不足以调动各方面,其责任"大如青天"但是权限却"小如碗口",这让减灾工作陷入一种"责大权小"的尴尬境地。在国家层面,减灾处仅为救灾司下设一处室,而相应各政府职能部门的职级明显高于减灾中心的职级;在省一级,以湖北省为例,省减灾委员会办公室设在省民政厅救灾处,其职级同样低于省内各厅局;对社区来说,更是不可能围绕防灾减灾工作开展部门间的协调。这种设计一方面意味着减灾系统很难实现跨越部门利益之上的工作调度,另一方面也意味着社区面临的是孤立无援的境地,很难在不牺牲社区自主性的情况下获得相关职能部门的协助。

二、工作队伍不够健全

一是常态化队伍不健全。防灾减灾工作周期较长,无论是前期的信息管理、应灾准备、应急教育,还是中后期的应急响应、灾害应对、灾后救助,都需要相关责任主体给予长期的关注。无论是社区外部的风险因素还是社区内部的脆弱性都是实时变化的,因此需要有一支常态化的工作队伍保证灾害信息的实时更新;而中后期的应灾准备和灾害应对也需要依据实时的灾害信息及时调整。但是从目前的整体情况来看,绝大部分社区的防灾减灾工作队伍还是以社区干部和社区工作人员为主要构成,这一群体虽然对社区的基本情况比较了解,但是他们日常需要处理大量的社区事务以及行政机关下沉到社区的行政事务,因此分配到防灾减灾工作上的精力很有限。尽管此轮综合减灾示范社区的评估大大改善了社区在防灾减灾工作上的注意力分配情况,但是这种人员结构无法保证防灾减灾工作的常态化,社区防灾减灾工作不可避免地会进入"重视—忽视—再重视—再忽视"的循环。开展防灾减灾工作对于某些建成时间较短、建设水平较低、组织能力较差的社区则更是难上加难。

二是专业化队伍不健全。防灾减灾工作涉及气象、地质、地震、消防、教育、卫生等多方面专业知识,而对于社区的防灾减灾工作来说,还需要有较为专业的社会工作知识做支撑,但是目前社区在这两个方面都面临着较大的困难。一方面是缺乏专业社工的帮助。少数有专业社工并且与科研院所有合作关系的社区,基本能够保证防灾减灾工作的体系化和专业化水平,但是从评估的整体情况来看,大多数社区表示并没有专业社工提供智力支撑,防灾减灾工作全靠社区干部自己摸索,所以在实际工作中就存在体系不健全、重点不突出、特色不鲜明、效果不明显等一系列问题。另一方面是社区在与政府相关职能部门的合作上比较被动。部分有能力与相关职能部门合作开展防灾减灾工作的社区,往往都是利用了辖区内有机关单位这一优势,而对于某些辖区内没有相关职能部门的社区来说,就要被动地等待机关单位把防灾减灾工作延伸到社区。因此,两方面的原因严重制约了社区防灾减灾专业化队伍建设。

三是群众化队伍不健全。防灾减灾工作理应是涉及每一位社区居民的重要事务,社区居民的全程参与是保证社区防灾减灾工作有效性的重要前提。前期的信息管理、应灾准备、应急教育都需要发挥社区居民的积极性,以保证灾害信息的准确、完整、及时,保证应灾准备符合社区居民的生产生活需求,保证应急教育符合社区居民的防灾减灾意识和能力水平。中后期的应急响应、灾害应对、灾后救助同样需要社区居民的充分参与和互帮互助,通过群防实现群治,借助群力应对灾害。但是从目前的整体情况来看,社区居民参与防灾减灾工作的深度和广度相当有限。其一,社区的工作思路多比较保守,没有完全树立起多元参与的现代治理思维,没有有效激发社区居民的参与积极性;其二,社区居民也尚未意识到参与防灾减灾工作的重要意义,惯性地认为防灾减灾不过是政府和社区干部的事情;其三,社区与防灾减灾相关的社会组织也普遍没有建立起来,受评社区中,仅有一个社区通过公益创投建立起了一支"'五老'灾害预警队",另有一个社区的相关社会组织还在筹建的过程中。

三、工作经费不够充足

一是财政垫付资金地区差异大。综合减灾示范社区的创建工作由于实行的是"以奖代补"的政策,因此严格来讲社区不能获得地方民政部门拨付的建设资金。有的县、市、区民政部门为了支持社区的防灾减灾工作,采取垫付的方式将参评社区可能获得的补贴先期发放,以充实社区的工作经费。这种没有明确政策依据的工作方式虽然缓解了部分社区的经济压力,一定程度上推动了工作的开展,但是也导致不同县、市、区的社区获得的民政资金有较大差距,甚至是同一地级市的不同区县能否获得补贴也不同。部分获得了地方民政资金补贴的社区也并不是因为社区急需这笔资金,反而是一些基础比较扎实、有可能获得示范社区称号的社区能够获得补贴。实际上,从评估的整体情况来看,一个社区能否获得补贴很大程度上取决于这个社区的基本条件以及拿到补贴后能否按时达成政策目标,也就是说政绩考核的目标驱动着决策者们将钱投向基础好、风险小、见效快的地方。

二是自身资源供给能力差异大。除了获得地方民政以及相关职能部门的资金补贴,社区开展防灾减灾工作更多还是依赖自身的经济基础。如果以社区的经济条件为标准,可以将众多社区大致划分为四类,即传统的城市老旧社区、新兴的城市商业社区、城郊的新型农村社区和传统农村的落后社区。四类社区中,城市的老旧社区基本上是由单位制小区改制而来,农村的落后社区起步较晚,发展程度较低,因此这两类社区的资源承载能力较差,没有充足的资金保障防灾减灾工作的持续开展;而城郊的新型农村社区基本都有集体资产,尤其是部分受益于城镇化和工业化进程进而实现了土地出让收益的社区,经济实力就更为雄厚,集体资产的收益为防灾减灾工作提供了充足的资金支持;新兴的城市商业社区由于有较为完善的物业管理制度,因此在资金上也不存在太大困难。在接受此次评估的社区中,明确表示工作遇到较大困难的正是城市老旧社区和传统农村的落后社区,一方面是自身的基础条件原本就差,另一方面资金供给能力上的劣势进一步拉大了社区间的差距。

三是多元渠道筹资能力差异大。在以上四类社区中,新兴的城市商业社区、城郊的新型农村社区有较为充足的资金,而许多老旧的城市社区和传统农村的落后社区在资金方面往往都是捉襟见肘,因此这两类社区在不能获得当地民政部门垫付资金时,就只能主要向辖区内的机关单位或者向社会慈善团体和企业筹资。但是,能够持续获得外界资金支持的仅仅是极少数,获得机关单位资金支持也并非长久之计。而无力开展多元渠道筹资的社区往往地处偏远,所在区域的整体经济水平也不高,辖区内机关单位的资助能力相当有限。个别社区的打工经济比较发达,打工潮中成长起来的一批小有成就的企业家的捐助为社区的建设和发展提供了比较稳定的资金支持,因此防灾减灾工作也得以推进。整体来看,不同社区的资金来源途径差异很大,因为多种原因而不得不自筹资金的社区的筹资能力差异也很大,双重因素的叠加导致不同社区多元渠道筹资的能力水平差异十分明显。

四、工作方式不够科学

一是对减灾与救灾的关系处理不当。防灾、减灾、救灾是应对可能发生或者已经发生的灾害的主要流程。强调防灾减灾的意义就在于通过干预或者预防措施提前将可能的灾害损失降到最小,此时灾害影响尚未发生。而救灾则是对因灾损失进行挽救和弥补,此时灾害影响已经发生。对于防灾减灾来说,所做的工作是“或然”有效的,但是救灾工作则是“必然”有效的。与一般工作不同,防灾减灾工作是预防某些灾害影响,意味着这些工作成果往往是不可见的,只能通过否决的方式进行工作考核。但是灾害影响的自然属性又给防灾减灾工作带来很大的不确定性,因此很难对防灾减灾工作进行合理评估。所以在人员、物资、政策资源本就十分有限的情况下,加上绩效评价体系的缺陷,各级部门和社区就必然将工作重心放在更易出成效的工作上。救灾工作是灾后短期工作,工作成效易于看到、易于考核;而减灾工作则周期相对较长,不但是“隐形”的而且投入不一定能发挥“作用”。

二是对灾害的管理不全面。在综合减灾示范社区创建活动和评估工作的推动下,各个社区都表现出较大的工作热情,但是在实际工作中社区对灾害的管理往往失于大、失于偏、失于浅,表现为对外部灾害和内部脆弱性的认识过于笼统、片面,同时工作容易浮于表面,不够深入。在外部风险评估方面,社区往往只能意识到气象灾害和消防隐患的存在,而对社区内可能存在的水电气泄露、交通事故、生产事故、公共卫生等方面的致灾因素或事件则少有关注甚至是疏于防范;在脆弱性评估方面,多数社区往往只注意到老人、孕妇、儿童的情况,而对其他易于遭受非自然灾害影响的少数群体(如接受社区矫正的群体)和个体风险因素(如陷于贫困、恶疾)基本没有关注。重要的是,大多数社区没有关注到不同阶段工作的承接关系,因此在进行灾害管理的过程中往往是将工作分割为很多板块同步推进,导致后阶段的工作无法充分利用前阶段的信息资源,所制定的具体应对措施就失去了现实针对性,不能很好地回应社区的具体情况和特殊需求。

三是工作缺乏系统性。一方面是单兵作战。目前来看,社区的防灾减灾工作主要还是靠社区自身,除了消防、地震、卫生、气象部门,其他相关单位的投入和参与都相对较少。这导致社区在这项工作上基本只能在能力范围内加强自身的制度建设,做好材料收集与整理,而在另外一些更具现实意义的工作中显得相当被动,例如各类建筑工程的维护与修缮、水电气管网线路安全性的监测等工作,社区很难有所作为。这种有限度的单兵作战使得防灾减灾工作链条中的基础一环严重缺位，相关职能部门无法借此获得完整的灾害信息，因而部门工作也受到相当大的制约。另一方面是点面分家。由于防灾减灾工作业务面广泛并且分散在各个部门，所以目前各项工作还没有形成整体推进的态势，导致各个部门在不同阶段和不同层面上的工作互不匹配，各类信息资源的分布和物资设施的投入也比较零散，利用率有待提高。而社区作为最基层的自治单位不但要探索实现居民自治的有效形式，而且也要承担各职能部门下沉到社区的行政工作。就防灾减灾来说，各个部门间的工作要求又是标准各异，导致社区夹在中间左右为难。

第四节　农村社区防灾减灾的治理路径

湖北省是千湖之省，自古既是鱼米之乡，又是水患频繁之省。鄂西、鄂东北山区地势复杂，地质灾害种类多，分布地域广，发生频率较高，损失重。虽然当前农村社区防灾减灾工作已经在各级地方政府的努力下取得一定成效，但是未能形成较为成熟的工作机制，多方社会主体参与防灾减灾的程度不高，路径探索仍处于初级阶段。如何针对生态脆弱的农村社区，探索出农村社区防灾减灾的治理之道，是亟待解决的重要问题。

一、始终坚持以防为主，扎实做好减灾工作

推进防灾减灾救灾体制机制改革，必须牢固树立灾害风险管理和综合减灾理念，坚持以防为主、防抗救相结合，坚持常态减灾和非常态救灾相统一，努力实现从注重灾后救助向注重灾前预防转变，从减少灾害损失向减轻灾害风险转变，从应对单一灾种向综合减灾转变。当前，我国灾害治理理念和治理格局发生了深刻变化，如何处理好防灾减灾救灾关系成为新时代防灾减灾工作的重要内容，这也对社区防灾减灾工作提出了新的更高要求。首先必须认识到社区这一层面的防灾减灾工作是一个系统性工程，其次必须正确处理好三者关系，在减灾条件不完全具备或者人类无能为力的时候要以防灾为主。

在具体工作上，一是要认识到防灾减灾在整个防灾减灾救灾体系中的重要地位，切实采取综合防范措施，将常态减灾作为基础性工作；二是要对

灾害类型以及防灾减灾工作的繁复性有科学预判,充分认识新时期灾害的突发性、异常性和复杂性,准确把握灾害衍生、次生规律;三是要对工作提出的高要求有系统性应对,综合运用各类资源和多种手段,强化统筹协调,科学应对各种灾害。只有深刻认识到防灾减灾工作的特殊性质和重要意义,才能正确处理其与救灾的关系,切实转移工作重心。自然灾害的复杂属性决定了人类在不同时期要采取不同的策略,要把减轻灾害风险作为最高追求,以防范灾害影响作为主要手段,以灾后弥补救助作为最后托底,通过扎实的防灾减灾工作降低灾害损失,减轻事后救灾的压力。

二、理顺部门协调机制,保障专门业务指导

防灾减灾的复杂性决定了这项工作绝非单一部门能够完成,因此现有的常设防灾减灾机构要着力协调好各方工作。但由于这项工作涉及众多部门,所以必须牢固树立党委领导、政府主导的工作思路,充分发挥我国的政治优势和社会主义制度优势,坚持各级党委和政府在防灾减灾工作中的领导地位,切实发挥组织领导作用、统筹协调作用。此外由于防灾减灾涉及的业务面过于宽广并且各类业务的专业性很强,所以要充分发挥现有的协调机构对防灾减灾救灾工作的统筹指导和综合协调作用,不必冗设专门的工作部门。

在具体工作上:一方面,大量技术性要素的存在要求防灾减灾工作必须有技术部门的全程参与,要借助现代科技为防灾减灾提供信息支撑和物质基础。常设协调机构要能充分调动并利用好各类信息资源和硬件设施,把地震、地质、气象、卫生、通信、建设、交通、水文、消防等部门的专业优势聚合到防灾减灾工作中来,做好灾害风险评估与预警、制订好应急应对行动方案、建设好防灾减灾工程设施等。另一方面,在社区层面开展防灾减灾工作同样要求相关的管理部门必须协力配合,共同建设并维护好社区的软件环境。民政、人力、社保、医疗、教育等部门要为社区层面的防灾减灾工作做好辅助性工作,如安排好应灾物资的储备与发放、加强对社区建设的专业指导、建设好常态化的专业社工队伍、提供长期有效的灾害保险、搞好针对受教育人群的灾害教育等。此外,还要充分发挥防汛抗旱指挥部、抗震救灾指挥部、森林防火指挥部等现有主要灾种防灾减灾救灾指挥机构的防范部署

和应急指挥的作用，发挥军队和武警部队在灾害监测、能力建设、应急保障、抢险救援、医疗防疫、恢复重建和社会动员等方面的职能优势。

三、打造多元工作梯队，充实社区减灾力量

工作队伍的不足是制约社区开展综合减灾工作的主要短板，主要表现为无法保障工作的常态化、专业化，并且群众的参与程度不够。为了进一步充实社区防灾减灾的工作力量，需要着力打造一支包括综合社区工作人员、专业组织和社工、社区群众在内的多元工作梯队。《中共中央 国务院关于推进防灾减灾救灾体制机制改革的意见》提出要健全社会力量参与机制并充分发挥市场机制作用，这为多元工作队伍的打造提供了强有力的政策依据。

在具体工作上，要进一步健全社会力量参与机制。要避免社区防灾减灾工作进入“重视—忽视—再重视—再忽视”的循环，就要在社区内部着力打造一支常态化的队伍，借助于常态化的工作机制来保障工作的常态化。在发挥好社区干部的统筹和引领作用的同时，要更加注重发挥社区居民的参与热情，通过创新工作方式营造生活化的工作情景，切实降低社区居民参与防灾减灾工作的门槛。引导社区把灾害信息和脆弱信息的收集、重点人群的帮扶与防治、社区安全环境的维护等涉及面广、工作量大的琐碎工作融入社区居民的日常生活中，让社区居民在日常生活中为平安和谐社区的建设做出贡献，对工作特别积极的还可以给予适当奖励以激发社区居民的参与积极性。除此之外，还要注重向社区工作队伍中注入专业力量，例如专业的社区社会组织和社会工作者。有条件的社区可以采取公益创投的方式自行组织成立相关的社区社会组织，条件有限的社区则可以采取购买服务的方式提升社区治理的专业化水平。政府要在税收优惠、人身保险、装备提供、业务培训、政府购买服务等方面提供政策支持，为各类公益社会组织参与社区治理开门路、降门槛，努力搭建起社会组织、志愿者等社会力量参与的协调服务平台和信息导向平台。

四、调整资源分配模式，强化弱势社区扶持

从目前的情况来看，财政预算中尚没有列明用于防灾减灾救灾的科目。

例如2016年中央本级支出预算,只在“社会保障和就业”这一科目中安排了自然灾害生活救助预算,并且2016年不再安排一次性救灾支出,其他的相关预算支出则列在地震、国土、海洋、气象、武警等各口的支出预算里。实际上,用于救灾的民政资金并不得被用于防灾减灾工作,所以目前的防灾减灾工作既无专用款项,又无权使用部门资金,处于无钱可用的尴尬状态。民政部门作为各级防灾减灾综合协调机构的设置单位和防灾减灾救灾工作的主要牵头人,无疑要肩负起重要责任,但是只单方面依靠民政资金来推动工作无异于杯水车薪。

在具体工作上,资源分配模式亟待调整。一是减灾资金和救灾资金要合理分配。各级财政要继续支持开展灾害风险防范、风险调查与评估、基层减灾能力建设、科普宣传教育等防灾减灾相关工作,同时加大防灾减灾基础设施建设、重大工程建设、科学研究、人才培养、技术研发、科普宣传、教育培训等方面的经费投入,争取在财政预算中将防灾减灾支出预算作为专项列出。二是职能部门继续安排专项扶持资金。地震、国土、海洋、气象等职能部门要安排适当的经费用于基层社区的防灾减灾工作,可以通过在社区建设气象科普教育基地或地震科普站等形式向社区拨付专项建设经费。三是资源分配方向重点照顾弱势社区。在四类社区中,新兴的城市商业社区和城郊的新型农村社区经济基础较好,所以这两类社区的重点工作是规范资金的使用和管理。而传统的城市老旧社区以及传统农村的落后社区由于经济基础薄弱,所以要加大扶持力度,转变过去政绩驱动下“重金树招牌”的工作思路,在资源分配的方向上要适当向这两类社区倾斜,切实改善其基础条件。

附:以社区居民为主体的数据统计与分析①

(一)社区居民在社区内的融入情况与居民对社区事务的关注度正相关

人口的户籍状态和对社区事务的关注程度高度相关。从表8-10可知,

① 数据来源于2016年对湖北省防灾减灾示范社区创建工作的调查。

表示对社区事务很关注的人口中，超过90%是本社区有房并在本地有户口的人口(93.2%)；而表示对社区事务不关心的人口中，超过40%都是在本社区有房无户口人口(22.2%)或是暂住人口(22.2%)。总体趋势表明，社区居民在政策上(户口归属)和情感上(群体归属)能否融入社区中，很大程度上会影响其对社区事务的关注程度。政策上的归属不属于社区治理范畴，因此从另一个角度来看，强化社区的共同体建设对于提高社区居民的参与度有益。从表8-11可见，针对职业的分析也印证了上述结论，“进城务工人员”这一群体中，对城市社区事务的关注度明显低于其他群体(学生除外)。也就是说，采取何种措施来促进“外来人口”尽快融入社区环境中是具有现实意义的。尤其是农村社区往往和集体经济组织交叉运作，但是外来人口通常又是被集体经济组织所排斥的，这样无形中就在社区内部竖起了群体间的利益壁垒，不利于社区共同体的建设，甚至会因为集体经济的运作不当而瓦解现存的共同体。

表8-10 “户籍状态”与“社区事务关注度”的交叉分析

			社区事务关注度			总计
			很关注	比较关注	不太关注	
户籍状态	本地有房有户口	计数	316	105	5	426
		百分比	93.2	84.7	55.6	90.3
	本地有房无户口	计数	16	15	2	33
		百分比	4.7	12.1	22.2	7.0
	外来户口(暂住)	计数	7	4	2	13
		百分比	2.1	3.2	22.2	2.7
总计		计数	339	124	9	472
		百分比	100.0	100.0	100.0	100.0

表 8-11 “职业类型”与“社区事务关注度”的交叉分析

			社区事务关注度			总计
			很关注	比较关注	不太关注	
职业类型	公务员或事业单位人员	计数	37	11	2	50
		职业类型内百分比	74.0	22.0	4.0	100.0
		关注度内百分比	11.4	8.9	22.2	10.9
	企业人员	计数	51	13	0	64
		职业类型内百分比	79.7	20.3	0.0	100.0
		关注度内百分比	15.7	10.6	0.0	14.0
	个体商户	计数	40	23	1	64
		职业类型内百分比	62.5	35.9	1.6	100.0
		关注度内百分比	12.3	18.7	11.1	14.0
	进城务工人员	计数	10	12	4	26
		职业类型内百分比	38.5	46.2	15.3	100.0
		关注度内百分比	3.1	9.8	44.5	5.7
	军人	计数	1	0	0	1
		职业类型内百分比	100.0	0.0	0.0	100.0
		关注度内百分比	0.3	0.0	0.0	0.2
	学生	计数	0	0	2	2
		职业类型内百分比	0.0	0.0	100.0	100.0
		关注度内百分比	0.0	0.0	22.2	0.4
	无业人员	计数	45	22	0	67
		职业类型内百分比	67.2	32.8	0.0	100.0
		关注度内百分比	13.8	17.9	0.0	14.7
	其他	计数	141	42	0	183
		职业类型内百分比	77.0	23.0	0.0	100.0
		关注度内百分比	43.4	34.1	0.0	40.1
总计		计数	325	123	9	457
		职业类型内百分比	71.1	26.9	2.0	100.0
		关注度内百分比	100.0	100.0	100.0	100.0

注:考虑到不同“职业类型”对社区事务关注度的程度不同,“职业类型内百分比”侧重于对单一职业类型的社区事务关注度分析,“关注度内百分比”侧重于分析单一职业类型在整体样本中的占比,其目的在于帮助分析者作出更为系统、全面诠释。

(二)社区组织管理工作的好坏程度与社区居民的参与程度显著正相关

在表示没有参加过社区组织的演练的人群中,剔除客观因素的影响,保留因为主观原因(没时间或者认为没效果等)而没参加演练的样本后,样本数为159,这其中又有104个样本前后矛盾(曾表示参加过一次或者不止一次演练),予以剔除,最终有效样本数为55。从表8-12可知,这55个样本中约有18%是在本社区有房无户口人口(7.3%)或是暂住人口(10.9%);户籍状态的影响比较有限,社区居民对防灾减灾工作的参与度主要受其他客观因素影响。

表8-12　"户籍状态"与"社区事务参与度"的交叉分析

			防灾减灾应急演练参与度				总计
			没听说过有演练	听说过但没参加	参加过一次	参加过不止一次	
户籍状态	本地有房有户口	计数	1	45	3	4	53
		户籍状态内百分比	1.9%	84.9%	5.7%	7.5%	100%
		参与度内百分比	100%	81.8%	100%	80%	82.8%
	本地有房无户口	计数	0	4	0	1	5
		户籍状态内百分比	0%	80%	0%	20%	100%
		参与度内百分比	0%	7.3%	0%	20%	7.8%
	外来户口(暂住)	计数	0	6	0	0	6
		户籍状态内百分比	0%	100%	0%	0%	100%
		参与度内百分比	0%	10.9%	0%	0%	9.4%
总计		计数	1	55	3	5	64
		户籍状态内百分比	1.6%	85.9%	4.7%	7.8%	100%
		参与度内百分比	100%	100%	100%	100%	100%

在社区组织了演练并且社区居民知晓的情况下,保留的样本数为456。对这456个样本所在社区的组织管理工作满意度情况和应急演练参与情况进行交叉分析,从表8-13可以发现,社区居民对组织工作的满意程度与防灾减灾工作的参与度之间是存在关联的。对社区的组织工作表示非常满意并且参加过一次或者超过一次演练活动的占到非常满意一列的88.2%,没参加过的占比约11.8%;而满意程度为比较满意时,没参加过的占到比较

满意一列的 32.0%，较 11.8% 的比例有明显上升，这表明满意度与参与度之间有一定的关联。从逻辑关系来看，社区的组织工作决定了社区居民对组织工作的满意度，因此可以进一步推论，社区的组织工作好坏决定了社区居民参与与否。相关性检验验证了这一推论，相关性表 8-14 显示，相关性系数为-0.352，参与度与满意度两个变量显著相关。

表 8-13 “参与度”与“满意度”的交叉分析

<table>
<tr><th colspan="3" rowspan="2"></th><th colspan="5">组织管理工作满意度</th><th rowspan="2">总计</th></tr>
<tr><th>非常满意</th><th>比较满意</th><th>不太满意</th><th>很不满意</th><th>不好说</th></tr>
<tr><td rowspan="9">防灾减灾演练参与度</td><td rowspan="3">听说过但没参加</td><td>计数</td><td>39</td><td>39</td><td>1</td><td>0</td><td>2</td><td>81</td></tr>
<tr><td>参与度内百分比</td><td>48.1%</td><td>48.1%</td><td>1.3%</td><td>0%</td><td>2.5%</td><td>100%</td></tr>
<tr><td>满意度内百分比</td><td>11.8%</td><td>32%</td><td>100%</td><td>0%</td><td>100%</td><td>17.8%</td></tr>
<tr><td rowspan="3">参加过一次</td><td>计数</td><td>78</td><td>50</td><td>0</td><td>1</td><td>0</td><td>129</td></tr>
<tr><td>参与度内百分比</td><td>60.5%</td><td>38.7%</td><td>0%</td><td>0.8%</td><td>0%</td><td>100%</td></tr>
<tr><td>满意度内百分比</td><td>23.6%</td><td>41%</td><td>0%</td><td>100%</td><td>0%</td><td>28.3%</td></tr>
<tr><td rowspan="3">参加过不止一次</td><td>计数</td><td>213</td><td>33</td><td>0</td><td>0</td><td>0</td><td>246</td></tr>
<tr><td>参与度内百分比</td><td>86.6%</td><td>13.4%</td><td>0%</td><td>0%</td><td>0%</td><td>100%</td></tr>
<tr><td>满意度内百分比</td><td>64.6%</td><td>27.0%</td><td>0%</td><td>0%</td><td>0%</td><td>53.9%</td></tr>
<tr><td colspan="2" rowspan="3">总计</td><td>计数</td><td>330</td><td>122</td><td>1</td><td>1</td><td>2</td><td>456</td></tr>
<tr><td>参与度内百分比</td><td>72.4%</td><td>26.8%</td><td>0.2%</td><td>0.2%</td><td>0.4%</td><td>100%</td></tr>
<tr><td>满意度内百分比</td><td>100%</td><td>100%</td><td>100%</td><td>100%</td><td>100%</td><td>100%</td></tr>
</table>

表 8-14 “参与度”与“满意度”的相关性表

<table>
<tr><th colspan="2"></th><th>组织管理工作满意度</th><th>防灾减灾演练参与度</th></tr>
<tr><td rowspan="3">组织管理工作满意度</td><td>Pearson 相关性</td><td>1</td><td>-0.352 * *</td></tr>
<tr><td>显著性（双尾）</td><td></td><td>0.000</td></tr>
<tr><td>n</td><td>456</td><td>456</td></tr>
<tr><td rowspan="3">防灾减灾演练参与度</td><td>Pearson 相关性</td><td>-0.352 * *</td><td>1</td></tr>
<tr><td>显著性（双尾）</td><td>0.000</td><td></td></tr>
<tr><td>n</td><td>456</td><td>457</td></tr>
</table>

* *. 在置信度（双测）为 0.01 时，相关性是显著的。

第九章 农村社区公共服务体系建设与完善

农村社区公共服务的发展是农村社区治理水平的重要表现形式，也是提升农村社区居民认同感与满意度的重要因素。2017 年 4 月，为增强城乡社区服务功能，完善城乡社区服务体系，提高城乡居民生活水平，根据党的十八大和十八届三中、四中、五中、六中全会精神，以及民政部、中央组织部等 16 部委印发的《城乡社区服务体系建设规划（2016—2020 年）》，结合《湖北省国民经济和社会发展第十三个五年规划纲要》及相关事业发展"十三五"规划，湖北省多个部门联合印发《湖北省城乡社区服务体系建设"十三五"规划》（鄂民政发〔2017〕11 号）。2017 年 12 月，湖北省政府印发《湖北省"十三五"推进基本公共服务均等化规划的通知》（鄂政发〔2017〕61 号），要求湖北省加快健全基本公共服务体系，推进基本公共服务均等化、标准化、法制化。湖北省农村社区公共服务在新的历史发展阶段与新的政策推动下，已逐步呈现出较为良好的发展态势，并且在推进城乡公共服务均等化等方面均取得了初步成效。但由于农村社区公共服务普遍存在底子差、起步晚等现实短板，本省农村社区公共服务体系在结构转型的发展中仍然存在很多共性问题。

为深入研究农村社区公共服务在湖北省社会治理创新中的地位作用，明确湖北省农村社区公共服务的总体状况、取得的显著成效以及面临的发展问题，本章通过对湖北省 190 个农村社区公共服务的问卷及数据进行分析，对湖北省农村社区公共服务当前的基本现状、发展成效、主要问题等进行分析与论述，由此提出推动湖北省农村社区公共服务进一步发展的对策建议,为湖北省农村社区公共服务体系建设提供新视角、新思路。

第一节 农村社区公共服务的供给与需求

从我国农村社区公共服务的发展历程来看,农村社区的公共服务是早于农村社区建设的,早在我国农村社区建设正式起步之前,乡村社会的公共服务就一直存在。从《关于完善社会主义市场经济体制若干问题的决定》这份文件开始,我国政府正式提出了农村社区建设以及农村社区公共服务。2006 年在《中共中央关于构建社会主义和谐社会若干重大问题的决定》中提出要"积极推进农村社区建设",并进一步提出了要"健全新型社区管理和服务体制"以及农村社区公共服务的目标。自此,我国农村公共服务以农村社区为承载单位,呈现公共服务社区化的重要特征,并在农村社区公共服务的建设中形成了许多地方性的经验和模式。在此阶段中我国农村社区公共服务的主要特征表现为:农村基本公共服务的普及化发展、农村社区公共服务的政府主导性以及农村社区公共服务的多元参与性发展。但由于我国的东西部发展差距较大,在农村社区公共服务尤其是农村社区公共服务基础设施建设、公共服务平台搭建上表现出了很大差异。湖北省不同地区的农村社区通过不同层次的实践探索,也逐渐展现出不同水平的农村社区公共服务,这些公共服务为当地村民提供了切实有效的民生保障,增强了基层群众的生活幸福感。为全面把握湖北省农村社区公共服务的基本现状,本次调查重点分析了本省农村社区公共服务供需情况、政府购买与资助农村社区服务项目的基本情况、农村社区公共服务项目提供主体的类型划分、农村社区公共服务评估情况、农村社区志愿服务基本情况。

一、农村社区公共服务的供给与需求总体现状

表 9-1 反映了湖北省农村社区公共服务供需现状。由调查数据可知,湖北省农村社区公共服务供给类型及供给率为:居家养老服务(23.6%)、机构养老服务(18.2%)、医疗服务(94.5%)、残疾人服务(63.6%)、就业技能培训(61.8%)、儿童社会保护(45.5%)、青少年服务(30.9%)、妇女权益保护(74.5%)、法律援助(61.8%)、村/社区矫正(45.5%)、动迁人员安置

帮扶(34.5%)、家政中介服务(7.3%)、邻里调解服务(96.4%)、村/社区环境维护(85.5%)、村/社区安保(52.7%)、农业培训(70.9%)、“三下乡”活动(58.2%)、法律政策知识讲座(56.4%)。其中,医疗服务、残疾人服务、就业技能培训、妇女权益保护、法律援助、邻里调解服务、村/社区环境维护、村/社区安保、农业培训、“三下乡”活动、法律政策知识讲座提供率超过50%,而居家养老服务、机构养老服务、青少年服务、动迁人员安置帮扶、家政中介服务提供率低于40%。

表 9-1　农村社区公共服务供需现状

单位:%

社区服务项目	村/社区提供此项服务百分比	村民认为需要提供此项服务百分比
居家养老服务	23.6	81.8
机构养老服务	18.2	74.5
医疗服务	94.5	98.2
残疾人服务	63.6	100.0
就业技能培训	61.8	94.5
儿童社会保护	45.5	94.5
青少年服务	30.9	85.5
妇女权益保护	74.5	96.4
法律援助	61.8	98.2
村/社区矫正	45.5	83.6
动迁人员安置帮扶	34.5	58.2
家政中介服务	7.3	50.9
邻里调解服务	96.4	100.0
村/社区环境维护	85.5	98.2
村/社区安保	52.7	92.7
农业培训	70.9	83.6
“三下乡”活动	58.2	83.6
法律政策知识讲座	56.4	94.5

我们将村民认为是否需要社区提供某类服务视为某项社区公共服务的

需求率,从表 9-1 可以看出,村民对残疾人服务和邻里调解服务的需求程度最高,需求率达 100%。需求程度排名第二的三项服务分别是医疗服务、法律援助和村/社区环境维护,需求率为 98.2%。需求程度位居第三的服务为妇女权益保护,需求率为 96.4%,其余社区服务项目的需求率也均高于 50%。从图 9-1 可以看出,村民对社区公共服务的需求曲线明显高于社区公共服务的供给曲线,说明湖北省农村社区公共服务总体呈现出供不应求的局面。其中,湖北省农村社区公共服务供给曲线与需求曲线最为相近的点代表着此项服务的供需差距最小,供需差距最小的两项服务分别是邻里调解服务与医疗服务,供需差仅为 3.6% 与 3.7%。农村社区公共服务供给曲线与需求曲线距离最远的点代表着此项服务的供需差距最大,供需差距最大的三项服务分别是居家养老服务、机构养老服务和青少年服务,供需差分别为 58.2%、56.3% 和 54.6%。

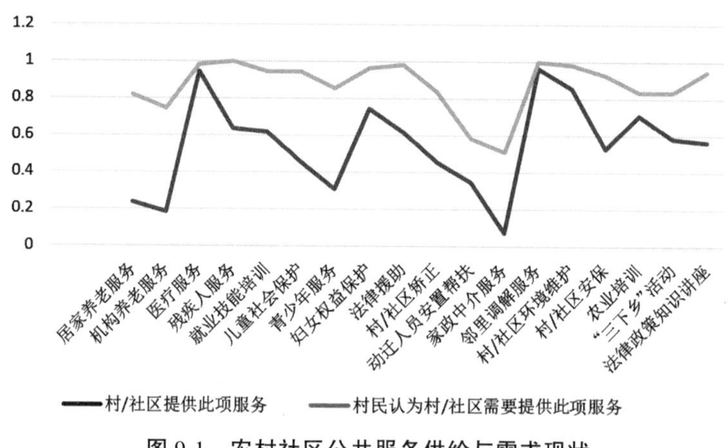

图 9-1　农村社区公共服务供给与需求现状

二、政府购买与资助农村社区服务项目的基本情况

表 9-2 反映了湖北省农村社区公共服务政府购买或项目资助情况。由调查数据可知,湖北省农村社区由政府购买服务或项目资助的公共服务及购买或资助率包括:居家养老服务(16.4%)、机构养老服务(10.9%)、医疗服务(61.8%)、残疾人服务(56.4%)、就业技能培训(50.9%)、儿童社会保护(40.0%)、青少年服务(25.5%)、妇女权益保护(54.5%)、法律援助(47.3%)、村/社区矫正(38.2%)、动迁人员安置帮扶(23.6%)、家政中介

服务(7.3%)、邻里调解服务(27.3%)、村/社区环境维护(58.2%)、村/社区安保(32.7%)、农业培训(60.0%)、“三下乡”活动(47.3%)、法律政策知识讲座(45.5%)。其中,由政府购买或项目资助超过 50% 的服务分别是:医疗服务、残疾人服务、就业技能培训、妇女权益保护、村/社区环境维护、农业培训,这六类服务政府购买或资助率较高。而居家养老服务、机构养老服务、家政中介服务的政府购买或资助率较低,三项服务的购买率或资助率都低于 20%。

表 9-2　农村社区公共服务政府购买或项目资助情况

单位:%

社区服务项目	是否属于政府购买服务或项目资助
居家养老服务	16.4
机构养老服务	10.9
医疗服务	61.8
残疾人服务	56.4
就业技能培训	50.9
儿童社会保护	40.0
青少年服务	25.5
妇女权益保护	54.5
法律援助	47.3
村/社区矫正	38.2
动迁人员安置帮扶	23.6
家政中介服务	7.3
邻里调解服务	27.3
村/社区环境维护	58.2
村/社区安保	32.7
农业培训	60.0
“三下乡”活动	47.3
法律政策知识讲座	45.5

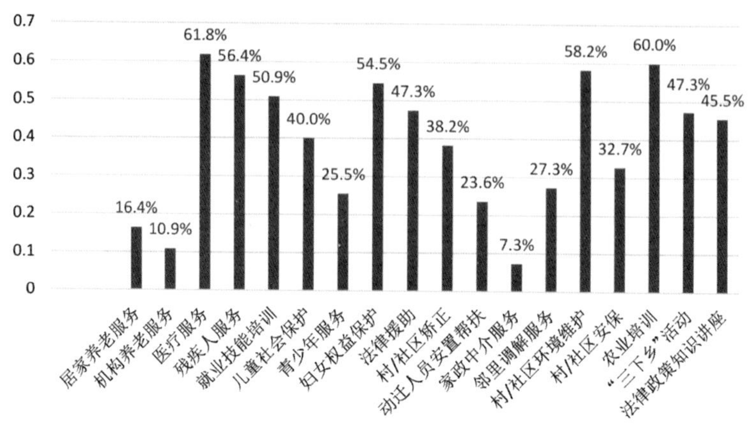

图 9-2 农村社区公共服务政府购买或项目资助情况

从图 9-2 可知,政府购买或资助率最高的社区公共服务项目为医疗服务,最低为家政中介服务,其他各类社区服务项目政府都参与了购买或者资助,但购买或资助率差距较大、水平不均。

三、农村社区公共服务项目提供主体的类型划分

表 9-3 反映了湖北省农村社区公共服务项目提供主体类型。由调查数据可知,湖北省农村社区公共服务项目提供主体类型包括:政府、村委会、非营利组织(除社工机构外)、专业社工机构、村办集体企业/营利性企业(不包括物业)、个人或驻村私营企业/物业公司,其中,政府和村委会为主要提供方。

表 9-3 农村社区公共服务项目提供主体类型

单位:%

社区服务项目	提供方					
	政府	村委会	非营利组织(除社工机构外)	专业社工机构	村办集体企业/营利性企业(不包括物业)	个人或驻村私营企业/物业公司
居家养老服务	9.1	14.5				
机构养老服务	10.9	3.6				1.8
医疗服务	49.1	32.7		1.8		10.9

续表

社区服务项目	提供方					
	政府	村委会	非营利组织(除社工机构外)	专业社工机构	村办集体企业/营利性企业(不包括物业)	个人或驻村私营企业/物业公司
残疾人服务	43.6	16.4	3.6			
就业技能培训	47.3	10.9				1.8
儿童社会保护	38.2	7.3				
青少年服务	25.5	5.5				
妇女权益保护	50.9	21.8	1.8			
法律援助	56.4	1.8	1.8			1.8
村/社区矫正	40.0	5.5				
动迁人员安置帮扶	21.80	12.7				
家政中介服务	7.3					
邻里调解服务		96.4				
村/社区环境维护	36.4	49.1				
村/社区安保	25.5	25.5			1.8	
农业培训	54.5	10.9	1.8	1.8		
三下乡活动	56.4	1.8				
法律政策知识讲座	47.3	3.6	1.8			3.6

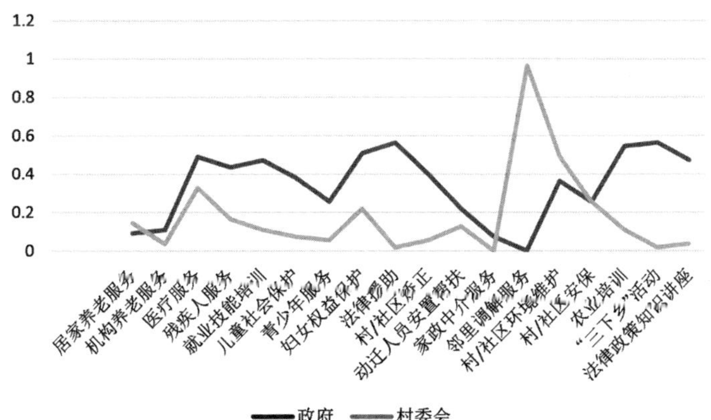

图 9-3　政府及村委会提供农村社区公共服务项目情况对比

从图 9-3 可知,政府对社区服务的供给曲线大部分高于村委会的供给曲线,由此可推断,政府提供的社区公共服务项目的数量普遍高于村委会提供的服务项目数量。其中,居家养老服务、邻里调解服务和村/社区环境维护这三项服务以村委会供给为主,其他服务项目以政府供给为主,政府是农村社区公共服务供给率最高的供给主体。

四、农村社区公共服务评估情况

表 9-4 和图 9-4 反映了湖北省农村社区公共服务评估情况。由调查数据可知,湖北省农村社区公共服务项目评估的数量及有效百分比情况为:全部进行过评估(20.0%)、三分之二以上的项目进行过评估(27.3%)、一半以上的项目进行过评估(14.6%)、三分之一以上的项目进行过评估(3.6%)、很少项目进行过评估(10.9%)、没有项目进行过评估(23.6%)。由此可见,有三成左右的受访者认为三分之二以上的项目进行过评估。

表 9-4　农村社区公共服务评估情况

单位:%

评估情况	样本数	百分比
全部进行过评估	11	20.0
三分之二以上的项目进行过评估	15	27.3
一半以上的项目进行过评估	8	14.6
三分之一以上的项目进行过评估	2	3.6
很少项目进行过评估	6	10.9
没有项目进行过评估	13	23.6
合计	55	100.0

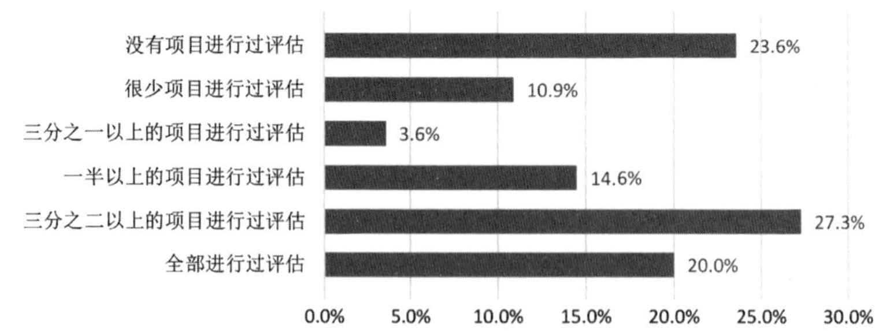

图 9-4　农村社区公共服务评估情况

表 9-5 和图 9-5 反映了湖北省农村社区公共服务质量评估形式。由调查数据可知，湖北省农村社区公共服务项目评估的形式及有效百分比情况为：由上级政府部门评估的占 49.1%、由村党组织和村委会评估的占 61.8%、通过服务对象反馈意见的占 47.3%、委托第三方专业机构进行评估的占 20.0%、其他方式（村民代表）的占 1.8%。其中，最主要的评估形式是由村党组织和村委会评估（61.8%）。

表 9-5　农村社区公共服务质量评估形式（多选）

单位：%

社区服务质量的评估形式	有效百分比
由上级政府部门评估	49.1
由村党组织和村委会评估	61.8
通过服务对象反馈意见	47.3
委托第三方专业机构进行评估	20.0
其他方式（村民代表）	1.8

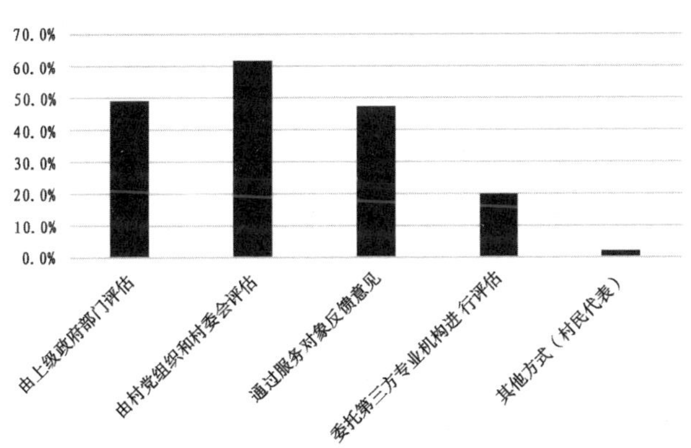

图 9-5　农村社区公共服务质量评估形式

五、农村社区志愿服务基本情况

农村社区志愿服务是社区公共服务的组成部分。在此我们重点分析农村社区志愿服务队来源、志愿服务类型及开展频率、志愿服务的志愿因素。

（一）农村社区志愿服务队来源

表9-6和图9-6反映了湖北省农村社区志愿服务队来源。由调查数据可知,湖北省农村社区志愿服务队来源及有效百分比情况为:高校大学生,5.5%;村内社会组织人员,16.4%;村外社会组织人员,3.6%;村民,20.0%;驻村单位人员,5.5%;其他(村委会成员),1.8%,其中:村民所占比例最高。

表9-6 农村社区志愿服务队来源

单位:%

社区志愿队伍来源	有效百分比
高校大学生	5.5
村内社会组织人员	16.4
村外社会组织人员	3.6
村民	20.0
驻村单位人员	5.5
其他(村委会成员)	1.8

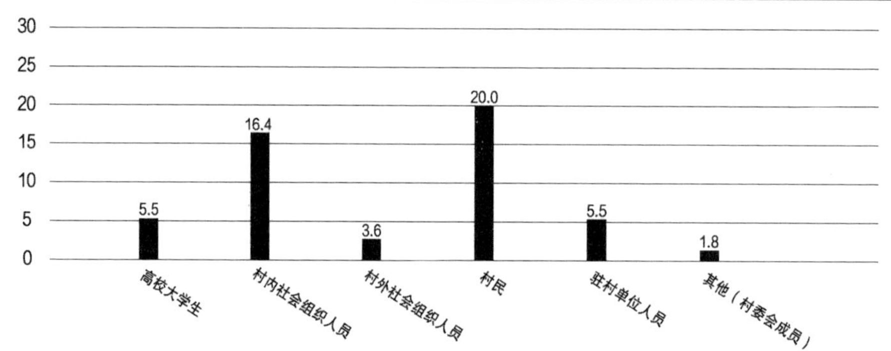

图9-6 农村社区志愿服务队来源

（二）农村社区志愿服务类型及开展频率

表9-7和图9-7反映了湖北省农村社区志愿服务类型及开展频率。由调查数据可知,湖北省农村社区志愿服务类型主要包括:养老志愿服务、妇女权益保护服务、青少年/儿童服务、残疾人服务、村/居民关系调解、村/社区文体活动、生活困难人员帮扶、环境保护、治安/安全隐患排查、慈善活动。其中开展频率五次以上且所占有效百分比位列前三的服务项目为:生活困

难人员帮扶、村/居民关系调解(与环境保护并列第二)、村/社区文体活动。

表 9-7　农村社区志愿服务类型及开展频率

开展频率	养老志愿服务	妇女权益保护服务	青少年、儿童服务	残疾人服务	村/居民关系调解	村/社区文体活动	生活困难人员帮扶	环境保护	治安、安全隐患排查	慈善活动
5次以上	3.6	9.1	7.3	12.7	27.3	23.6	30.9	27.3	20.0	5.5
1-5次	20.0	18.2	18.2	10.9	3.6	10.9	1.8	9.1	12.7	21.8
从不	14.5	10.9	12.7	14.5	7.3	3.6	5.5	1.8	5.5	10.9

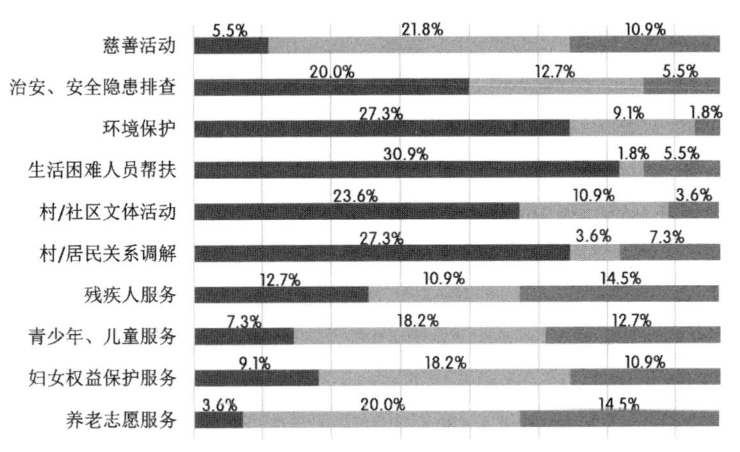

图 9-7　农村社区志愿服务类型及开展频率

(三)农村社区志愿服务的制约因素

表 9-8 和图 9-8 反映了湖北省农村社区志愿服务的制约因素的影响程度。由调查数据可知,湖北省农村社区志愿服务的制约因素主要包括:缺乏激励机制(54.5%)、缺乏场地(36.4%)、资金不足(89.1%)、村/居民参与度不高(58.2%)、缺乏志愿服务参与途径(52.7%)。其中,最为主要的制约因素为资金不足,有效百分比高达 89.1%。

表 9-8　农村社区志愿服务制约因素(多选)

单位:%

志愿服务制约因素	有效百分比
缺乏激励机制	54.5
缺乏场地	36.4
资金不足	89.1
村/居民参与度不高	58.2
缺乏志愿服务参与途径	52.7

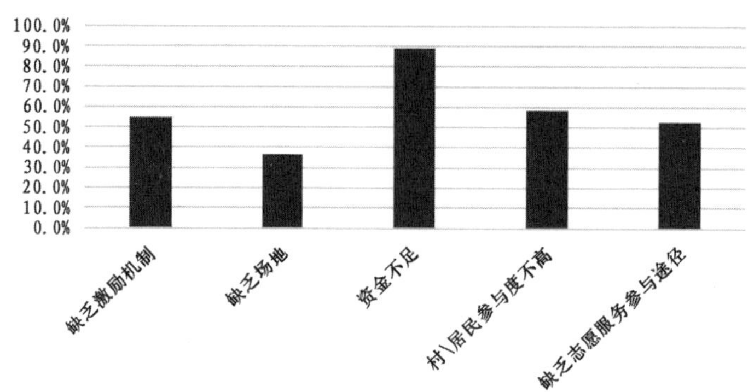

图 9-8　农村社区志愿服务制约因素

第二节　农村社区公共服务供给的新走向

社会治理的转型与新政策的出台不断激发基层治理推陈出新,在当前湖北省农村社区公共服务的实践中,不同地区针对自身发展现状进行了有益的探索。目前的农村社区对于当前农民的意义已远不是一个简单的地域共同体,更多的意味着生产、生活和情感的共同体。农村社区公共服务的转型升级能够最大限度地缩小城乡居民人居环境、居民权益以及生活质量的差距。湖北省各地的农村社区公共服务实践都有不同于以往的质量提升,展现出了具有转型特征的农村社区公共服务特点,不断适应时代变迁的选择和广大居民群众的民生要求。从湖北省农村社区公共服务的实践情况来看,主要呈现出以下四个方面的显著成效:社区公共服务类型日渐多元,社区公共服务基础设施日趋完善,社区公共服务信息平台逐步普及,社区公共服务覆盖范围不断扩大。这四个方面的显著成效为广大农村社区居民提供了更为均等、更为便捷、更为高效的社区公共服务。

一、农村社区公共服务供给类型日渐多元

伴随着我国市场经济的不断发展,农村剩余劳动力逐渐向城市转移,农民的收入水平发生相应改变,农民的生活方式和价值观念受到潜移默化的影响。这些转变给农村社区公共服务供给带来了新的问题和挑战,包括养老问题、医疗问题、教育问题、“三留守”问题和农民工问题等日益严重,单靠传统的农村社区公共服务类型已难以满足农村居民生产、生活需要。与此同时,随着城市化、城乡一体化的推进,市场力量逐渐深入农村社区,农村社区公共服务提供主体也相应增加,改变了过去的单一模式,一些社会组织也积极参与到农村社区服务当中。从湖北省农村社区公共服务的供给类型来看,较之以往的供给类型日渐多元,更多贴近群众生活、关乎群众利益的服务项目开始出现。表 9-1 的统计数据显示,当前湖北省农村社区提供的公共服务项目包括:居家养老服务、机构养老服务、医疗服务、残疾人服务、就业技能培训、儿童社会保护、青少年服务、妇女权益保护、法律援助、村/社区矫正、动迁人员安置帮扶、家政中介服务、邻里调解服务、村/社区环境维护、村/社区安保、农业培训、“三下乡”活动、法律政策知识讲座,表明本省农村社区公共服务服务项目在类型和数量上正逐步增加,能给予广大居民群众更多的社区服务选择。

二、农村社区公共服务基础设施日趋完善

自 2016 年湖北省人民政府印发《省人民政府办公厅关于印发湖北省标准化体系建设发展规划(2016—2020 年)的通知》(鄂政办发〔2016〕99 号)以来,本省农村社区公共服务基础设施建设日趋完善,不断走向标准化建设轨道。该通知对湖北省城乡社区公共服务提出以下要求:完善基本公共服务分类与供给、质量控制与绩效评估标准,研制政府购买公共服务、社区服务标准,制定实施综合行政服务平台建设、检验检测公用平台建设、基本公共服务设施分级分类管理、服务规范等标准,培育基本公共服务标准化示范项目,提高基本公共服务保障能力。近几年湖北省农村社区服务基础设施日渐完善,在这一背景下,以农村社区服务中心为主的社区公共服务基础设

施建设不断引起基层干部的重视和关注。建立农村社区服务中心,能够为农村社区居民提供更加全面、便捷的社区服务。本省农村社区服务中心建设普遍纳入农村社区建设试点工作考核的重点内容,这大大提高了省内不同地区不同社区对农村社区服务基础设施建设的效率和进度。省内大部分农村社区能够在建立社区服务中心的基础上,不断健全农村社区服务中心内部服务机构,分设基础教育服务、社会保障服务、医疗卫生服务、基础设施建设、农业技术服务、治安秩序服务及文娱体育生活七个服务站,力争居民在社区服务中心内能得到服务的一站式满足。

表 9-9 湖北省农村社区服务基础设施统计表

单位:个

单位	已开展农村社区建设的行政村	农村社区服务中心	农村社区服务站	农村社区服务点
全省总计	2677	985	2687	6910
武汉市	100	56	100	38
黄石市	45	32	45	383
襄阳市	205	4	227	511
荆州市	187	66	140	226
宜昌市	584	98	584	2088
十堰市	163	72	163	0
孝感市	299	113	297	234
荆门市	73	34	150	79
鄂州市	152	141	98	34
黄冈市	285	69	268	349
咸宁市	121	10	121	490
随州市	101	79	104	46
恩施州	178	82	178	1937
仙桃市	61	43	81	87

续表

单位	已开展农村社区建设的行政村	农村社区服务中心	农村社区服务站	农村社区服务点
潜江市	59	59	59	93
天门市	40	19	40	315
神农架	24	8	32	0

通过相关统计数据(表 9-9)显示,全省已开展农村社区建设的行政村有 2677 个,共建立农村社区服务中心 985 个,农村社区服务站 2687 个,农村社区服务点 6910 个。具体分析农村社区服务中心的数量:武汉市 56 个、黄石市 32 个、襄阳市 4 个、荆州市 66 个、宜昌市 98 个、十堰市 72 个、孝感市 113 个、荆门市 34 个、鄂州市 141 个、黄冈市 69 个、咸宁市 10 个、随州市 79 个、恩施州 82 个、仙桃市 43 个、潜江市 59 个、天门市 19 个、神农架 8 个。结合图 9-9 可知,鄂州市农村社区服务中心数量位居第一,孝感市和宜昌市农村社区服务中心数量紧随其后。

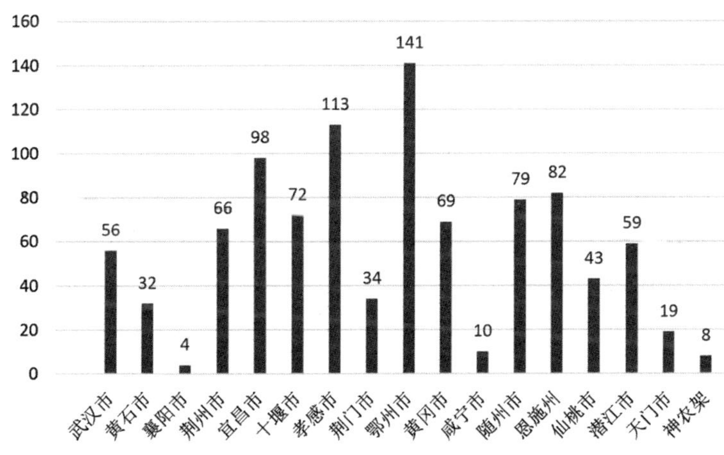

图 9-9 湖北省农村社区服务中心分布图

具体分析农村社区服务站的数量,由表 9-9 可知,武汉市 100 个、黄石市 45 个、襄阳市 227 个、荆州市 140 个、宜昌市 584 个、十堰市 163 个、孝感市 297 个、荆门市 150 个、鄂州市 98 个、黄冈市 268 个、咸宁市 121 个、随州市 104 个、恩施州 178 个、仙桃市 81 个、潜江市 59 个、天门市 40 个、神农架

32个。结合图9-10可知,宜昌市建立的农村社区服务站数量位居第一,孝感市和黄冈市建立的农村社区服务站数量紧随其后。

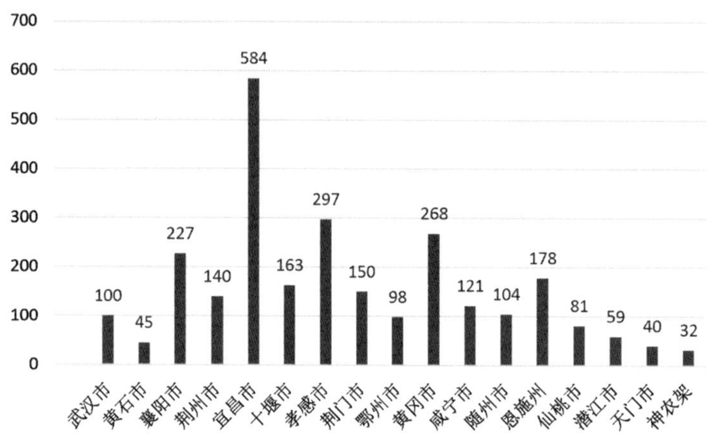

图9-10　湖北省农村社区服务站分布图

具体分析农村社区服务点的数量,由表9-9可知,武汉市38个、黄石市383个、襄阳市511个、荆州市226个、宜昌市2088个、十堰市0个、孝感市234个、荆门市79个、鄂州市34个、黄冈市349个、咸宁市490个、随州市46个、恩施州1937个、仙桃市87个、潜江市93个、天门市315个、神农架0个。结合图9-11可知,宜昌市建立的农村社区服务点数量位居第一,恩施州和襄阳市建立的农村社区服务点数量紧随其后。

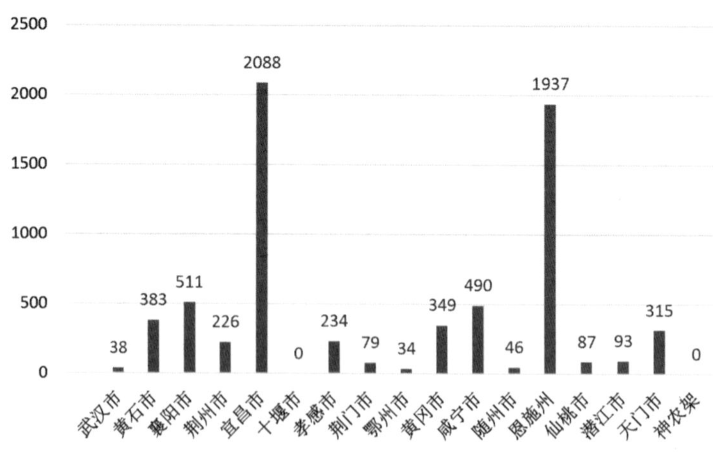

图9-11　湖北省农村社区服务点分布图

三、农村社区公共服务信息平台逐步普及

在当前的农村社区公共服务结构转型中,信息化建设是一个具有时代特征的突出标志。信息化的高速发展使得农村社区居民能便捷、充分地了解外界信息,同时网络虚假信息泛滥、煽动性言论也易激发群体性事件,信息化的发展在为乡村社会打开一扇窗的同时也为乡村社会的发展带来了不稳定的因素,尤其在当前以移动终端为代表的新媒体迅速发展与大数据同步发展的新型信息化时代,为农村社区公共服务提供了新的路径,也带来了新的挑战。面对新型信息化时代的浪潮,湖北省农村社区大力建设和发展综合服务信息平台。由于湖北省农村信息化建设工作起步较晚,自 2012 年 1 月获批开展示范省建设试点后,省委、省政府把该项工作摆上重要的位置,成立领导小组,制定建设规划,出台实施方案,农村信息网络基础设施逐步完善,综合服务平台建设框架基本建立,信息资源不断充实,各项工作打下坚实基础。试点的思路为:共建共享、互联互通,平台上移、服务下延。目前已实现广播电视、电话村村通,100% 乡镇通宽带,全省农技 110 热线、短信用户超过了 200 万。全省以全国农村党员干部现代远程教育网络为基础,整合资源,构建湖北农村公共信息服务平台及其服务支撑系统、农村信息资源中心和农业多媒体呼叫中心,为农民提供有用、实用的信息。根据 2016 年省人民政府办公厅印发的《湖北省“十三五”农村社区建设试点工作方案的通知》,本省农村社区信息化水平不断提升,致力于农村社区综合信息网络平台覆盖率要达到 100%;县(市、区)、乡(镇)、村三级联动互补的基本公共服务网络和网格化服务管理平台覆盖率要达到 50% 以上;农村社区公共安全视频监控覆盖率要达 100%。本省根据上述通知中的基本目标将建立“一把手挂帅,多部门联动”的管理体系,按照“统一规划、统一规范、统一门户、统一标识、整合集成、互联互通”的原则,推进农村科技信息化建设“大合唱”。由此可见,政策的不断推进,各地的创新实践,促使湖北省农村社区公共服务信息平台不断普及。

四、农村社区公共服务覆盖范围不断扩大

近年来,湖北省委、省政府先后出台了《关于深入推进农村社区建设试点

工作的实施意见》《湖北省"十三五"农村社区建设试点工作方案》《湖北省城乡社区服务体系建设"十三五"规划》等政策文件。"十三五"期间,安排专项资金4.5亿元,着力推进农村社区建设试点工作,深入推进农村社区服务体系建设,总体呈现出领导重视、措施有力、进展有序、工作务实、成效日益显现的良好局面。综合来看,湖北省农村社区基础设施逐步完善,各地将搭建公共服务平台作为试点工作的首要任务,积极推动农村社区服务体系建设,农村社区公共服务范围不断扩大,受益群体不断增加。截至2016年底,全省共有7200个村开展了农村社区建设试点实验工作,约占全省总村数的29%。县、市、区民政部门争取党委、政府支持、协调相关部门,按照居民活动场所最大化、服务空间最大化、办公场所最小化以及"一室多用"的原则,通过乡镇指导农村社区推动服务机构资源整合,努力为农村居民提供项目齐全、标准规范、便捷高效的基本公共服务。已开展农村社区建设试点的村,综合服务体系建设覆盖率达86%,面积在300—500平方米且功能比较规范的农村社区公共服务站达48%,面积在1000平方米以上的占25%。农村社区公共服务设施大幅改善,初步建立起县(市)—乡(镇)—农村社区三级联通的农村基本公共服务网络。各地积极开展村庄道路硬化、路灯亮化、河道洁化、环境绿化建设,推动改水、改厨、改厕、改圈,改善农村社区卫生条件和人居环境,村容村貌有了明显改观。本省农村社区公共服务的改善,使农村居民办事更加方便。省内各地积极推动各类基本公共服务向农村社区延伸,把医疗卫生、社会保险、社会救助、社会福利、文化体育、治安司法等基本公共服务资源配置到农村社区,使农村居民能像城市居民一样在家门口享受到丰富、便利的公共服务。依托农村社区平台,提供农业生产资料配送、农产品信息咨询、农业科学技术培训等生产服务,为农民增收提供帮助。一些地方还积极推动农村社区信息化建设,探索开展农村居民远程教育、办事咨询等信息化服务,让更多的农村居民享受到信息化带来的方便和快捷。

第三节　农村社区公共服务非均等化困境

从社区公共服务发展的历史沿革来看,由于我国城乡二元结构的深远影响,我国农村社区建设尚处在起步发展阶段。尽管城乡一体化建设在不断发展，二元结构不断消解，农村社区建设有了进步，但农村社区的公共服务仍与城市社区存在明显差距，尤其是在农村社区基础设施投入、多元主体参与等方面与城市社区差异巨大。随着社会流动性的不断增加，我国社会形成了所谓“新的城市二元结构”，即在城市中的农民工与城市人、“城中村”与城市社区的新二元分野。这使得我们在进行城乡社区公共服务建设的时候更应关注在当前社会背景之下“新二元结构”的突出矛盾及问题，如“流动人口的身份转化滞后于就业转移”，“城镇化背景下流动人口的社会融合难题”等。如何在此现实条件下将新矛盾、新问题融入社区公共服务的发展框架内，也是当前农村社区公共服务发展所要面临的难点问题。综观湖北省农村社区公共服务的发展现状，尽管在供给类型、基础设施建设、信息平台建设和服务覆盖范围等方面取得了较为显著的成效，但总体发展进程中依然面临着以下四个方面的问题：一是供给数量不足，地区分布不均；二是供给渠道单一，行政主导性强；三是评估机制不健全，缺乏居民参与；四是建设资金不足，保障机制待完善。

一、农村社区公共服务提供不充分，地区分布不均衡

就目前湖北省农村社区公共服务实施情况来看，基层政府还未完全按照城乡一体化理念正确处理农村社区公共服务供给、农村社区建设和城镇化发展的关系，农村社区服务体系建设依然处于上升发展状态，还未形成较为稳定均衡的发展特点。根据湖北省农村社区公共服务供给与需求的相关数据统计情况，湖北省农村社区公共服务供给曲线依然低于需求曲线，直接反映出本省农村社区公共服务供给数量低于社区居民的需求量。尽管本省农村社区公共服务的项目类型日渐多元，农村社区居民对社区公共服务有了更多的选择空间，但社区对于不同的服务项目在供给数量上差异明显，并且大部分社区提供的公共服务数量都难以满足村民的正常需求。结合表9-10的统计数据，可以看出每项社区服务的具体供需差额，其中供需差额最大的前三项社区服务项目分别是居家养老服务、机构养老服务和青少年服务，供需差额最小的两项社区服务项目分别是邻里调解服务、医疗服务。

表 9-10 农村社区公共服务供需差距

单位:%

社区服务项目	村/社区供给服务程度	村民对服务需求程度	供需差
居家养老服务	23.6	81.8	58.2
机构养老服务	18.2	74.5	56.3
医疗服务	94.5	98.2	3.7
残疾人服务	63.6	100.0	36.4
就业技能培训	61.8	94.5	32.7
儿童社会保护	45.5	94.5	49.0
青少年服务	30.9	85.5	54.6
妇女权益保护	74.5	96.4	21.9
法律援助	61.8	98.2	36.4
村/社区矫正	45.5	83.6	38.1
动迁人员安置帮扶	34.5	58.2	23.7
家政中介服务	7.3	50.9	43.6
邻里调解服务	96.4	100.0	3.6
村/社区环境维护	85.5	98.2	12.7
村/社区安保	52.7	92.7	40.0
农业培训	70.9	83.6	12.7
“三下乡”活动	58.2	83.6	25.4
法律政策知识讲座	56.4	94.5	38.1

结合省内各市州农村社区的服务基础设施统计数据(见表 9-9),可以看出省内农村社区服务中心建设、农村社区服务站建设、农村社区服务点建设水平在不同地区建设数量差异明显。农村社区服务中心建设数量最多的为鄂州市,数量高达 141 个;农村社区服务中心建设数量最少的为襄阳市,数量仅有 4 个。农村社区服务站建设最多的为宜昌市,数量高达 584 个;农村社区服务站建设最少的为神农架,数量仅有 32 个。农村社区服务点建设最多的依旧是宜昌市,数量高达 2088 个;农村社区服务点建设最少的是十堰市和神农架林区,数量均为 0。由此可见,湖北省内农村社区公共服务供

给数量在地域上分布不均衡，各地的农村社区公共服务水平也参差不齐。特别是偏远、散居型农村社区公共服务设施建设存在供给短缺、配置失衡、布局失当和覆盖范围低等问题，其主要原因在于资源配置缺乏合理规划。

二、农村社区公共服务供给渠道单一，行政主导性强

结合湖北省农村社区公共服务供给主体类型的统计数据，尽管社区服务项目具有多个供给主体，但综合来看，政府依然是本省农村社区公共服务最大的供给主体（见表9-3）。由于基层政府依然掌握着社区公共服务的相对主导权，市场力量和其他主体发挥的作用较小。根据统计数据及相关图表可知（见图9-3），政府对社区服务的供给曲线大部分高于村委会的供给曲线，由此推断出，政府提供的社区公共服务项目的数量普遍高于村委会提供的服务项目数量。其中，居家养老服务、邻里调解服务和村/社区环境维护这三项服务由村委会供给为主，其他服务项目由政府供给为主，政府是农村社区公共服务供给率最高的供给主体。湖北省农村社区公共服务供给渠道单一，行政主导性强，难以满足农村日益增长和日益多元化的服务需求。从现实发展情况来看，市场力量受到政府政策和产权界定的限制，并且农村社区服务的盈利空间较小，导致市场力量较少进入农村社区公共服务的供给领域。农村社区的社会组织、专业社工队伍参与程度低，社区服务的相关工作人员整体素质普遍不高，都会间接影响社区公共服务供给主体的结构分布。

政府公共服务下社区，并非指政府包揽农村社区所有公共服务的供给与生产，政府的有限权力和失灵风险需要市场和社会力量填充，以弥补政府之不足。社区公共服务不同于私人性营利服务，不能将社区居民作为消费的顾客去按照市场交易原则满足每一个居民个人服务的需求，而应该尊重社区不同群体的“集体选择”，让政府供给的公共服务惠及所有居民。社区公共服务不同于纯粹性公益服务，不能无视公共服务的边际收益去按照“自上而下”方式一味追求公共服务覆盖率，而应该建立一套“自上而下”和“自下而上”相结合的决策机制，使政府供给的公共服务社会效益最大化[①]。

① 吴业苗：《农村公共服务社区化与实现路径——基于城乡一体化视角》，《中州学刊》2013年第6期。

三、农村社区公共服务评估机制不健全,缺乏居民参与

评估机制是对农村社区公共服务的不定期抽查、检验和接收反馈的一种方式,能够一定程度检验农村社区公共服务的有效性和真实性。从相关统计数据及图表可以看出(见表9-4、图9-4),有23.6%的受访者认为自身所在农村社区公共服务没有进行过评估,有10.9%的受访者认为很少有项目进行过评估,也就是说有三成村民认为农村社区公共服务很少甚至没有进行过评估,由此可以推断,当前湖北省农村社区公共服务的评估频率较低、评估数量不足。再结合表9-5、图9-5的数据,可以发现,湖北省农村社区公共服务项目评估的形式及有效百分比情况为:由上级政府部门评估,49.1%;由村党组织和村委会评估,61.8%;通过服务对象反馈意见,47.3%;委托第三方专业机构进行评估,20.0%;其他方式(村民代表),1.8%,其中最主要的评估形式是由村党组织和村委会评估。由此可见,当前湖北省农村社区公共服务评估机制并不健全,存在评估主体结构行政化倾向明显、评估项目的数量比例不科学、评估频率过低、居民参与不足等问题,各方面因素综合导致本省农村社区公共服务评估机制缺乏内在动力,逐步失去评估应有的作用。

农村社区公共服务的供给对象主要是村民主体,村民是社区公共服务的最大需求者。农村社区居民不仅是公共服务的消费者也是受益者,居民满意度也成为衡量和评估社区公共服务质量的重要指标。一个社区的公共服务工作是否真正做得好,不仅要看该地区社区公共服务体系是否健全、覆盖率和收益率是否达到某项标准,关键还要看居民对所享受的社区公共服务的满意度。如果社区居民参与到社区公共服务的全过程,从供给到需求再到评估反馈,社区居民将具有多重身份。农村公共服务评估过程必然要有居民自身的参与,让他们对所接受的社区服务进行反馈,能为农村社区在公共服务供给方面的不足提供需求指南和改进意见。当前湖北省农村社区公共服务评估机制依然在居民参与方面有所欠缺,有效百分比低于50%,这不利于农村社区公共服务评估获得最真实有效的评估数据及最终结果。

四、农村社区公共服务建设资金不足,保障机制待完善

目前社区服务的资金来源主要包括:政府的资金投入、部分社区服务项

目市场化运作收入、社会捐助及志愿服务。由于湖北省农村社区建设依然处于发展上升期,资金问题成为农村社区公共服务发展的梗阻,各项相关保障机制都有待完善。以湖北省农村社区志愿服务为例,根据相关统计数据显示(见表 9-8、图 9-8),湖北省农村社区志愿服务的制约因素主要包括:缺乏激励机制(54. 5%)、缺乏场地(36. 4%)、资金不足(89. 1%)、村/居民参与度不高(58. 2%)、缺乏志愿服务参与途径(52. 7%),其中,最为主要的制约因素为资金不足,有效百分比高达 89. 1%。从本质上来说,目前大多数农村社区公共服务资金来源渠道单一,导致经费不足成为普遍性问题,主要原因有以下三个方面:一是农村社区公共服务主要以镇街财政负担为主,自身缺乏“造血功能”;二是本省农村社区公共服务的社会化筹资渠道还未充分建立起来,社区社会组织及其他非营利性组织都还未真正参与到农村社区公共服务的主要供给当中;三是农村社区公共服务队伍由于政府控制编制的问题,存在着不稳定、流动性强的特点,社区公共服务队所提供的公共服务项目及相关资金投入都难以有效持续。综合来看,当前湖北省农村社区公共服务供给依然不能完全满足社区居民的基本需求,必须改革创新农村社区公共服务供给体制,完善农村社区公共服务保障机制,加大对农村社区公共服务的投入。

第四节　农村社区公共服务体系优化路径

从当前湖北省农村社区公共服务的地方实践和农村社区公共服务平台的搭建情况来看,湖北省农村社区公共服务逐步适应时代发展变迁趋势并呈现出转型特征。从农村社区公共服务实践来看,具体成效可以概括为:农村社区公共服务供给类型日渐多元、基础设施日趋完善、信息平台逐步普及、覆盖范围不断扩大,具体发展走向是以均等城乡资源为目的的标准化农村社区建设、以民生为导向的信息化农村社区公共服务建设、以“多元互动”为核心的农村社区公共服务优化、以提升效能为目的的便捷化农村社区公共服务发展。湖北省农村社区公共服务在取得显著成效的同时也面临着供给不充分、行政主导性强、评估机制不健全、居民参与少、建设资金不足等一系列问题。针对当前湖北省农村社区公共服务发展进程中的现实问题，为推动湖北省农村社区公共服务进一步优化发展路径，提出以下几个方面的对策建议，以帮助湖北省农村社区公共服务体系实现转型升级，为广大村民提供更多、更优质、更对口的服务项目。

一、培育参与意识，提升居民参与服务主动性

农村社区居民始终是农村社区公共服务的核心要素。农村社区公共服务的发展离不开社区居民的广泛参与，缺乏农村社区居民广泛参与的农村社区公共服务建设必然会走向形式化、僵硬化、冷漠化的老路。当前乡村社会面临严重的空心化、个体化发展问题，农村社区公共服务参与人员呈现老龄化、妇女化这一特征。把脉现实状况，正视现实状况，湖北省农村社区公共服务的长效发展要培育村内长居人口的参与意识，提升其参与能力。这首先需要赋权农村社区，增强农村社区承接政府公共服务的能力和自我组织的能力。在社区公共服务的建设和发展的过程中，充分发挥社区的自主权，鼓励农村社区居民积极参与社区公共服务建设，使社区居民的意见真正作用于社区公共服务建设的过程中。同时，需要积极整合农村社区内部资源，提高社区组织化程度，最大限度地发挥农村民间力量，以此来推进社区整体性建设。因此，一方面，我们要提高农村社区组织化水平，发展在农村社区的各级志愿服务组织，协调各个组织之间的合作伙伴关系和协力服务关系，各级政府和社区民间组织要一起努力，形成政府公共服务与社区自我服务有效结合、高效对接的善治格局；另一方面，要大力推进农村社区的标准化，建立健全社区组织机构，不断提高社区服务专业化水平，更进一步提高社区工作人员的工作积极性。

二、转变服务观念，提升服务工作人员专业素质

要想有效地解决湖北省农村社区公共服务供给存在的问题，各级政府（尤其乡镇政府）应当积极转变农村公共服务观念，从传统的“重城市而轻农村”、“重管理而轻服务”转向今后的“城乡一体”、“管理与服务并重”。具体而言，需要做到：第一，各级政府（尤其乡镇政府）应尽快破除“城乡二元的社会管理和公共服务”观念，树立“城乡一体的社会管理和公共服务”观念。“当前我国已进入工业化的新阶段，即‘以工促农、以城带乡’阶段，

发展战略相应地调整为‘工业反哺农业、城市支持农村’，统筹城乡发展”①。随着城乡一体化进程的加快，国家正在积极推进城乡一体的社会管理格局和公共服务体系建设，这一改革趋向不会改变，所以各级政府的社会管理和公共服务观念应尽快从“城乡二元”转向“城乡一体”。第二，乡镇政府工作人员应积极学习专业的社会管理和公共服务知识，提高自身的农村公共服务水平。城乡公共服务供给的差异在一定程度上取决于政府工作人员知识水平的不同，县级以上政府工作人员明显较高，乡镇政府（尤其是偏远山区）普遍偏低，这样一来，后者履行农村公共服务职能就带有很大的盲目性，工作起来也比较消极被动，从而影响农村生产经营公共服务的质量和效率。因此，乡镇政府工作人员需尽快学习专业知识，同时借鉴其他地区农村公共服务的成功经验，为广大农民提供积极高效的农村社区公共服务。

三、优化顶层设计，加强社区公共服务制度保障

长期以来我国农村公共服务主要依赖的是村民和村集体的自我服务。因此，优化政府治理机制和理念，完善治理架构和体系，重塑政府职能，不断提升政府公共服务治理能力，是目前我国政府治理过程中亟待提升的几个方面。针对当前湖北省农村社区公共服务存在“碎片化治理”的情况，必须从以下几个方面着手：

第一，进一步强化各级管理部门对农村社区公共服务的统筹规划，政府不同部门和层级之间应该采用多种方式和手段，促成彼此之间的协调配合。《关于全面推进农村社区建设的意见》制定了农村社区建设中长期发展规划，为湖北省农村社区发展指明了道路。应该设置农村社区公共服务专项经费的整合式预算，资金统筹使用，发挥最大的使用效果。在此基础上，各级管理部门应该积极借鉴全国乃至国外优秀社区发展的成功经验，保障社区发展的资金投入。

第二，降低社会组织准入门槛，改进登记管理方式，积极推进理论创新和制度创新。应积极推进和发展社区服务类、社会福利类、公益慈善类等社会组织，以多种手段增强社会组织的活力；积极加强政府和社会组织之间的

① 李海金：《以城带乡：乡镇行政体制改革的城市化走向——以武汉市双柳“乡改街”为例》，《华中师范大学学报（人文社会科学版）》2006年第5期。

沟通，不断推进公共服务的购买化进程，完善组织结构，建立政府部门和社会组织之间的合作关系；最大限度地发挥社会组织在社会公共服务中的作用，设立社会组织服务平台，在社会救助、扶贫济困等公共服务中积极寻求和社会组织之间的相互配合。

第三，切实提高农村社区居民、第三方社会组织等参与社区活动、社区合作化生产以及社区公共服务的主动性。在实践中树立和不断增强社区居民的主体地位，不断提高农村社区居民的自治能力和自我管理水平，鼓励农村社区居民参与社区事务的管理。同时，应积极孵化农村社区公共服务第三方社会组织，为社会组织提供相关培训学习的机会，促进农村社区社会组织专业化发展。

四、合理划分权限，区分各级政府间财权与事权

乡镇政府履行农村社区公共服务职能所需财力与其可用财力的不对称，已成为湖北省农村社区公共服务供给的突出矛盾，这也正是造成湖北省农村地区公共服务供给不足、质量效率低下的重要原因。为了解决这一矛盾，必须要合理划分中央与地方各级政府间的财权与事权，从而打破“财力日益向上集中，事权层层下移”的不合理局面。对此，上级应适当放权，下级应合理分权。具体来说，“依据政府职能划分事权，是合理划分财权的基础与出发点。财政权是政府进行第二次社会分配的重要手段，而不同层级的政府所执行的特定职能或侧重点是不同的，因而应根据各级政府行使事权的需要，相应地划分财权和财力，为不同层级的政府履行其职责提供物质保证”①。就公共服务而言，可根据公共服务覆盖范围的不同，划分各级政府的公共服务范围和责任。覆盖范围如果是全国性的公共服务，如电力通信、公共道路、安全用水等公共基础设施建设，应主要由中央政府以其财政提供，地方政府可根据实际情况予以协助；覆盖范围具有地方局限性的公共服务，如农林牧渔业种植养殖技能、电木工技能等农村职业技能培训，应主要由地方政府以其财政提供，中央及上级政府可根据实际情况给予支持。同时，各级政府间财权与事权的划分，必须要通过法律的形式予以确认和保

① 魏星河、刘堂山：《处理中央与地方关系的关键：财权与事权的合理划分》，《江西行政学院学报》2004年第2期。

障,以使各级政府间的财权与事权在法制的框架下合理运行。只有这样,乡镇政府才能有效地履行其农村社区公共服务供给职能,从而使农村社区公共服务的供给得到有效保障。

五、完善监督机制,确保服务质量的稳定高效

当前湖北省农村社区公共服务监督与评估机制尚不健全,从而导致农村社区公共服务无法得到有效监督而影响其“质”和“量”。所以,需尽快完善农村社区公共服务的监督与评估机制。第一,完善内部监督机制。地方人大尤其是乡镇人大,应依法充分履行其对本级政府的农村社区公共服务监督职能,使监督切实有效,而非形式化;通过事权与财权的合理划分,使上下级政府之间农村社区公共服务的权责分配明晰起来,它们之间由此变成一种互相监督的关系,而非传统的“领导和干涉”关系(上级基于领导关系干涉下级,造成“财权上交、事权下放”的不合理局面),上下级政府均依法将监督落实到农村社区公共服务中去,从而形成一种有效的权力制约监督关系。第二,完善外部监督机制。应大力发展各种农村社会组织,对各级政府(尤其是乡镇政府)、村委会进行有效的监督;同时积极吸引企业等市场力量参与农村社区公共服务与监督中来,监督各级政府和村委会。只有这样,农村社区公共服务的决策、规划、供给及资金使用等整个过程才能得到切实有效的监督,农村社区公共服务的“质”和“量”才能得到真正有效的保证。

后　记

党的十九大以来，习近平总书记多次强调，坚持问题导向，坚持底线思维，把问题作为研究、制定政策的起点，把工作着力点放在解决最突出的矛盾和问题上。2018 年 4 月，习近平总书记在湖北农村考察时强调："实施乡村振兴战略是新时代做'三农'工作的总抓手。要聚焦产业兴旺、生态宜居、乡风文明、治理有效、生活富裕，着力推进乡村产业振兴、人才振兴、文化振兴、生态振兴、组织振兴，加快构建现代农业产业体系、生产体系、经营体系，把政府主导和农民主体有机统一起来，充分尊重农民意愿，激发农民内在活力，教育引导广大农民用自己的辛勤劳动实现乡村振兴。"2020 年，我国脱贫攻坚取得决定性胜利，在新的历史起点上，我国"三农"工作的重心实现了从脱贫攻坚到全面推进乡村振兴的历史性转移，全面推进乡村振兴被再强调再部署，这为新时代湖北乡村振兴战略实施提出了更为明确的要求。

新时代要有新作为。近年来，湖北省各地坚持以习近平新时代中国特色社会主义思想为指导，全面贯彻落实习近平总书记重要讲话精神，根据不同地方经济社会发展水平和农村社区建设实际情况实施分类指导农村社区建设工作，形成了全社会共同参与和推动农村社区建设的良好氛围。为此，华中师范大学全国民政政策理论研究基地多年持续开展湖北农村社区建设的试点调查、个案挖掘和政策梳理，系统整理、分析和总结全省农村社区建设实践的做法和经验，以期进一步推动湖北农村社区建设，促进新时代湖北高质量的新发展。

在实地调查和撰写本书过程中，研究团队得到了湖北省民政厅、湖北省社科联以及各地领导干部和社区居民的大力支持与配合,对此一并表示感谢和敬意。农村社区建设是一个系统、复杂的工程,各地试点创新过程中经常受诸多因素的影响,因而需要进一步深化探讨和全面研究,这也是今后我们需要进一步努力的方向。当然,本书尚存诸多不足之处,敬请各位专家和实践工作者批评指正。